社会科教育の未来

理論と実践の往還

西村公孝・梅津正美・伊藤直之・井上奈穂 編著

東信堂

発刊にあたって

　本書は、鳴門教育大学教授・西村公孝先生が、2020（令和2）年3月をもって、ご退職を迎えられるにあたり、先生のご業績を記念して企画されたものである。

　先生は、愛知県立高等学校教諭、愛知教育大学附属高等学校教諭を経て、1997（平成9）年に鳴門教育大学に着任され、大学院学校教育研究科修士課程社会系コース及び専門職学位課程（教職大学院）教職実践力高度化コースに所属され、研究及び教育指導に当たられた。2002（平成14）年からは、兵庫教育大学大学院連合学校教育学研究科（博士課程）教授を兼務され、教科教育実践学の研究者養成にも尽力された。学会の活動・運営では、日本公民教育学会会長、日本グローバル教育学会副会長、日本社会科教育学会評議員、全国社会科教育学会理事、鳴門社会科教育学会会長等要職を歴任され、また大学運営においても言語・社会系教育部長、教職大学院専攻長、附属学校担当副学長等を務められ、学会・大学の発展に大きく貢献された。

　先生は、社会科教育学、中でも公民教育をご専門とされ、社会形成力の育成をめざす政治教育領域における小中高一貫のカリキュラム開発、地球市民としての資質能力育成のグローバル教育の教材・授業開発、社会科を中心に教師の教職力の育成を図る教師教育プログラム開発など、独創的で開拓的な研究を数多く発表され、社会科教育学、社会科教師教育の進展に大きな功績を残された。先生のこうしたご業績の心棒には、本書のキーコンセプトにもなっている「理論と実践の往還あるいは融合」がある。狭い専門領域に凝り固まるのではなく、学校教育課程全体を広い視野から俯瞰しながら、専門の異なる研究者、地域に根ざす教師と子供たち、地域社会の人々等と協働しながら、実践の場を通して理論の実践化を図る、また教師と子供が相互に関わり個性的に紡いでいく教育実践に確かな理論を与える、こうした構えと方向性をもった教育・研究が、先生の神髄である。

　先生から薫陶を受け、西村ゼミを巣立っていった現職教員も多数にのぼる。皆、研究的実践者として全国で活躍しているところであるが、特に本書の分

担執筆者として第Ⅳ部を担当している 9 名の方々の論稿からは、まさに「理論と実践の往還あるいは融合」をめざした西村ゼミの教育観と研究観がよく表れていると思われる。

本書の諸論稿が、社会科教育学と学校の社会科教育実践の発展に努めてこられた先生の願いにかない、また先生の今後のご活躍を心から願う私たち後輩の思いの表現になっていれば幸いである。

鳴門教育大学大学院教授・鳴門社会科教育学会会長　梅津正美

鳴門社会科教育学会の紹介

　鳴門社会科教育学会は、昭和 59（1984）年 4 月に鳴門教育大学大学院 1 期生として入学された 10 名の「燃え立つ要望をエネルギー源」として発足（同年 8 月 23 日）した。顧問には、社会系コースの永井滋郎先生、指導教員として浜口俊先生、岡義記先生が名を連ねた。顧問の永井先生は、第 1 号の巻頭において「社会認識学研究に期待する」をテーマに下記のように語られている。

> 我々が「社会科」と名づける教科は、その性格や構造あるいは名称そのものでさえも、将来にわたって不変であるというわけではない。今日、日本の社会科すなわち小・中・高等学校の教科「社会」は、法制的に規定された歴史的所産である。しかしながら、子どもに社会認識させる教育のはたらきは、人間が社会的存在であり、人間社会が存在するかぎり、永続するであろう。この本質的な教育の営みを、われわれは社会認識教育と称し、その科学的研究を社会認識教育学と呼ぶ。

　現在の会員数は、183 人。毎年、7 月末の土曜日に研究大会を実施し自由研究発表と授業研究を中心とした課題研究などを行っている。

写真左：学会 30 周年記念講演（2013 年 7 月）　写真右：第 34 回大会ワークショップ（2017 年 8 月）

（文責　事務局　伊藤直之　井上奈穂）

まえがき

　筆者の鳴門教育大学大学院定年退職を記念して、鳴門社会科教育学会協賛による「社会科教育の未来——理論と実践の往還——」を刊行できることになった。筆者は、愛知教育大学教育学部小学校教員養成課程卒業後に、東京学芸大学大学院修士課程学校教育研究科（社会科教育専攻）で学び、愛知に戻り愛知県立作手高等学校、同安城東高等学校、愛知教育大学附属高等学校で18年間社会科教師として実践を積み、縁あって平成9（1997）年から本学で22年間社会科教育学研究を続けることができた。18年間の特色ある3校での実践研究、23年目に入った本学では、学校教育学部、大学院修士課程（社会系コース）、高度学校教育実践専攻の教職大学院（授業実践・カリキュラム開発コース、教職実践力高度化コース、教員養成特別コース、学習指導力開発コース）に所属するとともに平成14（2002）年から兵庫教育大学大学院学校教育学研究科兼務として、博士課程における研究指導も行うことができた。第15章を担当した三人は筆者が研究指導した実践者であり、疋田さんは学位を取得され、品川さんは学位審査中であり、保立さんは提出準備中である。これまでに12人の学位審査に関わることができ理論研究の深さを学ぶことができた。

　なお、兵庫教育大学大学院連合学校教育学研究科は、鳴門教育大学、上越教育大学、岡山大学の4大学の連合研究科として、平成8（1996）年に設置されている。平成31年（2019）年から岐阜大学、滋賀大学が加わり構成大学を6大学に拡充している。

　この間に日本福祉大学、愛知教育大学（学部、大学院）、徳島大学、兵庫教育大学、甲南女子大学、人間環境大学、京都大学などで社会科教育法、公民科教育法、教育実習事前・事後指導の非常勤講師の経験もさせていただいた。

　また、所属学会の活動、地域研究会や一貫性研究会の参加で理論を学んだ。

　特に、新任時代からの東三河の「土曜会」、西三河の「やはぎ会」という社会科研究会に参加し、多くの社会科、地理歴史科、公民科の実践者から授業

実践について学ぶことができた。また、日本教育会の西三河支部「同塵会」では、教科指導以外の学校教育、学校経営の課題解決のヒントを学ぶことができた。本書を執筆するに際して、これまでの様々な教職経験における教育活動、研究活動、社会貢献などから社会科教育学の公民教育、特に政治教育を専門として研鑽を積んできた研究歴から、本書の構成と執筆を未来志向で構想し「社会科教育の未来」を上梓することにした。社会科は、70年以上の教科実践の積み上げにより平和で民主的な国家・社会の形成者を育成することに貢献してきた。しかし、今日の世界に視野を広げると民主主義のゆらぎやいきづまりが見られる。自国中心主義や民族中心主義により話し合いや議論による合意形成は困難になり、民主的な手続きの投票によりEUから離脱したイギリス、大統領選挙における投票数よりも選挙制度優先の結果、特出した大統領が誕生した。新自由主義経済の広がりにより経済格差が拡大している。

中でも財政問題は深刻である。周知のように少子高齢社会が世界で最も進んでいる日本は、社会保障費等が32兆円（2019年度）に増大し1,100兆円の国と地方の借金（2018年末）を抱えている。27,000,000,000,000,000円（2京7,000兆円）の世界の政府・企業・家計の債務残高（日本経済新聞、2018.8.21）である。金利が1%増加すれば世界では日本の国家予算の約3倍の270兆円が必要となると言われている。

今こそ、民主主義教科社会科について未来志向で語らなければならない。

本書のサブタイトルは、修士課程を改組して教職大学院重点化を図ろうとしている重要課題のキーワード「理論と実践の往還」である。本書では「理論と実践の往還」をキーワードとして、4部構成の著書としてまとめている。

第1部は、序章での社会科教育研究の過去・現在・未来を受けて、現状分析の3つの章において、筆者が民主主義の現在と社会科教育の課題、18歳選挙時代の主権者教育の現在を紹介し、公民科新科目「公共」を核とした主権者教育の課題をまとめている。

第2部は、本学の大学院修士課程社会系コースに所属している（していた）4名の研究者が、社会科教育研究の最前線の理論を紹介し、理論と実践の往

還について考えるヒントとなる論考をまとめている。

　第3部は、鳴門社会科教育学会に所属している研究者の5名が、社会科教育の授業づくりの理論をまとめ、往還の視座を切り拓いている。

　第4部は、修士課程及び専門職学位課程（教職大学院）の修了生（ゼミ生）の中から9名の実践者が、理論と実践の往還から優れた実践を紹介している。

　また終章では18歳選挙権時代、18歳成人時代を意識して、社会科教育研究・実践の未来を語るために、理論と実践の往還の課題を提起し主体的・対話的で深い学びを創造する社会系教科教師への期待をまとめている。

　以上のように鳴門社会科教育学会関係者から支援を受け、多くの研究者と実践者が企画の意図をくみ、それぞれのテーマで寄稿していただいている。

　本書の刊行は、東信堂出版社の下田勝司社長の深い理解と強い励ましによって実現したことに、熱く感謝するばかりである。学位論文を著書にした『社会形成力育成カリキュラム研究』東信堂（2014年）に続き、多くの研究者仲間と大学院修了生を中心とした実践者の執筆協力、そして筆者が会長を務めていた鳴門社会科教育学会の協賛により、本書を世に出すことができた。会長の梅津正美先生、事務局の伊藤直之先生、井上奈穂先生に感謝申し上げたい。

　　令和元年8月吉日

　　　　　　　　　　　　　　　　　　　　　　　　　　西村　公孝

目　次／社会科教育の未来——理論と実践の往還——

発刊にあたって　梅津正美　（i）
まえがき　西村公孝　（iii）

序　章　社会科教育研究の過去・現在・未来………………………西村公孝　3
　　1　社会科教育研究のこれまで　（3）
　　2　社会科教育研究・実践の今　（8）
　　3　理論と実践の往還から考える社会科教育研究の課題　（12）

第1部　主権者教育としての社会科教育の現在と課題………………………15

第1章　民主主義の現在と社会科教育の課題………………………西村公孝　16
　　1　主権者教育からみた社会科教育の課題　（16）
　　2　グローバル化する国際社会での民主主義　（17）
　　3　民主主義に関する言説の確認　（22）
　　4　民主主義社会の形成者を育てる社会科教育の課題　（27）

第2章　18歳選挙権時代の主権者教育の現在………………………西村公孝　29
　　　　——実践事例紹介——
　　1　主権者教育の位置づけと主権者教育で目指す資質・能力　（29）
　　2　主権者を育てるための潜在的・模擬的社会参画の実践事例　（32）
　　3　主権者を育てるための象徴的・模擬的社会参画の実践事例　（34）
　　4　主権者を育てるための積極的社会参画・社会行動の実践事例　（38）

第3章　公民科新科目「公共」を核とした主権者教育の課題……西村公孝　42
　　1　戦後の社会系教科カリキュラムの改革と主権者教育　（42）
　　2　高等学校公民科「現代社会」から新科目「公共」へ　（44）
　　3　新学習指導要領の改訂、高校公民科「公共」の構想　（46）
　　4　主権者教育としての公民科新科目「公共」の展開課題　（51）

目　次　vii

第II部　社会科教育学の理論研究の最前線—理論と実践の融合・統合の課題‥55

第4章　社会科授業研究方法論の最前線 ………………………… 梅津正美　56
──客観主義と構成主義の「対抗」から「対話」へ──

1　問題の所在と本章の目的　(56)

2　社会科授業研究方法論の展開　(57)

3　社会科授業研究方法論をめぐる課題と展望　(63)

第5章　諸外国における主権者教育の理論研究の最前線 ………… 草原和博　66

1　オーストリアの主権者教育改革　(66)

2　歴史的事象から政治制度を教える　(69)

3　日常的状況から政治的規範を教える　(70)

4　オーストリアの教育実践が示唆すること　(72)

第6章　社会系教科カリキュラムの理論研究の最前線 …………… 伊藤直之　75

1　教師によるカリキュラム構成についての研究　(75)

2　中学校社会科地理的分野におけるカリキュラム・メイキング　(77)

3　カリキュラム主張力のある教師　(82)

第7章　社会系教科における学習評価の理論と実践 ……………… 井上奈穂　85

1　はじめに　(85)

2　教科の本質を踏まえた学習評価の考え方　(85)

3　学習評価の実際　(86)

4　社会系教科における学習評価　(93)

第Ⅲ部　理論と実践の往還による融合・統合を意図した社会科教育学研究‥ 95

第8章　水問題を巡り「として語る」戦略的他者表象による NIESD の理論と

　　　　カリキュラム試案‥‥‥‥‥‥‥‥‥‥‥‥‥‥‥ 伊藤裕康　96

　　　　──「物語り」を活用した「NIE」と「ESD」の融合──

　　1　ESD 授業づくりの課題：「何を」、「どのように」教えるかの明確化　（96）

　　2　SDGs 時代の ESD の展開と水問題　（98）

　　3　「物語り」を活用した「NIESD」の構想　（100）

　　4　水問題を巡り「として語る」戦略的他者表象による NIESD のカリキュラ
　　　　ムの構想　（101）

第9章　個別課題の国際化・グローバル化における理論と実践 … 鴛原 進　106

　　1　国際化・グローバル化の課題　（106）

　　2　国際化・グローバル化を踏まえた教育の可能性と教育実践の場としての
　　　　「学校」と「地域」　（107）

　　3　実践事例　（109）

　　4　国際化・グローバル化を踏まえた方向性　（109）

第10章　授業研究（レッスン・スタディ）の国際化の理論と実践 … 久野弘幸　116

　　はじめに　教室の風景　（116）

　　1　授業研究とは?　（117）

　　2　日本の授業研究の歴史　（118）

　　3　授業研究の国際化と Lesson Study　（121）

　　4　世界的な授業研究ブームの背後にあるもの　（124）

　　おわりに　（125）

第11章　PDCA 理論の活用と小学校社会科授業実践の研究‥‥‥ 峯 明秀　128

　　1　社会科授業改善における PDCA 理論の二段階活用　（128）

　　2　PDCA 理論の活用と小学校社会科授業実践例　（130）

　　3　PDCA 理論の活用と小学校社会科授業実践研究の課題と方向性　（136）

目 次 ix

第12章　板書の機能を組み込んだ社会科授業研究の理論と実践 ‥ 米田 豊 139

1　学校教育と板書、教員養成と板書　（139）

2　社会科教育実践と板書、板書の機能　（140）

3　授業構成理論に対応した板書　（141）

4　社会科授業研究における板書　（147）

第IV部　理論と実践の融合・往還を意図した社会科授業実践 ……………… 149

第13章　小学校の社会科授業実践研究 ………………………………… 150

1　愛知教育大学附属岡崎小学校の実践　尾崎智佳（150）

2　徳島県徳島市の公立小学校の実践　秋田泰宏　（160）

3　徳島県勝浦郡勝浦町の小学校の実践　横山利恵　（169）

第14章　中学校の社会科授業実践研究 ………………………………… 179

1　千葉大学教育学部附属中学校の実践　鹿瀬みさ　（179）

2　未来を拓く力を育てる社会科学習 —— 全国中学校社会科教育研究大会の授業実践における理論と実践の往還 ——　大谷啓子　（189）

3　愛知県春日井市立東部中学校の実践　石原浩一　（199）

第15章　高等学校の公民科授業実践研究 ……………………………… 208

1　兵庫県立尼崎高等学校での実践 —— 生徒の「当事者意識」を高めるための授業実践 ——　品川勝俊　（208）

2　東京工業大学附属科学技術高等学校の実践 —— 経済学習事項との関連を深める単元「金融危機における金融政策」の指導 ——　保立雅紀　（216）

3　愛知県立高等学校での実践 —— 小単元「どうする？エネルギー・原発政策」の開発と実践 ——　疋田晴敬　（225）

終章　社会科教育研究・実践の未来 ……………………………… 西村公孝　233
　　──主体的・対話的で深い学びを創造する社会系教科教師への期待──

　　1　今なぜ、理論と実践の往還なのか　（233）

　　2　社会科教育研究としての理論と実践の関係を問い直す　（236）

　　3　社会系教科担当教員のライフステージにおける理論と実践の往還　（244）

　　4　社会科教育研究・実践の未来──理論と実践の往還　（246）

あとがき　西村公孝　（250）

索引　（253）

執筆担当者一覧　（256）

共著者紹介　（259）

社会科教育の未来

──理論と実践の往還──

序　章　社会科教育研究の過去・現在・未来

1　社会科教育研究のこれまで

　周知のように、社会科は戦後、民主主義育成教科としてアメリカの Social Studies を参考に生まれた。民主主義は、19 世紀まで信頼されていた自由主義に代わって世界の思想、政治、経済の通底理念として多くの国々で評価されてきた。しかしながら、近年の共産主義一党独裁の中国に対して議論と政策決定で民主主義をリードしてきたアメリカは、民主主義の時間軸が問われている (日本経済新聞、2018.7.5)。

　そこで、序章では改めて民主主義育成教科の社会科教育研究が果たしてきた役割と今日の課題に言及することにしたい。

　教科「社会科」は、戦前の公民教育を反省し新しい公民教育のための「公民科」に代わって、終戦直後に誕生した人間形成教科である。1947 年に成立した社会科は、アメリカ新教育運動を先導した 1920 年代の J. デューイの教育思想、子どもの問題解決能力を育成する学習カリキュラムに影響を受けている。試案として出されていた学習指導要領 (昭和 22 年、26 年) も子どもの生活経験を重視した生活単元学習により、問題解決能力を育成することを目標と内容に明記していた。

　社会科教育研究は、日本社会科教育学会及び全国社会科研究会 (現在の全国社会科教育学会) が中心となり、全国の社会科教育理論研究並びに小中高の実践研究をリードしてきた。それぞれ研究の中心は、前者が東京教育大学 (現在の筑波大学)、後者が広島大学であり、社会科教育学研究もこの 2 大学の研究者をリーダーとして行われてきた。その後、東京学芸大学に社会科教育学

研究の修士課程が設置 (昭和 41 年) され、次いで大阪教育大学にも設置 (昭和43 年) されたことにより、東京教育大学や広島大学のような中等教育教員輩出大学に東京学芸大学や大阪教育大学が加わることにより、初等教育における社会科教育研究も開始されることになった。また、全国の教員養成系の教育学部に社会科教育研究のための修士課程が徐々に整備され、高知大学に社会科教育学修士課程が設置 (平成 8 (1996) 年) され、全国的な研究組織が整っていった。社会科教育関係の民間教育団体の設立や地道な教育委員会主催の研修会により、社会科教育研究は前進してきたが、やはり、全国の教員養成系大学に社会科教育学担当の教員が配置され、修士課程が整備された意義は大きかったと言えよう。

この間に、兵庫教育大学 (昭和 55 年修士課程設置)、上越教育大学 (昭和 56年同設置)、鳴門教育大学 (昭和 59 年同設置) の新構想三大学が創設され、小中高等学校の現職派遣教員が 2 年間、教育現場を離れて社会科教育に関する実践研究を行える研修制度も整備された。特に、新構想の三大学に派遣された院生の実践研究は、社会科教育研究を進展させるのに大いに寄与してきたと言える。それぞれの大学が社会科教育研究に関する学会を発足させ、実践研究においても蓄積を重ね、全国に社会科教育学担当の教員も輩出してきた。

鳴門社会科教育学会も大学創設期に誕生している。

これまでの社会科教育学研究の歴史について原田智仁は、①草創・確立期1951-1971 年、②拡大・発展期 1971-2001 年、③停滞・混迷期 2001 年～として考察している。特に、今日の停滞・混迷期の要因を下記の 4 点から指摘し、現職教員の再研修の役割の在り方が課題だと言う[1]。

・研究方法論の確立ができていない。

・全国に拡大した大学院が現職教員の再研修の役割を持ち、厳密な学問研究の方法論の検討が不十分であった。

・大学の法人化により、業績主義が定着し、地道な研究成果が出にくくなっている。

・鎖国的な研究環境の下、受信的研究は盛んであるが、自らの研究を世界

に向けて発信する研究は少ない。

　原田が指摘している前頁の2つ目の課題については、全国に修士課程が創設され、その後、教職大学院が新設され、理論と実践の往還から課題を解決する新たな研修のステージが用意されてきたが、不十分な点も多い。本書の企画はこの課題に迫ろうとするものである。筆者は、教職大学院の教員配置において「学校現場での教職経験を20年以上積んだ実務家教員の採用を40%に設定し、研究者と実践者が共同して現職派遣の院生を指導する」体制が十分に機能していないとの認識がある。そこには研究者教員が修士課程での研究姿勢から脱皮できていないこと、採用された実務家教員が実践研究の研究手法を十分に身に付けていないこと、研究者教員と実務家教員の役割・協働が明確になっていないことの要因が考えられる。また、実務家教員配置においても定員確保が優先され、教育委員会から選任されるケースが多いことも課題となる。

　以上の原田の指摘と教職大学院の現況の課題から、研究者や実務家教員が理論と実践を多く学んでいる学会活動から見てみることにしたい。まず、筆者の学会活動等の体験からそれぞれの研究団体の特色を見ておく。

　日本社会科教育学会の発足は、昭和27 (1952) 年2月の社会科教育全国協議会を機に、「日本教育大学協会社会科教育学会」が成立した[2]。その後、第3回の研究会から、昭和28 (1953) 年6月に東京教育大学 (現在、筑波大学) と東京学芸大学を母体とした東日本を中心とする社会科教育学研究の基礎を築いた。大森照夫 (東京学芸大学名誉教授)、朝倉隆太郎 (上越教育大学名誉教授)、梶哲夫 (筑波大学名誉教授)、横山十四男 (元筑波大学教授)、佐島群巳 (東京学芸大学名誉教授) らをオピニオンリーダーとして、理論研究を積み上げてきた。学会事務局を東京教育大学から東京学芸大学に移動 (1978年) させ、その後、東京教育大学の改革 (筑波大学の創立) により、再び事務局を戻すなど学会運営も変化を強いられてきた。筆者は東京学芸大学大学院在学中に事務局移転に関わり、学会にも入会することができた。創設された日本社会科教育学会は、全国社会科教育学会とともに、日本の社会科教育学研究に力を注いできた。特に、小中学校及び高等学校の教員が多く参加 (会員数は約1,600人) し

ているのが特色である。毎年、秋に東日本の大学で学会を開催し初日が自由研究発表、評議員会、課題研究、総会、2日目が自由研究発表、シンポジウムであった。2日目の参加者が減少することにより、全国社会科教育学会の運営に習って初日の課題研究とシンポジウムを入れ替えている。

日本社会科教育学会入会時に紹介され購入した上田薫編集代表 (1974)『社会科教育史資料』(1 ～ 4、東京法令) は、戦後の社会科教育を学ぶことができる貴重な資料が豊富に掲載されている。また、同学会は、学会員の研究業績から文献目録を作成し、社会科教育研究のすそ野を広げることに貢献してきた。第 1 集は 1946-1967 年 (1969 年刊行)、第 2 集は 1968-1979 年 (1980 年刊行)、第 3 集は 1980-1989 年 (1990 年刊行)、第 4 集は 1990-1999 年 (2001 年刊行)である。なお、東京教育大学社会科教育教室では、退官記念出版物として社会科教育の歴史をまとめた下記の著書を出している。

・東京教育大学社会科教育研究会 (1971)『社会科教育の本質』(明治図書)
・梶哲夫先生・横山十四男先生退官記念出版会 (1989)『社会科教育 40 年
　　── 課題と展望』(明治図書)

次に、全国社会科教育学会は、昭和 26 (1951) 年 12 月に「西日本社会科教育研究会」として発足している[3]。日本社会科教育学会に対抗する学会として広島大学を中心に西日本の社会科教育学研究をリードしてきた (昭和 39 年に日本社会科教育研究会に改名)。計画的な研究者養成にも力を入れ、社会科教育学研究の博士号を獲得した若手研究者や実践的な研究者を全国に配置し、今日では海外展開に乗り出し社会科教育研究の中核学会となっている。

広島大学名誉教授の内海巌、平田嘉三、森分孝治、片上宗二らをオピニオンリーダーとして、第二世代、第三世代の研究者を全国に輩出してきた。また、広島大学の卒業生・修了生を中心とした社会認識教育学会として、「社会認識」を重視して科学的社会認識育成を目指す実践の指南書となる「教授書」を開発し、教師の問いの構成と資料読解を重視した「児童・生徒の概念習得と説明力を向上」を実践研究の柱としている。そのために、知識の段階的構造を解明し教師主体の資料提示・生徒の活用により確かな社会認識力を育成しようとしてきた。会員も中学、高等学校教員を中心に 1,760 名以上が登録し、

近年では学会誌の国際化を目指し海外の学会とも提携する動きを展開している。具体的にはアジアの社会科教育をアジア初で世界に発信する学会として略称 ISSA（The International Social Studies Education Research Association）を組織し、学会誌「Journal of Social Studies Education in Asia」を発刊している。組織の理念に賛同した日本社会科教育学会、日本公民教育学会、社会系教科教育学会などが会員の ISSA 参加を呼び掛けている。

　社会認識教育学会では、下記のようなハンドブックを作成して社会認識研究の理論と実践の普及に努めてきた。

・社会認識教育学会 (1994)『社会科教育学ハンドブック──新しい視座への基礎知識』(明治図書)
・社会認識教育学会 (2012)『新社会科教育学ハンドブック』(明治図書)
・草原和博・溝口和宏・桑原敏典 (2015)『社会科教育学研究法ハンドブック』(明治図書)

　次に、民間教育団体として注目されるのが、「社会科初志をつらぬく会」である[4]。戦後の学習指導要領を執筆した上田薫が系統主義社会科への軽重に対抗して経験主義社会科として、昭和 26 年版小学校学習指導要領社会科編の考え方を守りながら問題解決学習の伝統を継承する民間教育団体が成立した。「考える子ども」の機関誌を発行し、夏季研修会合宿 (京都と熱海での隔年開催) により、子どもの思考力育成を重視する授業研究を継続してきた。会員も東日本を中心に小中学校の社会科教員以外の他教科教員も加入した地道な研究を継続している。子どもの発言を「個人カルテ」として残し、子どもの発言をプロトコルとして残し、座席表を活用した指導案の作成など特色ある研究を継続している。しかし、近年の教員の減少と教員の多忙による民間教育団体加入減の影響から会員数が減少し、子ども中心主義の思考力を鍛える上田理論の継承が危ぶまれている。

　他に民間教育団体としては、「教育科学研究会」(昭和 38 年発足) や「日本生活教育連盟」(昭和 23 年にコアカリキュラム連盟として発足、昭和 28 年に改名) の教育研究活動が注目される[5]。しかし、社会科初志の会と同様に教員の高齢化、若手教員の多忙化などから民間教育団体の加入者も減少傾向にあり、どの研

8

究団体も新入会員獲得と組織の活性化に苦慮しているのが現状である。なお、日本民間教育研究団体連絡会 (1977)『日本の社会科 30 年』(民衆社) を出版し、民間教育団体の研究の歴史を公刊している。

　本来、教員は自己研修として様々な学会、研究団体、研究会から実践的な理論を学ぶことが不可欠であるが、医師会や法曹界と比較して学会入会者は少ない。特に都道府県教育委員会及び総合教育センターの指導主事クラスの未加入が課題であり、理論と実践を繋ぐ架け橋の役割が果たせていない。

2　社会科教育研究・実践の今

　社会科教育研究は、全国の修士課程の研究と新構想の三大学の実践研究により第 2 世代の研究者や優れた実践者が育ったと言えよう。特に、兵庫教育大学は、上越、鳴門、岡山と連合大学院の博士課程を設置し学位を取得した教科教育の研究者を輩出し教科教育研究に貢献している。中でも社会系教科教育学会は、修了生の同窓会的組織から今や全国展開の学会活動を展開し、学会誌「社会系教科教育学研究」は日本社会科教育学会誌「社会科教育研究」、全国社会科教育学会誌「社会科研究」と並んで実績を積み重ねている。社会系教科教育学会は、兵庫教育大学での 2 月開催から、近畿・四国地方の大学との隔年開催に移行し、すでに大阪教育大学、鳴門教育大学、京都教育大学でも開催している。鳴門社会科教育学会も学会誌「社会認識学研究」を発刊し授業研究部門で貢献している。また、東京学芸大学の社会科教育学会は、学会誌「学芸社会」を発刊し小中学校の実践家を中心に、卒業生・修了生に成果を還元している。他にも修士課程が創設された大学では、地域に密着した地道な実践研究の学会が組織され活動している。

　社会科教育研究の拡大として、平成元年 (1989 年) 社会科再編成を契機に高等学校公民科研究に力を置いた日本公民教育学会、国際化・グローバル化に対応した日本国際理解教育学会や日本グローバル教育学会の創設があり、社会認識系学会のすそ野の広がりとして注目される。平成元年には、小学校低学年社会科が理科とともに廃止され生活科が誕生した。日本生活科教育学

会が発足し、次の改定時に「総合的学習の時間」が創設されたことにより日本生活科・総合的学習教育学会に名称を改め活動している。また、学習指導要領が試案から告示に代わってから、学習内容研究は停滞していたが、日本のカリキュラム研究においては、日本カリキュラム学会が創設（1990年）された意義は大きい。

　次に、教育実践の成果については、学習指導要領改訂前では国立教育政策研究所の教育課程センターが全国の学校に指定研究を委嘱して成果を確認しながら、学習指導要領改訂の参考資料にしている。また、全国の国立大学法人の附属学校園が、文部科学省の指定研究や独自の先端的課題に取り組み地域の実践に還元していることは、日本の実践研究の質に大いに貢献していると言えよう。ただし、平成29（2017）年の有識者会議「報告書」では、附属学校園の研究が地域の公立学校の教育実践に還元されていないことを指摘している。各都道府県には、独自の公的、私的な研究会が組織され社会系教科実践に力を入れている。例えば徳島県には小学校社会科研究会、中学校社会科研究会、高等学校地理歴史研究会、高等学校社会科研究会があり、毎年、夏季休業中の研究会や秋に統一大会等を開催している。事務局も多くの教科が附属学校にあり地域の実践研究の成果を出している。また、学習指導要領に関する課題研究としては、毎年、各県持ち回りの全国小学校社会科研究大会や全国中学校社会科研究大会が開催され、徳島県でも平成30（2018）年11月に第51回全国大会を開催し、3年間の研究成果を全国に発信している。

　以上のような国、地方、地域の組織的な実践研究の成果以外に、戦後の実践研究に貢献してきたのが、商業雑誌における優れた実践研究の紹介である。特に、明治図書出版の商業誌「社会科教育」は、戦後の1966年（昭和41年）から毎月発刊され、今日、724号（2019年8月現在）の刊行を継続している。全国の社会系教科の実践報告を毎月、異なる特集のテーマに合わせて紹介しており、多くの実践家に活用されていると思われる。筆者も1979年4月の新任以来、愛読し多くの情報と知識を得ている。

　特に、戦後の社会科教育関係の著書紹介として企画された下記の出版物は1947年から1994年までの47年史が理解できる貴重な資料となる。

10

・谷川彰英総監修＝有田和正・北俊夫協力（1994）『名著118選でわかる社会科47年史』（明治図書「社会科教育」94．9月号臨時増刊号・No.396）

⑵　授業研究理論の今

　これまで社会科教育研究に関する現況を見てきた。社会系教科教師が求めるのは社会科教育学の原理、歴史、内容論、カリキュラム論など多様であろうが、最も欲しているのは社会科授業理論であろう。社会科教育の目標「公民的資質」育成[6]に関して社会認識形成と社会形成力育成の課題から、これまで多くの授業理論が創出されてきた。特に、下記の著書は社会科教育の授業理論を学ぶ上で多くの研究者と実践者に示唆を与えた出版物である。

・大森照夫（1978）『新しい社会科指導法の創造』（学研）
・森分孝治（1984）『現代社会科授業理論』（明治図書）
・岩田一彦（2001）『社会科固有の授業理論30の提言』（明治図書）

　大森の著書では、戦後の社会科学習指導法の理論と実際（第Ⅱ部）において、問題解決学習、系統学習・概念学習、範例学習、構造学習、完全習得をめざす学習、発見学習、主体的学習、検証学習、探究学習、比較学習、KJ法学習、学び方学習が取り挙げられている。森分の著書では、質の高い認識を形成する社会科授業構成の類型を示している。そして授業類型に基づく実践事例を分析し学問的科学的に探求する授業理論を強調している。また、岩田の著書では、研究授業での分析が理論の明示の無いまま行われることを指摘し、総合的な時間との差異を明らかにするために、社会科授業の設計、分析に際しての30の理論を明示し、50年以上に渡る社会科教育実践の科学化を前進させている。

　近年の社会科授業研究の動向としては、豊嶌啓司がまとめている授業理論（**表序 -1**）のように、社会認識形成を重視するか、社会形成力を重視するかにより大凡下記のような4つの授業理論が支持され、小中高等学校の教育現場での授業開発・実践に大きな影響を与えている。

　①理解型授業論・・人間の行為の事実、目的と方法・手段、結果としての仕組み、事象の理解を図る授業理論。

②説明型授業論‥「なぜ」という問いによる追究、社会事象を社会諸科学
　　の成果で説明する授業理論。

③問題解決型授業論‥デューイの反省的思考法を参考とした問題解決過
　　程による理解を図る授業理論。

④意思決定型授業論‥資質としての合理的意思決定能力と合意形成能力
　　育成の方法を図る授業理論。

表序 -1　社会科の 4 つの授業理論の分析

論・代表者	論の特徴(見方・考え方)	授業論の長所	学習過程
理解型授業論・学習指導要領、安井俊夫ら	人間(個人・集団・組織体)の問題解決的行為とその結果の事実を体験・追体験・理解させることを通して育成される社会生活に関する見方・考え方を育成する。	「理解」の過程・方法が日常生活で係わっていく過程と似ているので、子どもが主体的に学習でき、理解と態度の同時形成が目指されている。	①学習課題の把握、②人々の努力や工夫の理解、③人々の努力や工夫の追体験、④共感的理解、⑤価値付け
説明型授業論・社会認識学会、森分孝治ら	社会的事象を科学的に説明させることによって、事象を説明し解釈する理論である「社会認識体制」としての見方・考え方を育成する。	学習者が科学の研究成果を生み出した過程に主体的に参加することを通して、科学の基本的な概念、探究の方法を獲得するとともに科学的な態度を形成する。	①理論の直観的学習、②理論の探求活動の仮説・検証、理論の創造・明示、検証(分析的学習)③理論の事例分析としての総合的学習(習得した理論の有効性と限界)
問題解決型授業論・社会科初志をつらぬく会、日本生活教育連盟	子どもや社会の問題を取り上げ、それを知的・実践的に解決させることを通して、知識・理解、能力、態度が結び付いた見方・考え方を育成する。	見学・調査という学習方法により、子どもの常識的観念では実態を説明できないことを目の前の事実で示し、素朴な疑問を生じやすくさせ自ら疑問を解決しようとする意欲をもたせる。	①問題に直面、②問題の明確化、③解決の手順、④解決に必要な資料・情報の収集、⑤知識の交換、⑥解決の見通し、仮説、⑥仮説の検討
意思決定型授業論・エングル、メトカーフ、シェイバーら、小原友行、吉村功太郎、水山光春ら	社会的な論争問題を取り上げ、目的・目標を達成するための最も合理的手段・方法を判断させるための見方・考え方を育成する。	科学的な事実認識と反省的に吟味された価値判断に基づいての学習は、社会認識の形成と公民的資質の統一的育成が可能となる。	①問題把握、②問題分析、③目的・目標の明確化、④実行可能な解決案の提出、⑤解決案の論理的結果の予測と評価、⑥解決案の選択と根拠付け、⑦決定に基づく行動

(出典　豊嶌啓司「意思決定の過程を内省し、認識の社会化をはかる社会科授業『社会系教科教育学研究』社会系
　　教科教育学会、第 13 号、2001 年を参照し、筆者作成)

また、第2章で主権者教育の実践動向を紹介するように、社会形成力としての社会参加（社会参画）が資質・能力として重要視されるようになっている。この点に関して社会科教育授業理論においても、唐木清志のアメリカ合衆国の社会科教育理論の一つとしてのサービスラーニング理論の紹介や唐木清志、西村公孝、藤原孝章の著書（2010）『社会参画と社会科教育の創造』（学文社）により、社会認識形成を踏まえた提案型の社会参画授業理論も広がりを見せるようになっている。第5の社会参画型授業理論として、今後の社会科教育実践研究に位置付けられていくことを期待している。

3　理論と実践の往還から考える社会科教育研究の課題

　大学改革、特に教員養成系大学の改革は、大きな岐路に差しかかっている。現代社会の急激な変化と少子高齢化の波を受け、教員養成・教員研修も大きな転換期にある。有識者会議の「報告書」（2017年8月）では、教員養成と採用・研修を一体化させ、教職キャリア形成のための新たなステージの課題を提言している。これまでにも、「今後の国立の教員養成系大学の在り方について」（報告書、2001年）など、時々の課題に審議会答申を出してきた。また文部科学省は国立大学法人に対して3つのミッションを示し、大学の類型化を進めてきた。東京学芸大学を除いて全国の総合大学の教育学部と単科の教員養成大学は、地域貢献をメインとした人材育成に舵をきった。

　教職大学院重点化の名のもとに全国に置かれた修士課程を廃止し、教職大学院に移行する改組を迫っているのである。平成18（2006）年からは、国公私立大学合わせて20の教職大学院が誕生し、新構想の三大学も教職大学院を整備した。そのキーワードは「理論と実践の往還」である。教職大学院は修士課程の修了要件30単位に比べて46単位の修得を課し、三層構造の授業カリキュラムを採用している。5領域からなる共通科目18単位の上に専門科目の18単位、さらに10単位の実習科目（フィールド科目）が配置されている。修士課程における研究室を中心とする文献収集・分析・考察による修士論文作成ではなく、今日の学校教育課題を解決する理論の修得とその活用

を目指す「理論と実践の往還」を重視している。なぜ、今、修士課程を改組し、教職大学院の重点化か（詳細は終章で考察する）。周知のように教職大学院は教員構成において、20年以上の実務経験を有する実務家教員の配置を要件にしている。地域貢献として教員委員会や地域の教育現場で活躍してきた優秀な実践者が実務家教員として教職大学院に採用されている。

　そこで、理論と実践の往還のキーワードに関する課題を考えてみたい。課題の背後にあるのは、今なぜ、教職大学院の重点化か、なぜ修士課程は役目を終えたのか、その検証が肝要となる。役割を十分に果たせなかったので、お取りつぶしによる創設では、認知されないのではないか。特に、定員300人を抱えた修士課程を持っていた兵庫、上越、鳴門の改革は難しい。修士課程の修士論文に代わって教職大学院では学修成果報告書が求められている。詳細についての分析は、終章で行うこととする。教職大学院が求めているものは文献中心の理論研究の成果ではなく、RPDCAサイクルを回して、実践の成果と課題を報告書にまとめるものである。理論として活用するものは、主として教育学研究や教科教育学研究の長年の知の蓄積というよりも、教育現場の課題に即効性のある理論が求められ、How To ものの理論である。教育現場の教師は、直ぐに効く特効薬としての理論を求めているのである。課題がここに垣間見られる。確かに科学性や独創性を求めた理論研究は、本当に役立つのか疑問視されがちであり、教育現場からは研究者の自己満足として敬遠されがちであった。

　往還のキーワードから、理論と実践、研究者と実践者の往還が課題解決の関係性において重要となる。往還における理論と実践の融合や統合は、どのような目的で何に対してどのように行うのか。そして、その評価や成果を次の実践に活用しつつ、広く学校教育にどのよう還元していくのか、往還の内実を明らかにして期待に応えなければならない。また、実務家教員の研究指導能力を高めないと、大学院で学ぶ意義も薄められてしまうだろう。文部科学省や教員委員会の伝達講習レベルの学習指導要領解説やそのノウハウを聴くのであれば、わざわざ地方財政が悪化し派遣に余裕がない中で教職大学院に教員を派遣し、研修の機会を保障する意義は半減する。そこで問われるの

が、実習 (フィールドワーク) の質であり、学校課題の解決である。

　社会科教育研究は、戦後の優れた外国の社会科教育カリキュラムの紹介・活用・応用から様々な社会系授業理論が創出されてきた。そして、今日、学校現場の実践を分析し児童・生徒の資質・能力の向上と教師の教育実践力を高めようとする実践的な研究の段階に入っている。学習内容としてのコンテンツに関する改善や精選の議論よりも、ゴールにおいてどのような資質・能力が身に付いたか、を評価する研究に移行している。問われるのは、その実践研究の中身であり、原田が先に指摘した課題を踏まえて目標と内容と方法と評価が一体となった往還の研究課題がある。

　教職大学院での実習が、はいまわるフィールドワークにならないためにもフィールドワークに入る前の理論仮説の設定、理論仮説の正しさを実証するための具体的な手立ての検討が重要となる。時間があるから実践をするのではなく、実践の裏付けとなる理論仮説は何か、それは大学の研究室や文献の中にもあるかも知れないが、教育現場の実践知の中にも理論知はあるはずである。A先生が実践し成果を上げたとしたらそこにはなぜうまくいったのか、児童・生徒になぜ受け入れられたのかなど実践知があるはずである。このように理論知と実践知を結び付けた課題解決は、次の実践に役立つ。役立つことにより教育実践学[7]に客観性や実証性が担保され、厚みが増すのである。

注・引用文献

　1　岩田一彦「書評」、日本社会科教育学会『社会科教育研究』、Vol.87,2017、原田智仁・關浩和・二井正浩『教科教育学研究の可能性を求めて』風間書房、2017年。

　2　「日本社会科教育学会、永井滋郎・平田嘉三編『社会科重要用語300の基礎知識』明治図書、1981年、p.26参照。

　3　「日本社会科教育研究会」、同上著、p.27参照。

　4　社会科の初志をつらぬく会『問題解決学習の展開』明治図書、1970年。

　5　「教育科学研究会」「日本生活教育連盟」については、注 (2) 永井・平田編のp.14、p.28参照。

　6　唐木清志『公民的資質とは何か──社会科の過去・現在・未来を探る』東洋館、2016年。

　7　溝上泰『社会科教育の実践学の構築』明治図書、2004年。

（鳴門教育大学大学院　西村 公孝）

第Ⅰ部

主権者教育としての社会科教育の現在と課題

第1章　民主主義の現在と社会科教育の課題

1　主権者教育からみた社会科教育の課題

　改正民法が国会で平成 30（2018）年 6 月に成立し、明治時代から 140 年あまりに渡り「満 20 歳」とされてきた成人の定義が見直された。現行の成人年齢は 20 歳から 18 歳に引き下げられることが決まった。2022 年 4 月から 18 歳、19 歳も新成人の仲間入りをすることになる。18 歳選挙権引き下げ（2016 年）に続く、18 歳成人は、グローバル化している国家・社会の形成者育成の在り方に関する主権者教育を根本から見直す未曾有の制度改革となった。民主主義教育の中核教科である社会科教育研究も、18 歳にゴールを設定し、その在り方が再考されなければならない。

　社会科は民主主義を学ぶ教科である。社会科の基本的なねらいと民主主義の関係については、すでに昭和 28（1953）年 8 月の教育課程審議会答申において「社会科はわが国における民主主義の育成に対し重要な役割をになうものであり、その基本的ねらいは正しいものであるから、今後もこれを育てていくべきである」と述べられている。その基本的なねらいとは、社会科の目標設定原理の 1 つである社会的要請（社会の多くの人々によって承認される社会的価値あるいは社会生活上の必要性）から読み取れる「社会生活に関する知識・理解の習得を通して公民的資質の育成を究極のねらいとし、民主的・平和的な国家や社会の形成者として必要な諸能力を育成すること」[1] である。

　民主主義については戦後に活用された文部省著作教科書『民主主義』[2] で、民主主義の根本精神は「すべての人間を個人として尊厳な価値を持つものとして取り扱おうとする心である。」（はしがき）とある。民主主義の本質を学ぶ

ためには「学ぶべき事柄を実行してみること」「民主主義は単なる観念や理論ではなくて、社会に共存しているすべての人々の考え方や、行動や、生活そのものの中に存在しているのである。だから、民主主義を学ぶには民主主義的な生活を実行してみるのがいちばんよい。自分でやってみれば、民主主義の良さが分かる。」（第14章民主主義の学び方）とある。

　筆者は愛知教育大学附属高等学校で「現代社会」を担当していた当時（昭和62（1987）年10月）の1年生（218名）に「民主主義」に関するアンケートを実施した。民主主義から連想する言葉は、「自由、平等、国民主権、平和、社会主義、市民革命、自由競争、自由主義、地方自治、国民」の順で挙げられていた。戦後の日本は、民主主義社会になっているかの問いでは、「なっている。国民が選んだ国民の代表が政治を行いその方針に国民の意志が反映されているから。」「なっていない。政府は国民の意見をあまり聞かず政治家が勝手な政治を行っている感じがする。」、また民主主義社会にとって大切なことは何かの問いでは、「国民の意志が必ず政治に反映されること」「人間が自ら人を人間としてみなし、自由と平等を尊重すること」「国民本位で権力の分散が行われ、三権分立が確立されていること」などが挙げられていた。最後の民主主義に必要な民主的態度・能力とは何かの問いでは、「国民のことを考え政治を行うこと」「人間の尊重と資本主義的な自由と平等」「協力的で自分に責任を持つこと」「国民が政治とかに関心を持ち積極的になること」などが挙げられていた。これらは約30年前の生徒の意見である。おそらく今日の高校生に質問してみても同様な答えが返ってくるように思われる。

　社会科教育がこれまで目指してきた国家や社会の形成者としての諸能力の育成と民主主義の本質を探究し、実践的に民主主義を学ぶ論題は社会科教育の中心的な課題として受け継がれている。今日の18歳選挙権・18歳成人時代における主権者育成は、社会科教育の在り方を考察する上での要諦である。

2　グローバル化する国際社会での民主主義

　民主主義の語源は、ギリシャ語のdemokratiaすなわち多数者の権力・支

配であり、君主政・貴族政と区別される概念であった（『政治学事典』弘文堂、p.218）。ただし、事典には民主主義の用語解説は無く、直接民主主義、代表民主主義、参加民主主義、熟議民主主義、社会民主主義、地域民主主義の用語例の解説があるだけである。日本の民主主義には次のような特徴があると論述されている[3]。指摘されている論点を3つ紹介する。

①欧米の政治原理としての民主主義を受け入れたが、個人単位ではなく自然に形成される家族、村落、家族国家（対立や紛争を含まない）の和を保つ、全員参加による対立や紛争を回避する機能が強い。

②自律的個人による自主的決定が民主主義の原点であるとすれば、官僚制の克服と議会政治の機能強化が課題である。

③日本の民主主義が全国民の自発的な秩序形成を意味するとなれば主体的な秩序形成能力が必要となるが、市民の徳性を重視する共和政と異なり、日本の民主政は保守政党の私的利益に対する配慮だけが政治行動の主要な動機となり、公的問題への関心や政治の倫理性は高められていない。

①では政治がお任せ民主主義になっていること、②では肥大化した組織の行政と議会（国と地方）の在り方、その選出方法、③では徳性を欠く市民・国民と政治との関係が、私的利益優先になり公的問題への関心が低下する民主主義の課題が述べられている。

特に③の指摘の公的問題への関心を高めることは、民主主義の要となる。

アメリカ第16代大統領リンカーンは「人民の、人民による人民のための政治」という民主主義の原理を示した。その後、世界は対極にあるそれぞれの民主主義の主張により、国家間の対立を続けてきた。ようやく1989年の東西冷戦終結後、世界の民主化に希望の灯がともった。しかし、21世紀に入り再び国際情勢は混乱期に突入している。具体的には民族、宗教の紛争、アメリカ大統領の「アメリカ第一主義」による保護貿易と他国の自由貿易の対立、アメリカと中国の政治、軍事の覇権争い、グローバリズムとナショナリズムの対立など、グローバリズムと民主主義の価値を世界に示してきたアメリカ合衆国政治の変貌は、民主主義の歴史を後戻りさせているかのように見える。また、難民・移民政策の難しさによる国家政策の不安定から、EU

諸国でのリーダーの苦悩が伝えられ、民主主義の選挙や投票による多数決原理の弊害などが顕著になっている。欧米の民主主義が揺らぎ始めたことにより、冷戦後の今日、中国、ロシアなどの社会民主主義（独裁民主主義）の台頭によって、国際社会の「民主主義」は立ち往生している。中でも、冷戦終結後30年間では、2001年米国同時多発テロ、2008年リーマン・ショックなどの出来事により、政治、経済の潮流の分岐点があり、民主主義の在り様が変化するきっかけとなっている。

　そこで、世界の民主化はどの程度進んでいるのか、近年の民主主義の危機が叫ばれている世界の現況はどうなのか。「民主化からみた政治」『世界はいま　世界と日本　大図解シリーズ』（No.1387 中日新聞東京本社サンデー版編集部）資料により、危機に瀕している世界の民主主義の現状を確認して見る。

　最も民主化が進んで民主主義国として評価されているのが、北欧のノルウェー、スウェーデンである。国政を監視するオンブズマン制度がスウェーデンで始まるなど、北欧の言論、政治の民主化が進んでいる。ランキングの

表1-1　世界の民主化の動向

ポーランド（東ヨーロッパ）	かつては民主化運動をきっかけに、東欧革命につながったが、2015年に政権を握った政党「法と正義」は、集会と報道の自由を制限し、さらに政権の司法介入を可能にする法改正などが問題視されている。
サウジアラビア（西アジア）	国王が閣僚会議を主宰し、重要ポストは王族が占める。ジャーナリスト殺害などの問題が浮上し、世界的に批判されている。
エリトリア（アフリカ）	政治体制は一党制。イサイアス大統領の実質的な独裁体制。憲法に基づく国政選挙が2001年に実施される予定だったが、無期限延期になっている。
ミャンマー（東南アジア）	長らく軍事政権が続いていたが、2015年に選挙によって、スー・チー氏が率いる国民民主連盟による政権が発足したが、イスラム教少数民族ロヒンギャの大量難民問題で批判が高まっている。
タイ（東南アジア）	2014年、軍が反政府デモの拡大による混乱で戒厳令を発し、クーデターを実施、民主化が後退した。
ロシア	プーチン大統領が長期に渡り政権を掌握。ジャーナリストを含め、反対派への弾圧が指摘されている。
中国	インターネットの遮断など言論統制を強めている。また、党や中央政府に批判的な人権派弁護士、ジャーナリストを拘束するなどの事例が報告されている。
北朝鮮	言論統制をはじめ、人権侵害など多くの問題が指摘されている。国家権力を世襲で掌握し続けている。

出典：No.1387 中日新聞東京本社サンデー版参照、筆者作成

20　第Ⅰ部　主権者教育としての社会科教育の現在と課題

一位はノルウェーであった。筆者も平成 30 年 12 月にフィンランドを訪問
し現地の地理教育の出版社に勤務する女性にインタビューしたところ、イギ
リスやフランスのような民主主義を脅かすような市民と政府の対立は無いと
のことであった。税金が高くても公共サービスや社会福祉政策が充実してい
るから市民感覚の満足度が高いと考えられる。民主主義への危機は、既述し
たアメリカ合衆国や EU でみられる。トランプ大統領は自国第一主義の単独
行動を掲げマスコミを攻撃するなど反対意見を抑え込み分断を加速させてい
る。EU では、オーストリア、イタリアで極右政党が参加する連立政権が発
足し、デンマークでは閣外協力、ドイツでも極右勢力が台頭している。また、
ブラジルでも過激主義の大統領が 2018 年に誕生している。世界の民主化に
逆行する動きを参考までに示しておく（**表 1-1** 参照）。

　次に、世界ガバナンス指標により、世界の民主化度のランキングを見てお
こう。**表 1-2** で世界の民主化度ランキングを示す。日本は 41 位である。

表 1-2　世界の民主化度ランキング〈世界ガバナンス指標（WGI）〉

順位	国家	パーセンタイル	順位	国家	パーセンタイル	順位	国家	パーセンタイル
1	ノルウェー	100	10	ドイツ	95.57	166	ロシア	18.72
2	スウェーデン	99.51	10	英国	93.10	188	中国	7.68
3	オランダ	99.01	30	フランス	85.71	200	シリア	1.97
4	ニュージーランド	98.52	36	イタリア	82.76	202	トルクメニスタン	0.99
5	スイス	98.03	37	米国	82.27	203	エリトリア	0.49
9	カナダ	96.06	41	日本	80.30	204	北朝鮮	0.00

備考　世界ガバナンス指標（WGI）は、1990 年代から 30 を超える世界調査及び専門家によるアセスメントを合
わせ 6 つのガバナンス指標（①ボイスと説明責任、②政治的安定と暴力撲滅、③政府の有効性、④規制の質、⑤
法の支配、⑥汚職対策）を設定し、世界の 200 以上の国と地域を対象に評価している。特に注目されるのが①
に関する国民の政治参加（自由かつ公正な選挙）である。指標は「世界銀行」による。
出典：No. 1387 中日新聞東京本社サンデー版参照、筆者作成

　以上のようにデータ資料から世界の民主化を民主主義の現況として検討し
てきたが、民主主義の危機に関する出版物は近年「ポピュリズム台頭」など
の著書とともに散見されるようになった。そこで、数ある民主主義に関する
出版物の中からウェンディ・ブラウン（2017）『いかにして民主主義は失われ

ていくか』(みすず書房) とスティーブン・レビツキーら (2018)『民主主義の死に方』(新潮社) に着目した。これらの著書は新自由主義との関係においていかに「民主主義は危機的状況にあるか」ということを考察している。前者のウェンディ・ブラウン著書の帯には、このように書かれている。

> いまや新自由主義は、民主主義を内側から崩壊している。<u>あらゆる人間活動を経済の言葉に置き換え、民主主義を支える理念、制度、文化を解体する過程を解き明かす。</u>(下線部は筆者)

この点に関しては、日本経済新聞の記事 (2016.6.26) でも論説されている。後著の著書の帯にはこのように書かれている。少し長いが引用する。

> 2016 年 11 月、アメリカで、はっきりと独裁的な傾向をもつ男が大統領に選ばれた。ハンガリーやトルコ、ポーランドでは、ポピュリズム政権が民主主義を攻撃し、ヨーロッパの各地で過激派勢力が議席を伸ばした。今、世界中で民主主義がゆっくりと静かに殺されている。
>
> かつて民主主義は革命やクーデターによって死んだ。しかし、<u>現代の民主主義の死は選挙から始まる。</u>20 世紀にヨーロッパやラテンアメリカでおきた民主主義の崩壊を 20 年以上にわたって研究してきた著者二人が、世界の民主主義の現状を分析し、将来に向けて打つべき手を提言する。日本の未来をも暗示する警世の書。(下線部は筆者)

著者のスティーブン・レビッキーとダニエル・ジブラットが指摘している「現代の民主主義の死は選挙から始まる」は、アメリカ大統領選挙だけでなく、イギリスの EU 離脱国民投票によるその後のイギリス政治の混迷などを見れば、いかに選挙民育成の主権者教育が重要となるか、社会科教育の役割の重要性が再認識されるのではないだろうか。

22　第 I 部　主権者教育としての社会科教育の現在と課題

3　民主主義に関する言説の確認

(1)　民主主義とポピュリズム[4]

　既述したイギリスの国民投票による EU 離脱問題の混迷、アメリカ大統領選挙結果後の政治・経済面での不安定要因など、世界の民主主義の危機が語られるとともに世界的なポピュリズム台頭にも警戒心が表面化している。日本では、大衆迎合主義や人気取りの政治とポピュリズムは捉えられている。

　ここでは、水島治郎 (2016)『ポピュリズムとは何か』(中央新書)、ヤン＝ヴェルナー・ミュラー (2017)『ポピュリズムとは何か』(岩波書店) を手がかりに、なぜポピュリズムが民主主義の脅威や敵とみなされるのか、市民の改革の希望の党の理念となっているのか、確認しておくことにする。水島の解説に耳を傾けてみよう。

　20 世紀の中葉にラテンアメリカで出現したポピュリズムは、21 世紀に入り欧州各国で進出を果たし、日米やラテンアメリカを含め世界的な広がり (ポピュリズムのグローバル化) が見られる。水島の解説からラテンアメリカの開放型ポピュリズムと現代ヨーロッパの抑圧型ポピュリズムがあることが分かる。その特色をまとめると**表 1-3** のような傾向が見られる。

　また、ポピュリズムと民主主義の関係からは、下記の三点の特色が見られると言う (pp.222-225)。

　第 1 は、現代のポピュリズムにおける「リベラル」な「デモクラシー」との親和性である。第 2 は、ポピュリズムは一過性のものではなく、ある種の「持続性」を持った存在だという事である。第 3 は、ポピュリズムが現代政治に与える「効果」である。その効果とは、ポピュリズムがデモクラシーにおける「改革」と「再活性化」に影響を及ぼしているという。また、水島はポピュリズムは、政党や政権を批判し国家機能の大幅な拡大 (財政規模の拡大、公的部門の充実) が不可欠な思想 (p.216) であり、19 世紀の自由主義、20 世紀の民主主義、21 世紀のポピュリズムの流れだとすると、今世紀の民主主義は好むと好まざるとにかかわらずこの手ごわい「内なる敵 (ポピュリズム) と正面から向き合うことになる」と警告している (p.234)。

表 1-3 ラテンアメリカと現代ヨーロッパのポピュリズムの特徴

比対象の型	主な特徴
「開放」型・左派的ポピュリズ（ラテンアメリカ）	・労働者や貧困者を基盤とし社会改革や分配を求める解放志向を持つ。
	・既存の政治を改革し左派的・革新的政策による分配志向が強く、労働者保護、貧困層向け社会政策、先住民への権利付与など国家機能の大幅な拡大（財政規模の拡大、公共部門の充実など）になる。
「抑圧」型・右派的ポピュリズ（現代ヨーロッパ）	・リベラルやデモクラシーに依拠しつつ、移民・難民排除を柱とする抑圧的な傾向を持つ。
	・公的セクターの充実、福祉国家の発達などで再分配の公的部門の発達が逆に批判の対象となり、便宜を享受している人々（生活保護者、公務員、福祉給付対象者など）が新しい特権層として批判され、それを許容している既成政党や政治家がターゲットとなっている。

出典：水島著参照（筆者作成）

　次に、ポピュリズムと民主主義の関係（差異）を説明しているミュラーの解説も見てみよう。要点をまとめると次のような解釈になる（pp.96-97）。

民主主義はマジョリティが代表に権限を与えることを可能にする。その際、代表の行動は、市民のマジョリティが望んでいたものと一致したり、一致しなかったりする。他方でポピュリズムの場合、ポピュリスト政府の行動は、「人民」がそう望んだからという理由で、異議を唱えることはできないと主張される。民主主義においては、マジョリティの判断は誤りうるし、議論の対象になりうると想定され、マジョリティの交替が前提とされている。他方でポピュリズムにおいては、あらゆる制度の外にある同質的な実体の存在が前提とされ、そのアイデンティティと理念は完全に代表されると想定されている。(中略) 民主主義においては、「人民」は非制度的な方法では決して現れることはないと考えられ、さらに議会における多数派は「人民」ではなく、人民の名において語ることはできないということが受け入れられている。他方ポピュリズムは、ちょうど逆のことを想定しているのだ。

24 第Ⅰ部 主権者教育としての社会科教育の現在と課題

　また、民主主義は決定が民主的な手続きを経て形成されたからといって、それが「道徳的」というわけではないことを前提としているが、ポピュリズムでは道徳性に関して深い亀裂が存在する状況であってもひとつの正しい道徳的な決定があることを前提としているとの指摘も興味深い。ミュラーが指摘する政党および政党システムの溶解は、決して他国のことではない。日本も民主主義を支える政党やその運営システムに不安があるのではないか。

　ポピュリズムの思想は、それを支持する人々により政党として成長し、各国の経済政策や政治決定に影響を与える。なお、近年のポピュリズムのグローバル化に関しては、中谷義和・川村仁子・高橋進・松下冽 (2017)『ポピュリズムのグローバル化を問う』(法律文化社) が参考となる。本書の終章において中谷が「日本のポピュリズム――政治的基層」に言及している (pp.245-260)。人気取り政治を厳しく監視する主権者の育成が重要となる。

⑵　シルバー民主主義とヤング民主主義

　シルバー民主主義は、存在するのであろうか。ヤング民主主義を支える政党がフィリピンで誕生したと伝えられている (日本経済新聞、2019.1.29)。高齢者を対象としたシルバー政治は、政治家の年齢層、選挙投票参加率 (**表1-4 参照**) からして存在するだろう。少子高齢社会では社会保障費が飛躍的に増大し、高齢者優先の政策が先行する。**表1-5** で確認できるように、世代により投票時に投票判断政策は異なる。このように数が多い世代の政策を優先するシルバー政治が幅を利かせることになる。大衆迎合主義に陥りやすい民主主義の欠点を踏まえ、政策批判・判断能力の育成が重要となる。

表1-4　衆議院選挙年代別投票率の推移

西暦	1990	1993	1996	2000	2003	2005	2009	2012	2014	2017
回数	39	40	41	42	43	44	45	46	47	48
20 代 (%)	57.80	47.50	36.40	38.40	35.60	46.20	49.50	37.90	32.60	33.85
30 代 (%)	76.00	68.50	57.50	56.80	50.70	59.80	63.90	50.10	42.10	44.75
60 代 (%)	87.21	83.38	77.25	79.23	77.89	83.08	84.15	74.93	68.28	72.04
70 代以上 (%)	73.21	71.61	66.88	69.28	67.78	69.48	71.06	63.30	59.46	60.94
全年代 (%)	73.30	67.30	59.70	62.50	59.90	67.50	69.30	59.30	52.70	53.68

出典：総務省ホームページを参照し筆者作成

1990 年では 20 代 (57.8%) と 60 代 (87.2%) の投票率の差は、30 ポイントであった。2017 年では 38 ポイントに広がっている。2016 年参議院通常選挙の際に投票で重視した政策は何かの問いに、高齢者は「年金・医療などの社会保障」、中年は「景気・雇用」、若者は「子育て支援」「消費税」の政策が選挙で重視されている。

表 1-5　大人が選挙の際に重視している政策は何か (%)

	景気・雇用	社会保障	子育て支援	憲法改正	消費税	外交・安全保障
18-19 歳	28	15	13	14	**11**	8
20 歳代	35	13	18	12	7	7
30 歳代	32	11	**29**	11	4	7
40 歳代	**38**	15	17	12	5	8
50 歳代	**38**	21	8	**15**	5	9
60 歳代	27	**28**	6	**16**	6	9
70 歳代	19	**29**	4	**15**	8	9

出典：第 24 回参議院議員通常選挙 (平成 28 年 7 月 10 日) 結果に基づき筆者作成

　高齢化先進国と言われる日本でシルバー民主主義として広がる世代間格差の象徴が年金・医療など、社会保障や税に関する格差である。経済財政白書 (2001 年) によると、高齢世代は受益総額が負担総額を上回る「生涯黒字 (60 歳以上は 5,711 万円)」になり、若者やこれから生まれてくる世代は「生涯赤字 (20 歳代は 1,309 万円の負担)」になると言う。幼児教育無償化や高等授業料無償化などの政策は遅きに瀕している (日本経済新聞、2019.1.19「平成 30 年シルバー民主主義広がる世代間格差」参照)。この格差の指摘は 2001 年であるから、2019 年の今日では、さらに世代間格差が広がっているのではないか。

　日本は戦後復興期から高度経済成長期を経て、国際的な地位と経済力を高めてきた。その後、バブル崩壊期以降右肩下がりの時代の中で財政改革や社会保障制度のひずみ是正を先送りし、平成期の 30 年は格差拡大の低迷期と位置付けられようとしている。その背景がシルバー民主主義ではないかと言われている。

26　第Ⅰ部　主権者教育としての社会科教育の現在と課題

　そこで、島澤論 (2017)『シルバー民主主義の政治経済学』(日本経済新聞社) を手がかりに、シルバー民主主義について検討してみたい。島澤の結論は、シルバー民主主義というよりも世代間不公正を深化させている政府の財政・社会保障制度改革が先送りされ、シルバー優遇政治により孫の世代を食い物にする莫大な債務先送りがあることの警告である (p.90)。島澤は民主主義がしばしば機能不全に陥らせる衆愚政治を生んだり、自らを否定する独裁者を自らの手で選んできたりした歴史を紹介し、各世代の有権者が歩み寄りまだ生まれていない世代の利益にも配慮しつつ、利害調整を行える政治の仕組みや、民意の尊重と民意の遮断を調和させる制度を混乱なく構築し、解決する日本国民と政治の覚悟が問われると指摘している (pp.270-271)。下記の推移予想 (**表 1-6**) を見ると年齢階層別人口の割合が高齢化し、島澤が指摘するシルバー民主主義の懸念が続くことになる。

表 1-6　年齢階層別人口割合の推移予想

	2015 年	2025 年	2030 年	2040 年	2050 年
20-34 歳	19.1 %	17.6 %	17.3 %	16.1 %	14.7 %
35-49 歳	25.6 %	21.5 %	19.9 %	19.3 %	19.2 %
50 歳以上	53.3 %	60.9 %	62.8 %	64.6 %	66.1 %

出典：年齢階層別の構成比 (「日本経済新聞」2015.11.6 小黒一正「人口減少下での政治」)

(3)　討議民主主義と熟議民主主義

　民主主義は、意見の異なる多くの人々の合意形成を必要とする。社会科教育実践においても、問題解決、意思決定、社会参画の手段として集団での「議論」が重視され、国語科授業研究や社会科授業研究において佐長健司らによりディベート学習、小原友行、吉村功太郎、水山光春らにより意思決定学習、唐木清志、筆者、藤原孝章らにより社会参画学習が民主主義社会の形成者育成として研究課題とされてきた。近年の教育改革では、「主体的・対話的で深い学び」(新学習指導要領、2017-2018 年) が示され、「対話」による意見交換重視が鮮明になった。また、政治学の理論研究としても討議民主主義や熟議民主主義が注目されてきた。

ここでは、田村哲樹(2017)『熟議民主主義の困難』(ナカニシヤ出版)を手がかりとして、民主主義教育における「熟議」を検討してみたい。本書では国家を前提にしてしまうことを乗り越えるために、「入れ子型熟議システム」の概念によって、市民社会・公共圏における組織やアクターはもとより、家族・親密圏までもが、国家と同型の一つの政治ユニットであることを示そうとしたとある(p.232)。田村の自由民主主義と熟議民主主義の関係分析や国家を相対化しようとする言説の多くが国家を前提としているとの興味ある指摘を学ぶことができる。本書では民主主義と社会科教育実践の関係において「家族・親密圏」を学級や学校に置き換え、民主主義を学ぶ空間として捉え直し、「熟議」を重ねる教育的意義を民主主義教科の社会科が再評価すべきことを学びたい。また、斎藤誠(2019)『危機の領域』(勁草書房)も専門家、行政、市民が私的な利害関係から離れて対等かつ自由な立場で熟議し、費用対効果も含めた高い次元での合意を形成する「熟議による合意形成」の重要性を説いている。討論や議論で熟議ができる主権者育成は社会科教育の課題である。

4　民主主義社会の形成者を育てる社会科教育の課題

　グローバル化する国際社会で生き抜く資質・能力の育成が、これまで各界から提言され続けてきた。国際社会を取り巻く環境は、グローバル化に伴い政治、経済、社会、文化面など大変厳しい変化が予想される。

　特に、東アジアに位置する日本は、敗戦後アメリカ合衆国の支援を得て経済発展と軍事面での安全保障の傘の下にあった。今日、中国との政治、経済、軍事問題、ロシアとの領土問題、隣国の韓国とは歴史問題、北朝鮮との拉致問題など、地政学的外交問題は難題ばかりである。国内に目を転じても財政問題の悪化、社会保障・医療費の増加、少子高齢の未婚化社会、過疎・過密による国土バランスの弊害、沖縄の基地問題、福島原子力発電所の廃炉問題、地方再生の地域活性化の課題など、戦後社会系教科が課題や問題としてきた社会的事象はますます、複雑化・深刻化してきておりその対応や問題解決の重要性が増している。

主権者を育てる社会系教科教師の現代社会認識が問われる時代である。教師の現代社会認識は、児童・生徒の民主主義社会形成の資質・能力形成に活用される未来志向の授業デザインの基盤となるものである。

そこで、現代の新たな民主主義を下記のように捉えるとすると社会科教育研究・実践の課題が見えてくる[5]。

情報技術の進展に伴い能動的市民の参加の最大化を目指す参加型デモクラシー、審議を集団的意思決定に正統性を付与する必要条件とする審議型デモクラシー、選択肢の提示、情報公開、説明責任、異議申立ての制度を確保することにより正統性を得られようとする機能的デモクラシーといった新たなデモクラシーが模索されている時代。

すなわち、情報社会に続く未来の「Society 5.0（終章参照）」では、機能的なデモクラシーの担いとして熟議型や参加型の能動的市民を育てる社会科教育が課題となる。その際に、イギリスやアメリカの政治の混迷を見ると社会的選択理論の「64％多数決ルール」を参考に、多数決の反映としての正当性を確保する民主主義の在り方について、民主主義社会の形成者を育てる社会科教育の課題として検討してみたい（中日新聞「社説」2019.1.27 参照）。

注・引用文献

1　大森照夫『新社会科教育基本用語辞典』明治図書、1986 年、p.22。
2　文部省『文部省著作教科書　民主主義』角川ソフィア文庫。
3　安部斎、新藤宗幸、川人貞史「22 日本の民主主義」『現代日本政治』東京大学出版会、1995 年、pp.203-211 参照。
4　ポピュリズムは、近代化や資本主義化の弊害に対して小ブルジョアあるいは旧中間層を中心に展開されたエモーショナルな反体制イデオロギーあるいは運動をさす。『政治学事典』弘文堂、2004 年、p.1024。
5　中谷義和・川村仁子・高橋進・松下冽『ポピュリズムのグローバル化を問う』法律文化社、2017 年、p.42。

参考文献

・第 2 節国際社会の民主主義の考察では、「日本経済新聞」「朝日新聞」「毎日新聞」「読売新聞」等の平成 31 年 1 月 1 日号を参照した。
・山田悦夫・植村博恭・原田裕治・藤田菜々子『市民社会と民主主義』藤原書店、2018 年。
・篠原一『討議デモクラシーの挑戦』岩波書店、2012 年。

（鳴門教育大学大学院　西村 公孝）

第2章　18歳選挙権時代の主権者教育の現在
——実践事例紹介——

1　主権者教育の位置づけと主権者教育で目指す資質・能力

(1)　18歳選挙権時代の主権者教育

　日本でも改正公職選挙法の成立（2016年）により、ようやく「18歳選挙権」が実現した。世界の国と地域の約90%が実施している。新たに18歳と19歳の約240万人が有権者の仲間入りをした。平成28（2016）年7月の第24回参議院議員通常選挙、平成29（2017）年10月第48回衆議院議員総選挙、令和元（2019）年7月の第25回参議院議員通常選挙で政治参加を果たしている。これまでの国政選挙における20代の投票率が35%前後で推移していたことから、18歳の投票率が51.28%（全体投票率54.70%）と47.87%（全体投票率53.7%）であったことは評価されるであろう（**表2-1**参照）。

表2-1　近年の国政選挙の若者の投票率

	18歳	19歳	18-19歳	20代	全体（徳島県）
2016・参議院議員通常選挙	51.28%	42.30%	46.78%	33.4%	54.7（47.0）%
2017・衆議院議員総選挙	47.87%	33.25%	40.49%	32.5%	53.7（46.5）%

出典：若者の投票行動（総務省、2017.26、「日本経済新聞」2017.12.27）

　近年の国政選挙の投票率は、昭和33（1978）年の衆議院議員総選挙77.0%、参議院議員通常選挙75.5%をピークに50%前半に落ち込んでいる。このような大人社会の政治意識と政治行動の結果は、戦後の民主主義教育を推進してきた社会科教育の評価であり、主権者教育が十分に社会科教育に根付いてこなかったことの表れである。18歳選挙権の実現は、社会に開かれた教育

30　第Ⅰ部　主権者教育としての社会科教育の現在と課題

課程の課題やカリキュラムマネジメントの要請から、未来の国家及び社会の形成者となる主権者育成を系統的、体系的に指導することを求めている。

⑵　主権者教育の定義と育成したい資質・能力

　主権者教育については、学校教育の全ての活動で扱うとする広義の主権者教育と社会系教科を中心として、主権者意識と社会認識形成及び社会形成としての社会参画を扱う狭義の主権者教育として考えるのが一般的である。次に、主権者教育の定義を見ておく。

　「社会の構成員としての市民が備えるべき市民性を育成するために行われる教育であり、集団への所属意識、権利の享受、責任・義務の履行、公的な事柄への関心や関与などを開発し、社会参加に必要な知識、技能、価値観などを習得させる教育」[1]と考えることができる。また、総務省常時啓発事業のあり方等研究会の定義によれば、主権者教育とは「国や社会の問題を自分の問題として捉え、自ら考え、自ら判断していく主権者としての自覚を促し、必要な知識と判断力、行動力の習熟を進める教育」[2]とある。ここでは社会参加の促進と政治的リテラシー（政治的判断能力）の向上をキーワードとしている。その後、平成27（2015）年12月には文部科学省が全国高等学校に『私たちが拓く日本の未来』と『活用のための指導資料』を配布し、主権者教育の推進を支援しようとしている。なお、橋本康弘は、主権者教育の定義について、「広義の主権者教育」「狭義の主権者教育」などの指摘がその「根拠」を総務省や「18歳選挙権年齢実現」の際の法令に当てていることから、学問的な背景が欠如している曖昧さが問題だと言う[3]。

　主権者教育で育成を目指す資質・能力については、中央教育審議会答申（2016年12月）の中で、次頁の3つの柱（**表2-2**）から具体的な内容を示している。特に、学びに向かう力で示された主体的に参加しようとする力が重要となる。

⑶　主権者を育てる社会参画能力

　文字通り参加ではなく参画は、国民・市民が民主主義社会の形成者として

表 2-2　主権者教育で育成を目指す資質・能力

○「知識・技能」
・現実社会の諸課題 (政治、経済、法など) に関する現状や制度及び概念についての理解。
・調査や諸資料から情報を効果的に調べまとめる技能。
○「思考力・判断力・表現力等」
・現実社会の諸課題について、事実を基に多面的・多角的に考察し、公正に判断する力。
・現実社会の諸課題の解決に向けて、協働的に追究し根拠をもって主張するなどして合意を形
　成する力。
○「学びに向かう力・人間性等」
・自立した主体として、よりよい社会の実現を視野に国家・社会の形成に主体的に参画しよう
　とする力。

出典：中央教育審議会答申 (第 197 号)、平成 28 年 12 月 21 日より筆者作成

問題解決や課題解決における政策決定過程に参画することである。文明や歴史として自然状態から社会状態に進歩・発展させるためには、参加型社会のキーワードとして「社会に参画する」という人間形成の資質・能力が求められることになる。社会形成力の中核に「社会参画力」があると言っても良いだろう。筆者はこれまでの研究において、社会形成力の構成要素を次のような 3 つの能力としてまとめ著書で提案してきた[4]。①政策調査・分析能力、②議論を通して提案する討論能力、③社会形成に参加 (参画) する能力である。中でも③の社会参画は、社会形成力の具体的な行動、行為として中核となる能力と考えている。この社会参加 (参画) 能力について、藤原孝章の類型を紹介してみたい[5]。藤原が考える社会参加の 3 つの類型は、①消極的 (潜在的) 社会参加、②象徴的・模擬的社会参加、③積極的社会参加・社会行動である。藤原の社会参加の類型を参考に、現在の主権者教育の社会参画型実践を下記のように整理して順次紹介していくことにする。

表 2-3　社会参加 (社会参画) の類型

社会参加 (社会参画) の類型	実践事例 (校種、教科、内容、方法など)
①消極的 (潜在的) 社会参加	・小学校におけるふるさと学習
②象徴的・模擬的社会参加	・中学校社会科地方自治学習 (井上、西実践)
	・中学生による模擬県議会 (附属中学校)
	・徳島県立高校出前講座
③積極的社会参加・社会行動	・中学生による生徒議会 (岡崎市)
	・高校生による市議会だよりの作成 (安城市)
	・高校生、青年による若者議会 (新城市)

出典：藤原孝章の類型を参照し筆者作成

2　主権者を育てるための潜在的・模擬的社会参画の実践事例

(1)　小学校における「ふるさと学習」

　国政選挙が行われるたびに一票の格差問題が議論され、選挙区割りや定数の増減見直しが行われる。人口減少の中での首都圏一極集中は、過疎・過密問題を深刻化させ、グローバルとローカルを結び付ける行動力が求められている。学習指導要領が改訂される度に全国レベルでの能力育成が示されるが、主権者としての意識、自覚、行動、態度などは地域社会の切実な課題に向き合い、そこで暮らしている人々との共感的対話で培われた資質・能力が基盤となる。そのためにはふるさとの人、もの、事、文化などに体験的に関わる「源体験」(あえて原体験ではなく生きる源になる体験) をカリキュラムに位置付け実践することが肝要と考えている。筆者はこれまで自分のふるさと (愛知県新城市、旧作手村) や徳島県の過疎地域 (旧木頭村) の木頭学園での小中連携教育などで、切実な課題に向き合う未来の形成者育成を支援してきた。

(2)　中学校社会科地方自治学習[6]

　第51回全国中学校社会科教育研究大会 (徳島大会、平成30年11月8～9日) において、中学校社会科公民的分野ではふるさと創生学習として地方自治学習の実践を公開した。井上貴文実践と西真澄実践を紹介する。大会テーマは「未来を拓く力を育てる社会科学習——目標・指導・評価を一体化させた社会的認識力・判断力の育成——」であり、社会科授業を社会認識育成のⅠ型と社会的判断力を育成するⅡ型に分け、公民的分野ではトゥールミン図式を活用した自己の意見構築と対話による集団でのグループ討議を活用し、地域住民としての価値判断を行う授業を公開した。

　(1) 全国中学校社会科教育研究大会 (徳島大会) 井上実践

　徳島県立城ノ内中学校3年生を対象に、単元「持続可能な地域をつくるためには」(7時間) を計画・実践した。徳島県は人口減少・超高齢社会に直面し「徳島VS東京」を旗印に知事が先頭に立って、地方創生の施策に取り組んでいる。単元目標を「地方創生を推進するために必要な視点を活用すること

で、主権者として地方自治の政治課題に積極的に参画する力を身に付けさせる。」として、**表2-4**の単元計画の中で最後の第5次を公開した。

表2-4 「持続可能な地域をつくるためには」単元計画案

時間	学習の課題	主な問い
第1次(1時間)	地方自治と地方公共団体	今なぜ地方創生が進められているのだろう。
第2次(2時間)	地方公共団体の仕組み	地域の実情に合った地方自治を進めていくために、地方公共団体(徳島県)や住民はどのような働きをしていかなければならないだろうか。
第3次(1時間)	地方財政の現状と課題	徳島県と東京都、島根県を比較して、地域の実情に合った政治を実現していくために、地方公共団体(徳島県)はどのように財政を確保し、使っているのだろうか。
第4次(1時間)	徳島県に必要な政策とは	4つの視点(①ひと　新しい人の流れ、②しごと　地域における仕事づくり、③子育て　結婚・出産・子育ての環境づくり、④まち　活力ある暮らしやすい地域づくり)から提案しよう。
第5次(2時間、本時2/2)	持続可能な徳島県になるための政策を提案しよう	持続可能な徳島県になるための政策を考えよう。

出典：井上の単元案を参照し筆者作成

　井上実践では、単元を貫く問いとして「持続可能な地域をつくるためには、何を大切にすべきだろうか。」を設定し、徳島県の財政を東京都、島根県と比較し、厳しい財政の中で活力ある暮らしやすい地域づくりのための政策提案を議論した。徳島県に必要な政策として、Ⅰひと、Ⅱしごと、Ⅲ子育て、Ⅳまちを視点に政策の優先順位をグループごとに提案する実践を公開した。

　井上実践は、民主主義の基盤となる地方自治学習において、地方創生のために財政との関係から政策立案順位を意思決定させることで、地域の担い手としての未来の主権者を育てようとした。活発なグループ討議と全体での意見交換は、政策意思決定の難しさ、資料を根拠に優先順位の説得性を提示することの難しさなど、多くの参観者から評価された実践であった。

　(2) 同　西真澄実践

　西実践は、徳島市八万中学校3年生を対象に単元「地方自治」(8時間)を計画・実践した。単元を貫く問いは「より良い地域社会を築くためには、どのようにして自分の考えを持ち、合意に向けた解決策を考えていけばよいのだ

34　第Ⅰ部　主権者教育としての社会科教育の現在と課題

表 2-5　「地方自治」単元計画案

時間	学習の課題	学習課題または主な問い
第 1 次（1 時間）	地方公共団体の仕組み	地域の政治はどのような仕組みで行われているのであろうか。
第 2 次（2 時間）	地方公共団体の仕事と地方財政	地方公共団体はどのような仕事を行い、財政はどのような状況にあるのだろうか。
第 3 次（1 時間）	住民が地方自治に参加する権利	地域住民は、地域の政治にどのようにして意見を反映させることができるのだろうか。
第 4 次（1 時間）	地方自治の課題とこれから	徳島市は、市町村合併するべきかどうか。
第 5 次（3 時間、本時 3/3）	地域の課題、ごみ処理施設	ごみ処理施設の建設には、どのようなメリット・デメリットがあるのだろうか。

出典：西の単元案を参照し筆者作成

ろうか。」であった。単元計画と課題を示す（**表 2-5** 参照）。

　本単元で取り上げた地域の課題は、公共サービスを受けながらも地域住民が自分事として捉えにくい迷惑施設建設の住民判断を迫る教材であり、全国の各地で行政と該当地区の住民が対立し、合意形成が難しい問題の社会的判断を迫るものである。生徒は、教師が提示する資料等を活用し、資料の意味を集団で吟味し、話し合いの合意としてグループでの意思決定を示す展開であった。地域住民として地方自治にどのように関わっていくのか、また団体自治にどのような要望や要求を望むのか、主権者意識の向上には最適な教材である。

　西実践は、地域課題を自分事として解決を試みる意思決定による社会的判断力育成を狙いとしている。公共施設建設に関する価値判断を迫る展開を工夫し、近未来の地域の担い手を育てる自治学習として、教師が丹念に教材収集と根拠資料を準備し探究活動を仕組むことにより、生徒は自分の実生活と関連付けながら切実感を持って追究ができていた実践であったと評価したい。

3　主権者を育てるための象徴的・模擬的社会参画の実践事例

⑴　鳴門教育大学附属中学校の「模擬県議会」[7]

　鳴門教育大学附属中学校は、総合的学習の時間の草創期（平成 6 年度）から

未来総合科という教科横断型の問題解決学習に取り組み、「徳島独立計画」として、徳島県を日本から独立させるための探究学習を行っている（明治図書から書籍を刊行、1997 年）。学区が広域な附属中学校では、小学校のように地域に密着したふるさと学習はできない。

そこで徳島県の未来を探究する社会科の地方自治学習と関連させて 3 年生全体が取り組み、その成果として 3 年生による模擬県議会「徳島未来構想〜徳島のために模擬県議会を開こう〜」を実践している（**表 2-6** 参照）。

表 2-6　「徳島未来構想〜徳島のために模擬県議会を開こう〜」総合計画案

時間数	学習の流れ	主な活動	学習形態
第 1 時	調査活動	・本研究に向けての役割を決める。 ・本研究に向けての研究計画書を作成する。	学年・学級
第 2-4 時	課題の把握	・計画書に基づき資料を収集する。	学級
第 5-8 時	議案書の作成	・収集した資料を整理・分析し、政策を立案する。	学級・グループ
第 9-10 時	議会準備	・議会に提出する資料を作成する。 ・議案書を検討し、改善する。	学級・グループ
第 11-12 時	議会準備	・議会に提示するスライドを作成する。 ・議案書を作成し、改善する。 ・他党の議案書を検討し、質問書を作成する。	学級・グループ
第 13 時	議会準備	・議会の発表・答弁の準備をする。 ・他党の議案書を検討し、質問書を作成する。	学級・グループ
第 14-18 時	模擬県議会	・与党委員会は立案した政策を提案する。 ・他党は与党委員会が提案した政策を検討する。	学年

出典：附属中学校 3 年総合単元案を参照し筆者作成

4 クラスを「スイートポテト党」「さ党」「あいし党（愛してるの郷土弁）」「加党」に分け、それぞれの党に党首を置き 10 の政策提案委員会（観光、産業、労働、文化、環境、運輸・通信、安全、医療、教育、福祉）を組織して、各党の基本理念に基づき、議案書をそれぞれの委員会が作成して、全体討議の場で徳島未来構想案を作成するために模擬県議会を開催（平成 30 年 11 月 28 日）した。スイートポテト党が作成した「医療体制見直し及び改善案」では、徳島県の医療の現状を分析して 4 つの課題を示し、計画実現と予算面から「遠隔医療の促進」と「都市部の大病院との連携医療の促進」について、政策内容を具体的に議案書として作成している。そして、政策実現後の未来予測についても記

36　第Ⅰ部　主権者教育としての社会科教育の現在と課題

載している。各自が取り組んだ課題と解決策については、将来への思いについてまとめたものを 15 歳の提言として冊子にしている。

　このような中学生による模擬県議会は地元の NHK 放送で取り上げられ、全国附属連盟の特色ある実践事例として「文教速報」(広報、第 8664 号) に掲載された。また、当日は筆者も参観したが、保護者参観を兼ねた行事として150 人の保護者も熱心に生徒の答弁を聞いている。

⑵　高等学校出前授業[8]

　徳島県の高校では、教育委員会と連携して平成 28 (2016) 年度から主権者教育に関する出前授業を実施している。管理職や社会系教科担当の教員研修、主権者教育推進指針の作成、生徒用パンフレット作成などを主権者教育の一環として行っている。筆者が近年行った 4 校の取組を紹介したい。

　(1) 模擬投票を取り入れた徳島県立脇町高等学校 2 年生

　県立脇町高校では、2 年生を対象に下記のような講義内容で基礎的な知識を説明した後に、4 人の架空の候補者マニフェストを事前に作成し、担当学年の教師に候補者の公約を演説してもらった後、ペアーでの意見交換及び 4 人のグループ討議を行い、最後に個人の意思決定としての投票を行った。

---

1. 18 歳選挙権時代の主権者
　①現代社会の加速度的変化と日本のおかれている現状 (地域、国家、国際社会)、課題山積
　②民主主義とは、与えられるものではなく実践 (社会参画) するもの
　③日本国憲法の基本原理の一つである「国民主権主義」の主権者とは、〇〇〇〇。
2. 主権者としての社会的事象の見方や考え方
　①大人はどのような判断基準で政策や候補者 (政党) を選んでいるのか
　②社会的判断力としての社会的論争問題の見方や考え方
　③近い将来、18 歳で選挙権を持つ皆さんへの期待
〇家庭学習での課題「有権者教育としての模擬選挙を模擬的に体験しよう」
　①選挙と模擬選挙
　②4 人の候補者の政策を聞き取り、配布資料を基に仲間と意見交換をしてみよう。
　③最終的に個人として誰に投票するか、判断し、なぜそのように意思決定したのか理由を書いてみよう。

---

　(2) 徳島県立科学技術総合高等学校及び県立池田高等学校辻校舎

　上記 2 校では、模擬投票は家庭学習として主権者教育の意識づけと社会的

な事象の見方・考え方を養い政治的リテラシーを身に付けるという話をした。対象の生徒の実態と学校・教師の求める研修テーマに沿って主権者教育を位置付けることが重要と考えた。なお、科学技術総合高校と辻校舎では、就職希望の生徒も多く、近未来に社会人として自立し主権者に加わる可能性から、具体的な政治の見方・考え方の質問が多く出された。18歳選挙権時代の主権者となる不安と共に政治を動かす主権者となれる期待の意見もあった。

(3) 徳島県立城東高等学校

　県立城東高校では、3年生を対象に「民主主義社会を創造する主権者」をテーマに出前講座としての講義と意見交換を行った。講義内容は(2)で紹介した他の県立高校とほぼ同じ内容で実施した。

　これまでの出前講座の授業(講義)や模擬投票を体験して高校生はどのような感想・意見を持ったのか、一部を紹介する。平成30(2018)年6月に高校3年生318名を対象に行った授業の感想である。この学校では講義後に多くの生徒から質問があり質疑を行い、時間内で処理できなかった質問については、後日メール等で担当者と連携し、質問の返事を生徒に送っている。

・今月の4日に18歳になった私は、今回のお話は自分とよく結び付けて考えることができた。正直、自分は「自分が行ったところで何も変わらない。他の人に任せていた方が楽。」と思い、選挙ではよく見聞きする「多数派」に投票するタイプだと思う。しかし、海外では政治が乱れている時こそ、自ら投票に行こうという姿勢が見られること、また、同じ若者世代でも日本と他国ではモチベーション自体に違いがあることが分かった。私も自分の信念に基づいて投票できるようになりたい。
・最近のニュースでは、政治家の信頼を損なうような行為がよく目につきます。しかし、そうした人を選び、私たちの代表としたのは他でもない私たちであることを、十分に認識しないといけないと思います。
・政治への若者の関心が低いと言われて久しい。しかし、日本が超高齢社会であるということはその大きな要因であろう。多くの高齢者は、高齢者世代を優遇する政治を願うであろう。そしてそれは若者が望むものと大きく乖離していると思う。
・前から投票に行こうと思っていました。今回のお話を聞いて更に行こうという気持ちが高まりました。私たちの意見を主張するには、ひとりひとりの票が大切だと感じました。投票する時には、外見や性別だけでなく、自分の望んでいる政策を実施してくれるか、あまりにも無理のある政策を掲げていないかよく見極める必要がある。
・日本の若者は他国と比べて、政治への参加や社会貢献をしたいという意欲が少ないことを知り、日本の投票率の低さにも納得しました。私もスウェーデンの若者のように、自分の国を変えていこうという意識を持たなければいけないと思いました。
・私は小さいころから両親に連れられて投票所に行っていました。よって、親がそうしたように自分も選挙に行くべきという意識を持っています。また、自分が親になった時にも、またそうでなくても、周囲の人に選挙に行こうと言える自分になりたいと思います。

38 第Ⅰ部 主権者教育としての社会科教育の現在と課題

　講座後に 3 人の生徒が控室に来て、さらに未来の主権者として何ができ
るのか、意見交換を行った。限られた講義の中で社会の形成者としての自覚
が芽生え、近い将来の選挙に備え有権者としての意識も高まっていた。主権
者育成の成果を問えるほどのカリキュラムとはなり得ないが、高校生に対す
る出前授業や模擬投票を計画的に行う事は、生徒の事後感想から読み取ると
大変意義のある実践と考えたい。なお、徳島県の出前授業の分析は本学会員
の井上奈穂が学会誌にまとめているので参照していただきたい[9]。

4　主権者を育てるための積極的社会参画・社会行動の実践事例

⑴　中学生による模擬議会[10]

　政策批判学習や政策選択学習も重要な主権者教育の課題であるが、政策立
案に係わる参加型の学習も主権者教育に位置付けなければならない。今日で
は、全国で子ども議会が開催され未来の主権者育成に一役かっている。愛
知県岡崎市では、中学校特別学習部会(生徒会連絡協議会)が中心となり、18
校の生徒会活動と連動させて中学生による「生徒市議会」を毎年 8 月に岡崎
市議会議場を会場として実施している。平成 30 年(2018 年)で 46 回を迎え
る伝統的な行事である。第 45 回では防災をテーマに各校が提案を行い、集
中審議をするとともに、独自に岡崎市の文化(ジャズダンス)、市民病院改革、
科学の街プロジェクト、200 周年さくらプロジェクトなどが提案された。生
徒の提案に対しては市役所の各部の代表が、質問に答弁する形式で行われ、
後日市の政策に反映させるかどうか議論していく。過去にも中学生の提案に
より廃校になった小学校をほたるのふるさと館として再活用する政策が実現
している。このような児童・生徒が参加する模擬議会は全国各地で報告され
るようになり、岡崎市の伝統的な行事が示すように地方自治体が民主主義の
基盤となる市民性育成を参画型のアイディアで長期に実践していることに注
目している。また、岡崎市に隣接している安城市でも市制 65 周年記念事業
として市内の 8 中学校から 24 名の生徒が参加して、主権者育成の観点から
「未来・夢、中学生議会」を開催(2017 年 8 月 8 日)し、市長・副市長・教育長、

議会議員が出席して交通対策や商店街の活性化策などの質問に答えている。

⑵　愛知県安城市の高校生参画による「市議会だより」の作成[11]

　筆者がかつて勤務した愛知県安城市には、公私立高校、特別支援学校高等部、専修学校の7校がある。安城市では議会だよりを平成23 (2011) 年8月から年5回 (定例会4回と臨時1回) 発行してきたが、18歳選挙権時代に入り市内の若い世代へのアピールを考えていた。提案者の一人神谷昌宏市議は「市議会便りの制作に参加してもらえれば、市議会や政治の役割について興味を持ってもらうきっかけになるのでは」と地元中日新聞のインタビューに答えている (2019年3月3日朝刊)。このように、編集担当の市議会議員と担当の高校生 (初回の5月号は安城高校生活文化科が担当) がコラボして、表紙の作成や内容を議論し「市議会だより」を通して18歳選挙権時代の若者に、市議会の役割と政治の関心度を高めようとする試みは、民主主義の学校として地方自治を学び、高校生などが直接参画できる可能性を示す好事例となる。

⑶　愛知県新城市の若者議会[12]

　主権者教育の取組は学校教育から社会教育へと引き継がれる。愛知県新城市では、イギリスの若者議会を参考に16歳から29歳までの議員による若者議会が開催され、市から委託された予算の執行を政策提言の形で取りまとめている。穂積亮次市長の発案で平成26 (2014) 年度から主権者教育として若者を主体としたまちづくりに取り組んでいる。近年では、女性議会 (定員8名) も立ち上げ女性の視点からまちづくりの提言を行おうとしている[13]。筆者の勤務する大学のある徳島県にも葉物産業創業の上勝町やIT企業誘致や職人移住促進の神山町のように、NPO[14] などを主体とした特色あるまちづくりを実行し、過疎地域のモデル地域として全国に発信している町がある。

　新城市の若者議会は、若者条例、若者議会条例に基づき20名が選出され、約半数は高校1年生から大学1年生である。若者議会の仕組みは、任期1年の議員が①応募期間 (3-4月)、②準備会 (4月)、③所信表明 (5月)、④政策検討 (5-7月)、⑤中間発表 (8月)、⑥政策再検討 (9-10月)、⑦市長答申 (11月)、

40 第Ⅰ部 主権者教育としての社会科教育の現在と課題

⑧次期へ（12-3月）の年間計画の流れ中で4～5つのグループに分かれて熱心な議論と政策立案を行っている。参考までに**表2-7**の平成31年度（2019）新城市若者予算事業に関する答申書では、予算総額7,233千円を活用して6つの政策提言を市長に答申している。

表2-7　平成31年度　新城市若者予算事業に関する答申書

1. 若者議会を分かりやすく面白く伝えよう事業 若者議会についてまとめた漫画を作成し、若者議会の活動内容を市民に発信するとともに、若者議会委員の応募者を増やします。	839千円
2. しんしろのいいとこ発信事業 新城市の魅力や情報を若者に届けるため、新城アンバサダー制度やSNSイベント等を実施していくことで新城のファンを増やします。	400千円
3. 教育ブランディング事業 新城市の教育をよりよいものにするために、若者と教員が共に教育を行う関係を構築します。	658千円
4. 夢が叶うフェス事業 昨年度実施されなくなったヤングステージコレクションを復活し、改良していくことで、新城市に若者の文化的な発表の場を再創出します。	2,000千円
5. NO BUS NO LIFE事業 移動手段の一つとして気軽にバスが選ばれることを目指して、まずは公共交通の利用促進となるきっかけ作りを行います。	2,175千円
6. 地域と関わる若者防災事業 若者の防災意識を0から1以上に向上させるためのイベントを行い、若者と地域の人が一緒に防災について考える場を作ります。	1,161千円

出典：筆者作成

　平成31年度の答申は、約7か月間という期間を経て立案され、市長に答申された政策案（事業）は市で検討され、事業予算案として3月の定例市議会に上程され、予算案が承認されれば4月からの新年度事業として実施されることになる。新城市の若者議会は、歴史が浅く課題も多いが若者が直接、政策立案に参画し市政を動かす主権者を体験することができる。今後は、学校での社会系教科の学びと連動させた若者議会の発展が望まれる。特に、教育ブランディング事業により若者と教師の協働力を高め、教育をよりよくする政策が取り上げられている点に、主権者教育として期待を持っている。

注・引用文献

1 川上和久「主権者教育と政治的中立性」、公益財団法人明るい選挙推進協会『Voters』No.26、2015 年、p.6。

2 総務省、常時啓発事業のあり方等研究会『最終報告書』平成 24 年 1 月 10 日参照。

3 橋本康弘、野坂佳生「主権者教育カリキュラムの在り方――『民主主義の基礎・権威』の再評価」全国社会科教育学会（山梨大学、平成 30 年 10 月 21 日）自由研究発表レジメ参照。

4 西村公孝『社会形成力育成カリキュラムの研究』東信堂、2014 年。

5 藤原孝章「アクティブラーニングシティズンシップは社会科に必要ないか――社会科における社会参加学習の可能性を求めて――」全国社会科教育学会『社会科研究』65 号、2009 年、pp.51-60。

6 第 51 回全国中学校社会科教育研究大会徳島大会「大会要項」平成 30 年 10 月 8-9 日、井上実践は pp.85-90、西実践は pp.91-97 参照。

7 「国立大学附属学校の先進教育」月刊『コロンブス』編集部編、教育シリーズ Vol,2、2018 年 11 月、pp.70-73。本年度は平成 30 年 11 月 28 日に実施、筆者は実践を参観し記録のための資料の収集をした。

8 徳島県立池田高校辻校舎は平成 29 年 12 月 12 日、同徳島科学技術高校は平成 29 年 12 月 20 日、同城東高校は平成 30 年 6 月 21 日、令和元年 6 月 20 日に実施した。

9 徳島県の出前講座の実態分析は、井上奈穂「『経験の質』に着目した体験的な活動の実践」鳴門社会科教育学会『社会認識学研究』第 33 号、2019 年、pp.11-20 に詳しい分析がなされている。井上は 13 講座を分析し体験的な活動による直接的な体験と解説的な活動による間接的経験の組み合わせにより主権者意識を高める必要性と教科の枠を超えた実践の補完の重要性を指摘している。なお、西村は徳島県教育委員会の「学校における主権者教育に関する推進協議会」の委員長として「学校における主権者教育を推進するための指針」作成に関わった。

10 愛知県岡崎市の「生徒議会」（「第 45 回生徒市議会中学生フォーラム反省記録」まとめ冊子）岡崎市生徒会連絡協議議会、平成 30 年 8 月 9 日）、なお岡崎市教育委員会訪問調査（平成 30 年 3 月 6 日）を実施。

11 中日新聞（平成 31 年 3 月 3 日朝刊）、平成 31 年 3 月 22 日議会事務局に資料収集のため訪問調査。

12 新城市役所まちづくり推進課を訪問し資料等の収集（平成 31 年 2 月 12 日）。

13 女性議員の割合は、10.2% であり世界 165 位（193 カ国）と女性の社会参画が最も先進国の中でも進んでいない（2018 年末現在）。

14 大南信也氏を中心とする「創造的過疎」を目指す町づくりは全国的に注目されている。また、上勝町の NPO「いろどり」の葉っぱビジネスや坂野晶 NPO 理事長らをリーダーとする環境教育の 34 種類ゴミ分別も注目されている。

（鳴門教育大学大学院　西村 公孝）

第3章　公民科新科目「公共」を核とした主権者教育の課題

1　戦後の社会系教科カリキュラムの改革と主権者教育

　戦後の社会科カリキュラムは、平成元(1989)年の学習指導要領改定時に大きな転換期を迎えた。周知のように、小学校低学年社会科が廃止され、高等学校社会科が再編成(解体)され、地理歴史科と公民科が成立している。戦後の小中高12カ年の社会科カリキュラムは、小学校3年生から中学校3年生の7カ年の社会科カリキュラムとなった。活動と体験を重視し自己と社会との関わりを探究する生活科を基礎として、小中学校社会科では総合的な領域を学び、高等学校でより専門的な社会認識教科である地理歴史科と公民科を学ぶ12カ年の社会系教科カリキュラムとなっている。

　その後、平成10-11年、平成20-21年と2回の小中高等学校学習指導要領の改訂を経てきた。社会科カリキュラムから社会系教科カリキュラムの12カ年は学校教育現場に定着したと考えられる。また、社会科カリキュラム変遷の中で、社会科と関係の深かった道徳と総合的な学習の時間についても、広義の主権者教育カリキュラムとしては、重要な領域や時間となる。

　今次の学習指導要領改訂(2018年3月)により、高等学校公民科に新科目「公共」が新設されることになった。新科目「公共」を核とした主権者教育が新たに高等学校教育課程で行われることになった。これまでの「現代社会」「倫理」「政治・経済」と比較して「公共」という科目名は、学習内容を想像しにくい名称となるだろう。日常生活でも「公園」「公共施設」「公民館」など、「公」を連想される用語はあるが、学習対象としての「公共」には生徒の戸惑いが予想される。1990年代以降、グローバル化に伴い国家の役割が相対的に低下

し、国家に代わって市民社会の市民やNGO、NPOなどの新しいアクターが登場している。この間に国家が担ってきた「公」に関して「公共性」議論が盛んになった。21世紀には佐々木毅と金泰昌の編著（2001年）による『公共哲学 1-10』（東京大学出版会）が刊行され、日本と欧米における「公」と「私」の捉え方の異同、「国家と人間と公共性」などが議論された。また、後述するように平成18 (2006) 年には教育基本法が改訂され「公共の精神」と「社会参画」が教育課題として明記された。佐々木毅は、公共性と社会科教育の関係において、公共性を「つくっていく」担い手を育てる社会科教育の役割、公共性は「与えられるもの」ではなく、「つくっていくべきもの」として捉え実践に活かすことを提言している[1]。

　そこで、公民科新科目「公共」を核とした主権者教育の未来を展望するためにも、「公共」に関する論考を見ておきたい。筆者が注目しているのが權安理 (2018年)『公共的なるもの』（作品社）である。權は、ハンナ・アーレントの理論を軸に戦後日本における「公共的なるもの」について、概念史として変遷を整理し、社会哲学的に解明している。戦後日本の歴史では、「公共性→公共圏・空間→公共哲学」の物語があると言う。

　公共的なるものを検討した結果、国家と市民の対等な関係を見直す必要性を説き、「国家と市民、国家と市民社会の『間』を意識して自覚的に創出する必要があるだろう。あるいは国家と市民が、他なる二つの主体として、共同・協働と闘争・抗争という相矛盾する関係を築くことが重要となってくるだろう。」と言う (p.283)。他に、山田鋭夫ら (2018年) の『市民社会と民主主義』（藤原書房）では、民主主義の衰退について、資本主義との関係及び市民社会論の再検討の視座から、世代間調整の公平性を念頭においた年金制度や医療保険、介護保険の見直しなどを「公共性」と関連させて論究している。私生活優先の中で「公共」を自ら主体的に担う市民の育成は急務となっている。

　これまで社会系教科では、教科目標が「公民的資質の育成」とされてきた。今回の改訂 (2018年) により「公民としての資質・能力」を育成目標とすることになった。新科目「公共」は市民社会の担い手としての市民的資質に加え、国家や国際社会における公民の資質・能力も視座に入れることになる。

44 第Ⅰ部　主権者教育としての社会科教育の現在と課題

2　高等学校公民科「現代社会」から新科目「公共」へ

⑴　高校基礎科目としての「現代社会」の創設

　高等学校公民科を含めた地理歴史科は、教育課程を大きく改革することになった。現行の「現代社会」が創設された時と同様に、発達段階を重視した中高接続と選択科目の基礎科目として公民科新科目「公共」、地理歴史科の「地理総合」「歴史総合」が新設されることになった。本節では、「現代社会」から「公共」への科目再編を主権者教育の観点から総括しておきたい。

　現行の公民科「現代社会」は、社会科新科目として 1978（昭和 53）年告示の学習指導要領により新設された。創設の背景としては　高校進学率が90%を超え、国民として必要な基礎的、基本的な内容の習得と生徒の個性や能力に応じた教育に対応する課題があり、高校 1 年に必修科目として配置された。また選択科目の基礎科目としての性格も与えられた。内容としては「人間の生き方に関する倫理的な内容、現代社会の政治や経済に関する内容」から構成され、広い視野に立って社会についての考え方や学び方などの基礎を習得する「方法科目」としての性格も強調された。当時の学習指導要領の解説書では「まず習得すべき一定の知識があり、それを理解させ、身に付けさせるという考え方には立たない」と、内容科目としての性格以上に「知識中心の学習から思考力重視の学習へ」と方法科目の性格を強めた。

⑵　「現代社会」変遷の変遷と衰退

　創設された「現代社会」は、その後の改訂により、必修の 4 単位履修から選択の 2 単位履修へと変遷し（**表 3-1**）、科目の存在意義が薄れていった。また、センター試験科目に採用されたことも斜陽科目になった要因の一つである。

　これまでに改訂された科目「現代社会」の学習指導要領の内容構成は次頁の**表 3-2** のように 3 回の内容編成の変遷が行われてきた。

第3章　公民科新科目「公共」を核とした主権者教育の課題　45

表 3-1　学習指導要領改訂に見る科目「現代社会」の特質

改定年	履修要件	大項目	中項目	特質
1978 年	必履修 4 単位	(1) と (2)	学習内容の例示	
1989 年	選択必履修 4 単位	(1) 〜 (4)	12 項目	環境が大項目
1999 年	選択必履修 2 単位	(1) と (2)	(2) で 4 項目	
2009 年	選択必履修 2 単位	(1) 〜 (3)	(2) で 5 項目	

（筆者作成）

表 3-2　これまでの科目「現代社会」の内容構成

1978 (S53) 年・4 単位	1989 (H 元) 年・4 単位	1999 (H11) 年・2 単位
(1) 現代の基本的な問題 現代と人間（現代社会の成り立ちと人間生活）、現代の経済社会と国民福祉（科学技術の発達と現代の経済生活、日本経済の特質と国際化、経済の調和ある発展と福祉の実現）、現代の民主政治と国際社会（日本国憲法の基本的原則と国民生活、現代国家と民主政治、国際平和と人類の福祉） **(2) 現代社会と人間の生き方** 人間生活における文化（世界の諸地域の文化と文化交流、日本の生活文化と伝統、現代の文化）、青年と自己探究（現代の青年の心理的・社会的諸問題、適応と個性の形成）、現代に生きる倫理（真理を求めて思索することの意義、よく生きること生きがいの追求、民主社会の倫理）	**(1) 現代における人間と文化** ア 風土と生活 イ 日本の生活文化と伝統 ウ 現代社会の特質と青年期の課題 **(2) 環境と人間生活** ア 環境と生活 イ 環境保全と倫理 **(3) 現代の政治・経済と人間** ア 地域社会の変化と住民の生活 イ 国民福祉と政府の経済活動 ウ 日本国憲法と民主政治 エ 民主社会の倫理 **(4) 国際社会と人類の課題** ア 国際政治の変化 イ 国際経済の動向と国際協力 ウ 人類の課題	**(1) 現代に生きる私たちの課題** **(2) 現代の社会と人間としての在り方・生き方** ア 現代の社会生活と青年 イ 現代の経済社会と経済活動の在り方 ウ 現代の民主政治と民主社会の倫理 エ 国際社会の動向と日本が果たすべき役割 2009 (H21) 年・2 単位 **(1) 私たちの生きる社会** **(2) 現代の社会と人間としての在り方・生き方** ア 青年期と自己の形成 イ 現代の民主政治と政治参加の意義 ウ 個人の尊重と法の支配 エ 現代の経済社会と経済活動の在り方 オ 国際社会の動向と日本が果たすべき役割

（学習指導要領より筆者作成）

(3) 「現代社会」の実践

　科目「現代社会」が誕生し、大津和子の「一本のバナナから」などが注目された[2]。大津の実践は南北経済格差の課題について、導入で教室にバナナを持ち込み関心を高め生徒に切実で世界的な課題を探究させる実践であった。また、教育雑誌「現代社会」（ぎょうせい）による全国的な実践紹介が行われ特集「環境と人間」(1881.4)、特集「政治への関心をどう高めるか」(1982.8)、特

46　第Ⅰ部　主権者教育としての社会科教育の現在と課題

集「いま高校社会科に何が問われているか」(1983.4)、特集「実践をとおして『現代社会』の意義と課題を考える」(1984.4) などで、高校生の環境や政治への関心、また、教科や科目の存在意義を教師に投げかけている。全国に先進的な方法論重視の実践が広まった意義は大きい。

　筆者も実践報告として「村の財政問題を考えよう」(県立高校)、「地球村に住む人々」(県立高校)、「外国人労働者問題を考えよう」「政党を組織し政策を立案しよう」(附属高校) などの取組を紹介してきた[3]。

3　新学習指導要領の改訂、高校公民科「公共」の構想

---

(1)　教育基本法の改正と新科目「公共」の構想

　戦後の日本の公教育は、占領下の中で行われた日本国憲法の制定 (1947年)、教育基本法の制定 (1947 年) を中核に進められてきた。個人の人格の完成を柱とした教育基本法は、社会の変化を受け基本理念の見直しとして平成18 (2006) 年に改正された。この基本理念の見直しが今次の新教育課程、高等学校公民科新科目「公共」に大きく影響している。改正論の台頭に関する意見を見ておこう[4]。

　　「旧教育基本法は第二次世界大戦の惨禍をもたらした軍国主義的、集団主
　　義的教育に対する反省から出発し、個人の権利としての教育という視点を
　　徹底させたものであった。しかし、この点が日本社会に『過剰な個人主義』
　　あるいは『公共の過小評価』を招いたとして、『公共』を重視する改正論が台
　　頭することになった。」(p. 6)

　そして、戦後 60 年の社会の変化 (科学技術の進歩、情報化、国際化、少子高齢化等) の中で、教育面において規範意識や道徳心の低下、新しい荒れ、いじめ、不登校など、数多くの学校病理により青少年が自分の将来に夢を持てず、人間関係の構築すらままならない未曽有の危機があった。そのために新

しい教育基本法の制定が必要であるとされた。第2条「教育の目標」の3では「正義と責任、男女の平等、自他の敬愛と協力を重んずるとともに、公共の精神に基づき、主体的に社会の形成に参画し、その発展に寄与する態度を養うこと。」が明記された。もう一つ政権政党からの提案も見ておこう。自由民主党政策集Jファイル（2010年）には、「道徳教育や市民教育、消費者教育等の推進を図るため、新科目『公共』を設置します。」とあり、平成25 (2013)年6月の同党文部科学部会プロジェクトチームの新科目「公共」の設置についての提言（産経新聞　平成25年6月17日）では、次のように述べている。

　「『高校の教育内容と実生活に必要な基本的知識や態度に乖離がある。公民や家庭科などで断片的に教えられており全体像が見えないと』と現状の問題点を指摘」、「公共が想定する学習内容には防犯・防災、法や訴訟を含む規範意識、投資などの消費者教育など」も重要な課題として挙げられている。

⑵　教育課程審議会ワーキンググループでの議論と新科目「公共」の内容

　平成30 (2018)年3月に高等学校学習指導要領が改訂され、公民科新科目「公共」の概要がパブリックコメントの審議を経て、明らかとなった。中央教育審議会初等中等教育分科会・教育課程部会「社会科・地理歴史科・公民科ワーキンググループ」での、半年間にわたる議論の成果から、約1年間かけて告示された内容は、意外なものであった。ワーキンググループでの議論では、なぜ「現代社会」を廃止し新たに新科目「公共」なのかはほとんど議論されていない。新科目「公共」の創設は既定路線であり、何を教えるのかよりも「公共」を学ぶことにより何ができるようになるのか、その資質・能力育成から、「公共」に関する大項目の3つが議論されていた。周知のように、平成29年3月告示の小中学校学習指導要領改訂では、道徳が「特別の教科」として区分され、評価も行われるようになった。高等学校には、道徳は無く公民科「現代社会」や「倫理」において、道徳的な価値が探究されてきた。

　新科目「公共」に関する審議のまとめ（平成28年8月26日）を見ておきたい。次頁の資料は、審議のまとめとして出された新科目「公共」の内容構成の柱である。

48　第Ⅰ部　主権者教育としての社会科教育の現在と課題

---

(1) 公共の扉
ア　公共的な空間を作る私たち　　イ　公共的な空間における人間としての在り方生き方
ウ　公共的な空間における基本的原理
(2) 自立した主体として国家・社会の形成に参画し、他者と協働するために
ア　政治主体となる私たち　　イ　経済主体となる私たち　　　ウ　法的主体となる私たち
エ　様々な情報の発信・受信主体となる私たち
(3) 持続可能な社会づくりの主体となるために
ア　地域の創造への主体的参画　　イ　よりよい国家・社会の構築への主体的参画
ウ　国際社会への主体的参画

　ワーキングに参加してきた者として、会議でのメモを参考にどのような意見が出たかを中心にまとめてみると次のような背景、審議があった。後述するように、会議での議論を踏まえた最終答申から、新学習指導要領で告示された内容では微妙に表現等が変化してきている。

---

(1) 「公共」創設の背景
・教育基本法の改正 (2006 年) →自由民主党文部科学部会要請 (2013 年) 及び外的要請など
(2) 審議の開始　2015 年 12 月 7 日〜2016 年 6 月 13 日　合計 14 回
・改定の基本的な方向性　・コンテンツよりもコンピテンシー議論
・何ができるようになるのか　・なぜ、新科目「公共」なのか
(3) 審議の中間まとめ (2016 年 8 月 26 日) までの論点
・公民科の科目構成、「現代社会」の学習内容と共通する「公共」(仮称)を置く
・公共の扉をめぐる議論 (倫理的主体としての個人の判断)
・他人事ではなく自分事の「公共」をどう捉えるか
・小中の社会科学習の基礎の上に 4 つの主体の構成と見方・考え方
・複数の主体が複合的に関連し合う題材の開発と学習活動の効果的な工夫
・持続可能な社会づくりの主体として (3) の社会参画をどのように展開するか
・キャリア教育の観点から、インターンシップの準備と振り返りなどから社会参画力を養う中核的機能を養う
(4) 審議のまとめ「答申」(2016 年 12 月 21 日) までの議論
・「公共」の扉と (2) (3) とのつながり、(2) の 4 つの主体の関連と順序、(3) の課題の選択
・見方・考え方をどのように働かせるか (見方や考え方から見方・考え方へ)

　平成 28 (2016) 年 12 月に審議のまとめが出されてから 1 年以上を経過して新科目「公共」の学習指導要領が告示された。公民科改訂の要点を以下に示す。特に、目標のゴールが「公民としての資質・能力」に変更されていることに注目したい。

　①現代社会の諸課題の解決に向け、自己と社会との関わりを踏まえ、社会に参画する主体として自立することや、他者と協働してよりよい社会を形成すること等について深く考察する新科目の共通必履修科目「公共」を新設す

第 3 章　公民科新科目「公共」を核とした主権者教育の課題　49

　人間と社会の在り方についての見方・考え方を働かせ、現代の諸課題を追究したり解決したりする活動を通して、広い視野に立ち、グローバル化する国際社会に主体的に生きる平和で民主的な国家及び社会の有為な形成者に必要な公民としての資質・能力を次のとおり育成することを目指す。
(1) 概念や理論の理解、諸資料から、倫理的主体として・・・効果的に調べまとめる技能
(2) 公共的な空間における基本的原理の活用、多面的・多角的な考察、公正な判断、合意形成や社会参画を視野に入れながら構想したことを議論する力
(3) 多面的・多角的な考察や深い理解、公共的空間を生きる国民主権を担う公民としての自覚

る。原則 2 年次までに履修する。

　②選択科目として「倫理」「政治・経済」を置き「現代社会」は廃止。

　③「公共」の目標と内容構成に対応させた学び方を重視する。

　新学習指導要領で示された新科目「公共」の内容を今一度、審議のまとめ段階の内容構成との比較で確認すると**表 3-3** のようになる。

表 3-3　新学習指導要領公民科新科目「公共」の学習内容構成

2018 年 3 月告示	2016 年 12 月 21 日、最終報告書
A　公共の扉　（約 1.7 頁） (1) 公共的な空間を作る私たち ア　　知識 イ　　思考力、判断力、表現力 (2) 公共的な空間における人間としての在り方生き方 ア　　知識 イ　　思考力、判断力、表現力 (3) 公共的な空間における基本的原理 ア　　知識 イ　　思考力、判断力、表現力	(1)「公共」の扉 ア　　公共的な空間を作る私たち イ　　公共的な空間における人間としての在り方生き方 ウ　　公共的な空間における基本的原理
B　自立した主体としてよりよい社会の形成に参画する私たち　（約 1 頁） ア　　知識 (ア) 法　（イ) 政治　（ウ) 経済 (エ) 情報 イ　　思考力、判断力、表現力	(2) 自立した主体として国家・社会の形成に参画し、他者と協働するために ア　　政治的主体となる私たち イ　　経済的主体となる私たち ウ　　法的主体となる私たち エ　　様々な情報の発信・受信主体となる私たち
C　持続可能な社会づくりの主体となる私たち（約 0.3 頁） ア　　根拠を基に自分の考えを説明、論述	(3) 持続可能な社会づくりの主体となるために ア　　地域の創造への主体的参画 イ　　よりよい国家・社会の構築への主体的参画 ウ　　国際社会への主体的参画

備考　学習指導要領の記載は A に約 1.7 頁、B に約 1 頁、C に約 0.3 頁である。　　　　　　　（筆者作成）

　表 3-3 から読み取れる特徴は、下記の 4 点である。

①最終報告書と学習指導要領の内容構成との差異（全5頁の配分の問題）。

②Ａ「公共の扉」の丁寧な説明に文量を多く使っている。

③Ｂの内容構成の変化（順序、4つの主体から形成者としての社会参画に変更）。

④社会づくりの主体としての社会参画から教室内での説明と論述に後退、社会参画の軽視。

特に、④に関しては「公共」の性格を後退させないかを危惧している。持続可能な社会づくりとして、主体となるための参画から教室での説明と論述に変更になり、「公共」をつくる主体から後退している。

次に、新科目「公共」の指導方法・学び方の解説に着目する。次の①〜③の指摘があり、「公共」の授業づくりの要点が示されている。

①専門家や関係機関などとの連携・協働を積極的に図り、社会との関わりを意識した主題を追究したり解決したりする活動を重視する。具体的には主題追究学習や課題解決学習を活用して、討論、ディベート、模擬選挙、模擬投票、模擬裁判、インターンシップの事前・事後指導学習などを取り入れる。また、外部機関の活用としては、選挙管理委員会、消費者センター、弁護士、NPOなどを活用する。

②生徒が他者と共に生きる自らの生き方に関わって主体的・対話的に考察、構想し、表現できる学習活動を重視する。

③キャリア教育の充実の観点から、特別活動などと連携し、自立した主体として社会に参画する力を育む中核的機能を担う学習を加味する。

なお、キャリア教育で目指す資質・能力には、「人間関係形成・社会形成能力」「自己理解・自己管理能力」、「課題対応能力」、「キャリアプランニング能力」が基礎的・汎用的能力として重視されている。

また、新科目「公共」の評価としては、次のような課題がある。

・4つの観点別評価から3つの柱（学力）を踏まえた形成的評価。

・学習指導要領で示された資質・能力の項目内容（①知識を身に付けることの評価、②思考力、判断力、表現力の評価）の評価をどうするか。

・社会形成や社会参画の実践についてどのように評価していくのか。

第 3 章　公民科新科目「公共」を核とした主権者教育の課題　51

4　主権者教育としての公民科新科目「公共」の展開課題

⑴　実践課題

　新科目「公共」の授業構想では「現代社会の諸課題から『主題』や『問い』を設定し追究したり探究したりすること」、「社会との関わりを生徒が実感できること」、「倫理、社会、文化、政治、法、経済、国際社会にかかわる現代の諸課題を取り上げ考察、構想すること」に留意することになる。

　生徒が実感できる主題や問いの設定、多面的・主体的な考察は、「現代社会」でも力説されてきた学習方法の観点である。「公共」は大人や政治家が作り出すものとして学ぶのではなく、生徒一人ひとりが主体的に社会の形成に参画し、公共空間の課題を議論し作り出す学びを実践課題としたい。

　最後に、学習指導要領の内容項目の 3 つ (A から C) について、特に新設で重視している箇所を中心にその取り扱いの留意点を述べておきたい。

⑵　「公共」の扉としてどのように公共空間を作るか

　扉の学習は重要である。扉は生徒自らの手で開かなければならない。公共的な空間を作る自覚、公共的な空間における人間としての在り方・生き方、公共的な空間における基本的な原理の習得、これらの学習課題は小中社会科学習の成果を活用した学びとなる。高校生になり初めて公共を学ぶのではなく、学びの連続性を意識したカリキュラムとして「私にとっての公園→私たちにとっての公園、公共施設、→公共施設を創る市役所の仕事、公共空間を市民とともに作る国や県の仕事」などのプランニングが重要と考える。

⑶　自立した主体としてよりよい社会の形成に参画する主権者学習

　次に検討する 4 つの自立した主体は、個別に育成されるものではない。よりよい社会形成に参画する資質・能力を身に付けるために複数の主体から探究できる主題を設定し、幸福、正義、公正などに着目して協同的な深い学びにより主権者教育を展開する。特に、高校生にとって情報発信の主体としての課題追究は、ICT 活用技術が日常化している高校生活において身近な課

題であり、追究の意欲を継続させることができる。情報発信の主体としての倫理面、法的な視点、政治・経済面の課題などを総合的に探究することが期待できる。以下、それぞれの主体について課題をしぼり授業づくりの配慮事項を述べておきたい。

①法的主体の育成

「法や規範の意義及び役割」を学ぶ課題を設定する。日本国憲法の下、法治国家である日本の社会は、法と司法により守られている。生徒には、身近な紛争状況や生徒の関心が高い現実社会の諸課題について、具体的に解決するための体験的なルールづくりを法的主体として試みさせたい。また、国際社会の出来事や国内の対立問題など、どのようにすれば対立や紛争を公平・公正に調整することができるのか。議論を深め代案が提示できるような課題の探究を行いたい。

②政治的主体の育成

「政治参加と公正な世論の形成、地方自治」の学習では、主権者となる政治主体の育成から議会制民主主義を通して私たちの意思を反映させるにはどうしたらいいか、なぜ議会を通して意思決定を行う必要があるのか、なぜ政治に参加する必要があるのか、など政治的現象を他人事と捉えたり無関心を装ったりするのではなく、身近な地域社会の問題からグローバル社会の問題まで、主体的に思考し判断し、意思決定ができるような課題探究学習を体験させたい。特に地方自治では、地方議会の担い手不足についても当事者意識からなぜ担い手がいないのか、議会制民主主義の原点がなぜ壊れかけているのか、など切実な課題を探究させたい。

③経済的主体の育成

「多様な契約及び消費者の権利と責任」の学習では、どのような場合に、契約が当事者の自由な合意とはいえないか、なぜ契約自由の原則には例外が存在するのか、どのような点に気を付けて消費活動を行えばよいのか、など18歳成人時代を意識して自立した経済主体として、消費社会を生きる消費者の権利と責任、契約の自由と責任などを探究させたい。また、国家、地方の財政難に関しても財政及び租税の役割、少子高齢社会における社会保障

の充実・安定化をどのように図るか、財政赤字が常態化する中で、高齢者や通学の高校生が利用する民間の赤字バス路線を存続させるために公的資金を導入すべきか、など身近な社会問題を教材化して経済的主体としての自覚が、経済活動に深く関わっていくことを認識させ、その責任ある行動や態度に繋がる課題探究を試みたい。なお、今回の改訂において「金融の働き」が強化されている。起業や企業の活動資金として、また、消費生活における金融の働きは高校生にとって身近な問題として探究できる学習課題であり、授業開発が重要になる。

　④情報発信の主体として

　既述したように情報発信の主体としての課題探究は、「公共」が生徒に身近な科目になるかどうか、学習成果が出やすい重要な単元である。「なぜ人々は不正確な情報を信じたり発信したりしてしまうのか。」など、自分の問題として切実感を持って課題を探究できる問いを核に追究させたい。

⑷　持続可能な社会づくりの主体

　構想段階では、ア地域の創造への主体的参画、イよりよい国家・社会の構築への主体的参画、ウ国際社会への主体的参画が示されていた。解説では「根拠を基に自分の考えを説明、論述」できる目標に後退している。背景には社会参画の評価が難しいこと、実際の高等学校では、行動等が集団で計画・実行等ができないことから、認識レベルの評価に耐える内容としたのではないかと考えられる。課題の探究は、自立した主権者として何ができるのか、地球規模からの思考と地域に根差した行動、実践が必要となる。持続可能な地域、国家・社会及び国際社会づくりに向けた個人の役割を主権者の視点から探究させたい。

　最後に、持続可能な社会づくりの主体として思考・判断し、公共空間の対立問題や課題の解決にあたる際に、主権者教育として過去・現在・未来の時間軸からも価値判断ができる形成者を育成したい。両親の時代、我々の時代、未来の子どもたちの世代ならどのような意思決定や価値判断をするのか。間もなく 18 歳選挙権を得る高校生が一票の投票権の重みを認識し、持続可能

な社会づくりの主体として主権者意識を高められるようなまとめ・振り返り（説明、論述、社会参画など）を期待したい。

最後に、持続可能な社会づくりの前提として平和の問題がある。私たちは地球社会の一員であるという自覚をもち、日本のおかれている立場から、真の国際平和と人類の福祉の実現に向けて、平和学習（平和教育）を充実させ、何ができるかを真剣に考え、社会参画により行動していく主権者を育てなければならない。

注・引用文献

1 佐々木毅「公共性と社会科教育 ── 社会科の焦点 ── 」『東書ネット』東京書籍、2005 年、p.1。
2 大津和子『社会科＝一本のバナナから』国土社、1987 年参照。兵庫県立東灘高校勤務時の実践。
3 西村公孝『社会形成力育成のカリキュラム研究』東信堂、2014 年で実践を紹介している。
4 坂田仰『新教育基本法』教育開発研究社、2007 年参照。

（鳴門教育大学大学院　西村 公孝）

第II部

社会科教育学の理論研究の最前線
──理論と実践の融合・統合の課題

第4章　社会科授業研究方法論の最前線
―― 客観主義と構成主義の「対抗」から「対話」へ ――

1　問題の所在と本章の目的

　社会科授業研究は、2000年前後の時期から、授業理論と教育実践との関係を説明する研究方法論をめぐって、一般性・汎用性・規範（優秀）性を持った授業理論を実践に適用する方向での研究、いわば「理論の実践化」の方向でなされる研究に「対抗」する、あるいは「転換」を迫る議論が活発になってきたと言うことができる[1]。

　そうした議論の契機として、筆者は、以下の2つが重要であると考える。第1は、認識（知識）論における構成主義の考え方が浸透し、客観主義の認識論に「対抗」してきたことである[2]。客観主義の認識論は、知識は認識主体の外側に客体として独自に存在していると捉える立場をとる。この立場では、授業は、教師が知識の構成の主体となり、教授・学習活動として展開することになる。一方、構成主義の認識論は、知識は認識主体の言葉を介したコミュニケーション的関係から意味を与えられ社会的・文化的に構成されると考える。この立場では、授業は、子ども自身が知識の構成の主体となり、子どもによる能動的な学習活動として展開することになる。第2は、従来の学問的な授業研究に対する、主要なステークホルダーたる学校現場からの不満と批判である。すなわち、学会誌を飾る精緻な授業理論が、子どもの学びの実態や教員の教育観、教科観、キャリア等の違いにより多様に展開する学校の社会科教育実践の改善に必ずしも貢献していないとの批判である[3]。

　社会科授業研究のこうした動向は、これからの授業研究のあり方を展望する際の問題の所在である。本章の目的は、次の2つである。第1は、研究

方法論における客観主義と構成主義の「対抗」に着目して、1990年前後から現在に至る社会科授業研究の先駆的で代表的な成果をレビューしながら展開の傾向をつかむことである。第2は、そのレビューをふまえながら、学校の社会科教育実践に貢献するこれからの授業研究は、理論的・実践的に、「対抗」から「対話」へと着目点を転じて研究方法論を求めていかねばならないことを論じることである。

2　社会科授業研究方法論の展開

⑴　研究方法論の基本的枠組み

　社会科授業研究をレビューするための理論的枠組みを得るために、先ず研究方法の軸として、理論と実践の関係を研究対象に、「研究として何を為しているのか」という観点から、「開発」と「実証」の2類型を設定した。「開発」研究の基本的なリサーチ・クエスチョンは、「授業改善のために、何を創出すべきか。」である。「実証」研究の場合は「授業・教師・子どもはどうなっているか。それはどのように確認できるか。」である。次に研究者が研究対象を捉える認識論に着目して、「客観主義」と「構成主義」の2類型を設定した。

　研究方法論の2類型と認識論の2類型をクロスさせて、次の4類型を設定し枠組みとした。「1.客観主義開発研究」、「2.構成主義開発研究」、「3.客観主義実証研究」、「4.構成主義実証研究」。

⑵　客観主義開発研究の展開

　客観主義開発研究は、1990年代までに基本的な研究方法論が確立したと言える。この型の研究は、事実と価値の二元論に立ち、子どもに育成すべき社会認識体制を、事実―解釈―概念・理論・法則―価値を基本的な構成要素とする客観的な「知識の構造」として捉え、それを基盤とする授業論を立てている。その結果、この型の研究は、客観的知識の探求・評価・選択決定を原理とする授業開発研究として展開してきたと概括することができる。

　この型の典型をなす研究例の第1類は、子どもに「開かれた科学的社会認

識」を形成するために、社会諸科学の成果としての概念・理論・法則を、科学者が行う仮説提示・批判・修正の探求過程として組織する授業の開発研究である。森分孝治が「探求としての社会科授業構成」の原理を確立すると[4]、以後森分の理論を補強したり拡張したりするように研究が進展した。原田智仁は、時代の社会の構造・特質を捉え説明した歴史理論の批判的習得過程として授業を組織する「理論批判学習」を提案した[5]。また、児玉康弘は、学問的裏付けのある異なる複数の歴史解釈を、子どもが批判・評価・選択する「解釈批判学習」を提起した[6]。

研究例の第2類は、「合理的意思決定学習」の授業開発研究である。合理的意思決定学習は、上記第1類の研究に対して、社会認識体制における価値的知識を扱い、現代社会あるいは過去社会に見られる社会的(歴史的)論争問題を学習課題に設定し、その課題に対して事実・データをふまえた根拠(理由づけ)にもとづいて解決策を評価・選択決定する授業論を提案した。この授業論の展開は、岩田一彦の「概念探求・価値分析学習」[7]、小原友行の「意思決定力育成の歴史人物学習」[8]の提案を契機とする。岩田・小原の授業論は、実在する(した)社会問題(社会的論争問題)の背景・構造・要因を分析・理解し、それにもとづいて子ども個人が、複数の解決策を吟味・評価し、最も合理的な解決策を選択決定するように組み立てられている。

研究例の第3類は、「合意形成学習」の授業開発研究である。合意形成学習は、合理的意思決定学習が、解決策を予測できる論争問題を内容とし、個人としての合理的・説得的判断に帰結していることを批判して立論された。パイロット研究として、吉村功太郎は、例えばエイズ患者のプライバシー権問題といった、解決策の予測困難な社会的論争問題を内容とし、事実と価値の論理的整合性を吟味・検証する過程を経て、民主主義社会の普遍的な価値(例えば、基本的人権の尊重)を基準に、対立する価値の整序を行い合意可能な解決策を提案・相互評価する授業論を提案した[9]。また、水山光春は、吉村の立論において、子どもの合意形成の内容の成長を見取る手だてが不明確であると批判し、トゥールミンの「議論」のモデルにおける「留保条件」(〜である限り、〜でない限り)に着目し、対立する論者(子ども)が、自説の適用範囲を

限定していくことで合意形成の内容を明示的につかみ合意につなげていく授業論を提起することで合意形成学習論を拡張した[10]。

(3) 構成主義開発研究の展開

　構成主義開発研究は、客観主義開発研究の対抗として 2000 年前後の時期から盛んに取り組まれるようになってきたと言える。この型の研究は、事実と価値の一元論を基盤に、言説（＝価値と不可分に語られた知識あるいはその使用法）にもとづく認識が、多様な社会のあり方を構成するとして、言説の読解と吟味・選択判断・実践を原理とする授業開発を展開してきた。

　この型の典型をなす研究例の第 1 類は、社会関係における人間の見方・考え方となる概念や行為の基準となる規範の構築過程と権力作用を読み解く授業の開発研究である。先駆となる研究として、高橋健司は、「ユダヤ人種」概念の構築性に着目した授業開発を行った。授業は、19 世紀後半から 20 世紀前半（ナチズム時代の）ドイツ史において、「ユダヤ人種」概念が構築され実体化していく過程を認識するとともに、「人種」概念を通して見た構築される社会問題を発見・認識する展開になっている[11]。梅津正美は、身体・ジェンダー・都市空間に関わる近代規範の構築過程とそうした規範がつくり出す差別・抑圧を伴う非対称な社会関係を読み解くとともに、規範にもとづく自己の行為のあり方を反省的に吟味する「規範反省学習」を提起した[12]。

　研究例の第 2 類は、法や制度、政策に内在する社会のあり方に関する価値観と自己の支持する社会のあり方に関する価値観との対立から異議申し立てにより生じる社会問題を扱い、その比較・吟味・選択判断する授業の開発研究である。代表的研究として、藤瀬泰司は、例えば会社と社員の権利問題を問う特許権問題といった、意図せざる結果として発生する社会問題とその解決策を議論することを通して、個人と社会（集団・組織・体制）の様々なあり方を吟味し、子ども自身が自己の目指す望ましい社会編成の選択判断基準を構成していく「開かれた公共性形成学習」[13]を提案した。また、溝口和宏は、アメリカの人種問題を事例に、多民族・多文化社会のあり方に関する自己の内面的な価値形成と法・制度に組み込まれた歴史的社会的な価値形成とを比

60　第Ⅱ部　社会科教育学の理論研究の最前線

較対照しながら、社会編成に関する多様な価値にもとづく選択判断を吟味する「開かれた価値観形成学習」の授業論を展開した[14]。

　研究例の第3類は、田本正一[15]による「状況論にもとづく社会的論争問題学習」の主張である。田本は、社会的論争問題は、問題を取り巻く状況に埋め込まれているとする。そのため、学習では、論争問題に直面する市民の立場（例えば、長崎新幹線建設問題に直面した関係自治体の市民の立場）から解決策の提案をするにあたり、その解決策に内在する状況由来の文脈的情報（言葉）を分析し明示化して議論を組み立てることで、より妥当性の高い主張を展開できるとした。

　研究例の第4類は、池野範男[16]と宮本英征[17]による「言説の脱構築（社会形成）学習」の提案である。池野・宮本は、語用論に依拠して、言説とは、主体的価値判断にもとづく言葉や概念の使用法であり、社会的実践であると考える。そこで、学習は、「武力行使」「帝国」といった社会的概念について、子どもが、その概念の社会的存在と存在根拠を検討し、さらに社会的存在の改善と正当化を議論する中で、当の概念に関する自分なりの意味や価値、語用をつくり出していく過程として展開するのである。

⑷　客観主義実証研究の展開

　客観主義実証研究は、2010年前後における、授業研究、特に授業開発研究に対する問題意識を反映して展開してきたと見ることができる。その問題意識は、「理論にもとづき開発された授業は、子どもの発達をふまえた学習としての適時性と適切性を保証しているのか」、「目指した学習成果と子どもが獲得した学習成果の齟齬を見取る手だてをどう打つのか」、「理論の実証・評価という観点から、理論の提案者・実践者と学習・授業評価者とは、分離すべきではないのか」といった問いに具体化される。

　この型の研究例の第1類は、調査的・量的方法による社会的認識・能力の発達特性を仮説として示す調査的研究である。代表的な研究として、福田正弘は、小学生の企業行動の理解に関する発達特性をつかむために、収入と費用の差としての利潤と経営戦略との関係を問う調査問題を作成し、回答の

量的分析を行った。その結果、子どもの企業理解は、低学年から高学年に至る過程で、販売・収入中心の一面的な理解から収入と費用の関係を考慮した総合的な理解へと発達する傾向があることを見出した[18]。

　研究例の第2類は、子どもの社会的認識・能力の発達と形成の関係を、調査的方法と実験的方法を組み合わせて考察する研究である。加藤寿朗の研究が先駆けである。加藤は、小学生の「店」概念の理解について横断的・縦断的調査を行い、子どもの社会認識構造は、並列・事例型、関連型、組み込み型、変革・創造型、総合型の5つに分けられるとした。そして、小学校4・5年生頃が、並列・事例型や関連型から組み込み型や変革・創造型への移行期であるとの発達仮説を示した。こうした子どもの社会認識の発達特性をふまえ、適時性と適切性を考慮した発達を促す教育的働きかけとなる小学校第3学年の社会科単元を開発した[19]。

　研究例の第3類は、研究者が理論と実践に対して外部観察者としての立ち位置を取り、育成をめざす資質能力を明確にした授業構成論にもとづく実践の事実（実践記録を含む）を確定・分析・評価して、期待する学習成果と獲得された学習成果の齟齬を指摘し授業改善の具体的な手だてを示す授業改善方法論研究である。峯明秀は、目標と授業構成論とが明確な授業実践を事例として、授業観・授業構成・授業の具体の各レベルを一体的・包括的に捉えるPDCAサイクルの社会科授業改善方法論を提起した[20]。

⑸　構成主義実証研究の展開

　構成主義実証研究は、2010年代に入り学会誌上でまとまった研究成果が公開されはじめた。この型の研究は、授業理論の一般性・汎用性・規範（優秀）性を論証する方法を取らない。教育（授業）実践とは、多様な学校現場の状況において教師と子どもの相互作用の中で展開するものであり、その時の授業理論は教育実践に埋め込まれており、個別性と状況・文脈依存性を持つと考えるのであり、そのため、研究者は授業実践に外部観察者（分析者）として介在し、授業研究の方法には、参与観察、事例研究、質的研究等が用いられることになる。

62　第Ⅱ部　社会科教育学の理論研究の最前線

　この型の研究例の第 1 類は、教師と子どもが実践の中で互いにつまずきながら、それを修正していく過程を経て生成していく授業理論を捉え、個別の文脈・状況に即して授業改善の手だてを指摘していく学習・授業の評価・改善研究である。パイロット研究として、岡田了祐は、グラウンデッド・セオリー・アプローチ (GTA) を応用した学習・授業評価モデルを提案した。社会認識形成など教師が教育目標を持ちながら展開する授業の過程における子どもの認知活動や変容の差異に係るデータの収集と分析を通じて、データに根ざした「この教室」における授業理論を抽出して改善の手だてを指摘する質的帰納的な研究方法をとった[21]。

　研究例の第 2 類は、学習者同士が自分たちの問題を共有し、その解決のための対話を通じて、自分たちなりに社会的有用性のある知識を生成していく授業実践研究である。典型的な研究として、金鍾成は、「より良い日清・日露戦争の教科書づくり」を学習課題に、日・韓の第 6 学年 1 クラスの子どもたちに取り組んでもらうことをした。自己・他者の相互理解 (国際理解) の促進のために、ディスコースとしての「教科書」を媒介に、日韓の小学生の「真正の対話」を通じて、互いにより良い教科書づくりに向け、ディスコースの解体と再構成を繰り返す中で、「この教室」の子どもたちにとっての意味や価値として「歴史認識をめぐる和解」がつくり出されていく教育実践を実証した。実証の方法には、質的方法としての GTA が用いられている[22]。

　研究例の第 3 類は、社会科授業実践の意味や目的が、個別の文脈・状況における子どもと教師の関係性においてつくり出されていく過程を検討し、その条件や学習環境の構成を示唆する研究である。南浦涼介は、ひとつの学校で、ひとりの社会科教師の実践を通じて子どもたちが身に付けた学習観とその形成に関心を寄せる。子どもの学習観の形成に対する教師の社会科教育観、日常的な学習活動と言葉がけ、カリキュラムの構成と運用法、学習環境等の関与・影響を、1 年間の参与観察を通じて収集した量的・質的データにもとづいて明らかにする探索的研究を遂行した[23]。

⑹　社会科授業研究方法論の最前線——小括——

　研究方法論における客観主義と構成主義の「対抗」を視点に、社会科授業研究の先駆的で代表的な成果をレビューした結果、社会科授業研究方法論の最前線は、1990年代の客観主義開発研究から2000年代以降の構成主義開発研究へ、そして2010年前後の客観主義実証研究から2010年以降の構成主義実証研究へとシフトする傾向が見られた。主要な4類型の研究方法論内でも、先行する理論を補強したり、修正したり、研究上の観点や対象を移動させたりしながら最前線を模索した研究が遂行された。

3　社会科授業研究方法論をめぐる課題と展望

　授業研究方法論における「対抗」を主張する場合の基点には、大枠として客観主義開発研究があった。しかし、上記の小括は、「対抗」が字義の通り「互いに優越を競う」ように直線的に展開していったことを意味するのではない。

　開発研究のフィールドについて言えば、構成主義開発研究は、基本的には構成主義の認識（知識）論を基盤にしながら（逆に言えば、構成主義の授業（学習）論を巧みに回避しながら）、立論と成果の公開の形式において、客観主義の認識論・研究方法論を援用していると言える。象徴的な事柄から根拠を示せば、単元の構成と展開を、「教授書」による教授・学習活動として示していること、議論の客観的な論理構造を示すトゥールミン図式を授業構成原理として活用していること、また、授業では状況の中で子どもの経験に即して成り立つ個別的・個性的な言説を扱いながら、学習評価では段階的な評価を可能にするより高次の言説の存在を想定していることなどである。

　実証研究のフィールドについて言えば、客観主義実証研究では、PDCAサイクルの授業改善にしても、子どもの認識・能力の発達を促す教育的働きかけとしての授業開発にしても、「一般的な教師」と「一般的な学習者」を想定した研究に止まっていては、現実の多様な状況のもとにある教育実践の場への貢献は限定的なものになろう。授業改善研修や実験的授業を、どのような教師が、どのような子どもたちと、どのような関係において展開したのかに

関するデータ収集と解釈が補足される必要がある。そのためには、量的・質的研究の混合研究法の精緻化と活用が求められよう。一方、構成主義実証研究では、特定の教育（授業）実践を対象に、状況・文脈に即した個別的な理論が解釈されてくる訳だが、その場合にも、リサーチ・クエスチョンが、学校現場である程度共有できる問題状況を反映している必要があるであろうし、抽出した個別的理論にたとえ条件限定であったとしても一定の応用可能性が確保されている必要があろう。それこそが、構成主義実証研究が、学校の教育実践に貢献する要件ではなかろうか。

　これからの社会科授業研究方法論の最前線を拓いていくためには、自ら拠って立つ研究方法論の反省をふまえつつ、客観主義と構成主義の「対話」、「協働」、「バランス」に着目した研究方法論の構築が不可欠である。

注・引用文献

1　その根拠として、さしあたり、下記の2論文を参照されたい。
　　梅津正美「社会科をなぜ「社会科」と呼ぶのか」社会認識教育学会編『新社会科教育学ハンドブック』明治図書、2012年、pp.332-339。
　　梅津正美「歴史教育研究の動向と展望――研究方法論を視点とする2008年度〜2017年度の研究成果の検討から――」『社会系教科教育学研究』30号、2018年、pp.35-42。
2　久保田賢一『構成主義パラダイムと学習環境デザイン』関西大学出版部、2001年を参考にした。なお、「構成主義」は、論者により「構築主義」「社会構成主義」などと用いられる場合があるが、本稿ではこの用語に統一する。
3　梅津正美「社会科授業研究の有効性を問う――社会科授業研究の教育実践学的方法論の探求――」『社会系教科教育学研究』25号、2013年、pp.91-94を参照されたい。
4　森分孝治『社会科授業構成の理論と方法』明治図書、1978年。
5　原田智仁「高校歴史単元開発の方法――理論の選択と組織を中心に――」『カリキュラム研究』6号、1997年、pp.53-64。
6　児玉康弘「中等歴史教育における解釈批判学習――『イギリス近代史』を事例にして――」『カリキュラム研究』8号、1999年、pp.131-144。
7　岩田一彦編『小学校社会科の授業設計』東京書籍、1991年。
8　小原友行「意思決定力を育成する歴史授業構成――「人物学習」改善の視点を中心に――」『史学研究』177号、1987年、pp.45-67。
9　吉村功太郎「合意形成能力の育成をめざす社会科授業」『社会科研究』45号、1996年、pp.41-50。
10　水山光春「合意形成をめざす中学校社会科授業――トゥールミンモデルの「留保条件」を活用して――」『社会科研究』47号、1997年、pp.51-60。

11　高橋健司「世界史教育における『人種』概念の再考──構築主義の視点から──」『社会科教育研究』No.94、2005 年、pp.14-25。

12　梅津正美「規範反省能力の育成をめざす社会科歴史授業開発──小単元「形成される『日本国民』：近代都市の規範と大衆社会」の場合──」『社会科研究』73 号、2010 年、pp.1-10。

13　藤瀬泰司「社会形成の論理に基づく社会科経済学習の授業開発──単元「君は会社でどう働くか～特許権問題から見える会社のあり方～」──」『社会科研究』61 号、2004 年、pp.61-70。

14　溝口和宏「開かれた価値観形成をめざす歴史教育の論理と方法──価値的知識の成長を図る四象限モデルの検討を通して──」『社会科研究』77 号、2012 年、pp.1-12。

15　田本正一「状況論的アプローチによる社会科論争問題授業の開発──中学校公民的分野単元「長崎新幹線建設問題」──」『社会科研究』69 号、2008 年、pp.11-20。

16　池野範男「市民社会科歴史教育の授業構成」『社会科研究』64 号、2006 年、pp.51-60。

17　宮本英征「市民的資質を捉えるための世界史教育評価研究──導入単元「言説『帝国』を考える」を事例にして──」『社会科教育研究』No.129、2016 年、pp.40-53。

18　福田正弘「子どもの企業行動理解の発達」『社会科研究』50 号、1999 年、pp.111-120。

19　加藤寿朗・和田倫寛「子どもの社会認識発達に基づく小学校社会科授業の開発」『社会系教科教育学研究』21 号、2009 年、pp.1-10。

20　峯明秀「知識の量的拡大・効率化を図る授業の PDCA──客観的実在としての社会の事実的知識を獲得する社会科──」『社会科研究』71 号、2009 年、pp.51-60。

21　岡田了祐「社会科学習評価への Grounded Theory Approach の導入──社会認識形成過程における評価のための視点提示に関する方法と実際──」『社会科教育研究』No.121、2014 年、pp.91-102。

22　金鍾成「自己と他者の「真正な対話」に基づく日韓関係史教育──日韓の子どもを主体とした「より良い日清・日露戦争の教科書づくり」を事例に──」『社会科教育研究』No.130、2017 年、pp.1-12。

23　南浦涼介・柴田康弘「子どもたちの社会科学習観形成のために教師は何ができるか──ある中学校教師とその卒業生の事例からの探索的研究──」『社会科研究』79 号、2013 年、pp.25-36。

（鳴門教育大学大学院　梅津 正美）

第5章　諸外国における主権者教育の理論研究の最前線

1　オーストリアの主権者教育改革

(1)　歴史教育と政治教育の統合

　主権者教育のあり方を考える上でオーストリアの教育改革は参考になる。先進国の中で選挙権を行使できる年齢が16歳と最も若いだけでなく、その動きに合わせて教育課程の改革が行われてきたからである[1]。すなわち、2007年の選挙権年齢引き下げを受けて、2008年には中等教育段階で政治教育と歴史教育が統合され、新教科「歴史・社会科／政治教育（Geschichte, Sozialkunde und Politische Bildung）」（以下 GSPB と略称）が誕生した。2016年のカリキュラム改定では、中等教育の前期から後期にかけて一貫して社会科が指導されることになり、本教科の理念は一層充実がはかられたとみてよいだろう。

　GSPB は、**表5-1** に示すようなコンピテンシーの育成を目的とする。歴史であれば、問い、方法、示唆、概念の各コンピテンシーが、政治であれば、判断、行為、方法、概念の各コンピテンシーが設定された[2]。コンピテンシーと称しているのは、知識や技能の習得そのものが意図されていないからであろう[3]。GSPB では、歴史学や政治学の概念・方法を具体的な課題の理解や解決に活用したり、政治的な言説を批判的に読み解いたり、意思を表明したりする能力の育成が意図されていることが分かる。これらの歴史と政治のコンピテンシーの組み合わせにおいて、歴史中心、政治中心、歴史・政治中心の3パターンの単元が構想されることになる。いうまでもないが、歴史中心の単元においても政治コンピテンシーは排除されないし、政治中心の単元

第5章　諸外国における主権者教育の理論研究の最前線　67

表 5-1　歴史と政治のコンピテンシー

歴史コンピテンシー	
問い	過去に対する様々な問いを理解し、また自ら問いを立てる能力
方法	史料を批判的かつ有効に活用する能力
示唆	現在のより良い理解と未来のために、過去から学ぶ能力
概念	歴史の諸概念を正確に理解し、活用する能力
政治コンピテンシー	
判断	政治的決定や諸問題に対して自律的に、かつ根拠をもって客観的に判断する力。また、自分の意見を形成して表明する能力
行為	自分の意見を言葉にしたり、他者の意見を理解したりして、協力して問題解決にあたる政治的行為を行う能力
方法	様々なデータや図像を分析して、政治的表現をその背景を含めて読み解く能力。また、口頭や文章、メディアを利用して政治的メッセージを発信する能力
概念	政治の諸概念を正確に理解し、活用する能力

出典：尾藤郁哉「政治的主体を育成するためのオーストリア教育改革——ウィーン大学 FDZ（Fach Didaktik Zentrum）の歴史 - 政治教育教材を手がかりに——」『教育学研究紀要（CD-ROM 版）』中国四国教育学会、2019 年、より引用。筆者が一部の表現を見直した。

でも歴史コンピテンシーは包摂されうる。

　2008 年の大改革から約 10 年が経過し、教育実践のレベルでは GSPB は一定の定着を見た。少なくとも筆者らの聞き取り調査の範囲では、歴史と政治を統合した PSPB の理念は、当然のこととして受けとめる教師ばかりであった。しかし実際のところ、学校を取り巻く情勢は大きく様変わりしている。移民政策に反対する極右政党の影響がさらに強まり、保守政権が誕生したりするなど、オーストリアの政治構造は決して安定はしていない。このような状況下で現地の教師が GSPB をどのように受けとめ、実践しているかを把握することは、類似の状況下におかれた日本の主権者教育の改革とその具体的方略を考えていく上で示唆が大きいと思われる。

⑵　主権者教育の日常的な実践理論を問う

　筆者は 2017 年の国民議会選挙直前に実施された GSPB の実践を報告したことがある[4]。本短報では、現実社会の政治報道や政治運動というナマモノを加工することなく取り上げて分析・批評させる授業、あるいは現行の立法・

行政・司法の働きを批判的に検討させたうえで、それに代わる未来の政治システムをデザインさせる授業など、選挙直前ならではの実践が行われている状況を報告した。いずれの授業とも、教室と地域、リアルとバーチャル（インターネット）、現状と未来、それぞれの個別空間を切り分けることなく連続的に捉えている点に特質があり、これらの諸空間を子ども自身の働きかけを通して横断（関与・参画）していったり、逆にこれらの諸空間から子どもが受ける作用を対象化して分析させたりすることを意図していた。すなわち、市民的レリバンスの高い授業となっていた[5]。

筆者の疑問は、これは通常モードなのか、である。上述の特徴は選挙前の特別授業ゆえに顕在化した現象とも考えられるし、ベテランの教師ゆえに発揮された指導スキルとも解される。歴史教育と政治教育の統合を経て、若手教員らの間では日常的にどのような GSPB が実践されているのか、その実践にどのようなデザイン原則が組み込まれているか。これらの点は、引き続き丁寧に考察していく必要があるだろう。

幸い 2019 年 3 月にオーストリア某市を訪問し、政治教育に関する研究の予備調査で[6]、入職後 1 年目と 2 年目の教員による 7 年生（日本の高校 2 年生相当）の授業を観察できた。両氏の勤務校は、市街地中心に位置するギムナジウムであり、多文化的な学習環境とロボット技術を含む理数・情報教育の充実を強みとしてきた。本稿では、同校での予備的な観察結果を手がかりに、先の問いに答えていきたい。

なお、本稿では、GSPB を特徴づける 2 つの特性を典型的に表した実践を取り上げる。すなわち、内容に注目したときの、①歴史中心の授業か、②政治中心の授業か、であり、目標に注目したときの、①概念理解や資料読解を活かして社会を読み解く知的リテラシーに特化した授業か、②望ましい判断や行為を導く価値的・倫理的な規範に焦点化した授業か、である。以下では、①と②それぞれの特性を体現している 2 つの授業の比較考察を通して、主権者教育を実現していく実践理論を論じたい。

2　歴史的事象から政治制度を教える

⑴　1920 年憲法の今につながる原理原則

　第 1 の実践は、現代史の授業である。オーストリア憲政史からみた第一共和国憲法の位置づけとそれを支える四大原則の理解を目的としていたと解される。

　授業は、大きく 4 つの段階を経て展開した。

　第 1 パートは導入である。1920 年の憲法制定時に議会をとりかこむ聴衆のようすを撮影した写真の提示から始まった。「いったいこれは何の光景か？」。この問いに導かれて、民主主義の到来、自由の謳歌、ハプスブルク家支配の終焉などの時代状況を確認させていった。

　第 2 パートは本時を構成する 2 つの活動の内の 1 つである。オーストリアの憲政史を概観させるとともに、その転換期を以下 7 つの画期で捉え、それぞれの出来事とその意味内容を、フローチャートを使ってマッチングさせていった。

- ・国家基本法 (1867 年)
- ・連邦憲法 (1920 年)
- ・連邦憲法 (BU-G) の変更 (1929 年)
- ・連邦憲法が効力を失う (ドイツ併合期)
- ・第一共和国の憲法が再効力をもつ (1945 年)
- ・国家契約 (1955 年)
- ・連邦憲法の全面改訂 (1994 年)

　第 3 のパートは、本時を構成するもう 1 つの活動である。上の活動を受けてあらためて 1920 年の連邦憲法に着目させ、それを形づくる基本原理として、①民主主義、②共和制、③連邦制、④法治国家、の各概念が示された。そして、これらの原理はなんのためにあるのか、具体的にはどういうことか、が問われ、生徒はその答えをワークシートにまとめていくことが求められた。4 つの班に組織された生徒にはラミネート加工された各原理の解説シートが配布され、生徒はそれを回し読みしながらワークシートを仕上げていった。

70　第Ⅱ部　社会科教育学の理論研究の最前線

　第4のパートは終結である。調べ活動の成果を踏まえて、4つの基本原理の意味を子どもが1つずつ説明していく。本時は時間の都合で1つ目の「民主主義」しか扱えなかったが、おおよそ以下の問答が繰り広げられた。

　T：民主主義の原理はなぜ必要か？

　S：政党（の存在を認める）。投票で決めるため、議会で決めるため。

　T：議会が2つあるのはどうして？

　S：権力を分散させるため。

⑵　過去―制度―現代を関連づける

　歴史的な文脈からみると、1920年の連邦憲法は、ハプスブルグ家崩壊後の民主化と近代国家の成立を象徴するオーストリア第一共和国の骨格である。また、国家社会主義の台頭とナチ支配で停止されつつも、第二共和国の誕生からEU加盟に至る戦後の国家システムにも継承された政治制度の起点であり、基礎となるものでもある。

　そこで教師は、1920年憲法の発布という出来事から授業を立ち上げながらも、その歴史的な成立過程を詳述するような指導はしなかった。むしろ約150年の憲政史を概観させたうえで、1920年の連邦憲法で確立された統治や市民参加のあり方を規定する諸制度に目を向けさせ、そこから現代に通じる政治原則を発見、説明させていた。制度を媒介にして、過去の政治理解を現代の政治理解へと派生させようとした実践と言えるだろう。

3　日常的状況から政治的規範を教える

⑴　政治的に勇気ある行動

　次の実践は、政治的規範に関する授業である。理不尽な事柄に対して、市民として自己の信念をいかに表現・行動するかの規準の構築を目的としていたと解される。

　授業は、大きく4つの段階で展開した。

　第1のパートは、日常生活のなかに潜む非民主的な状況を相互了解する

段階である。教室の壁にはリアルな問題状況が示された緑のカード 10 数枚と、著名人の行動規準が記された青のカード 10 数枚が掲示された。例えば、以下のような内容である（一部略記した）。

　＜緑＞のカードの例
・民族主義やペギダの支持者が勧誘の資料を配るために校庭にやってきた。ちらしや新聞、そして極右の歌が入った CD を配っている。
・強制収容所の慰霊の場を訪問した 2 名の少女がヒトラー敬礼をやって見せた。周囲にいた子どもの一部は、その少女を写真撮影した。
・隣の住宅に 2 歳の子どもがいる若い家族が引っ越してきた。時おり子どもが泣き叫ぶ声や、母親が大声で罵る声を聞いた。
・あるグループが校庭で「トルコジョーク (Türkenwitze)」を大声で言っている。あなたは近くで偶然それを耳にした。
　＜青＞のカードの例
介入するか、介入しないか？
・人生をかけて死んでいくような英雄とは何か。否、私は最終的に介入しえないし、それを誰にも薦めることはできない。君たちは介入するな。（MiaMama, 2014 年 12 月 8 日のブログより）
・しかし、私自身が危険な状況の中で脅かされ、疲労困憊で思い悩んでいるとき…私は皆が目をそむけることを望んでいるだろうか。誰も私を助けないことを（望んでいようか）。(Ria Helen Schneider 2014 年 12 月 8 日のブログより)

　生徒と教師はこれらのカードをゆっくり眺めながら、本時の学習課題「市民的勇気 (Zivilcourage) とは何か」を確認した。

　第 2 のパートは、緑のカードの状況下で採るべき行動について構想させる場面である。生徒には、カードの中から実際に自分がみたことがある状況を選ばせ、①その状況を自分はどう思うか、②その状況で自分には何ができそうか、③その状況で実行可能な 5 つの振る舞いを班としてリストアップせよ、の課題を検討させている。例えば②の答えとして、警察に情報提供する、(SNS に) 寄稿する、当事者と対話をする、犠牲者を支援する、風刺的に論評する、

などがあった。

　第3のパートは、これらの行動の基底にある思想や理念を考察する場面である。青のカードの内容をあらためて確認し、そのメッセージの主と、同じように自由と正義を求めて闘った抵抗運動（家）について発表させた。生徒からは、シンドラー、ガンディー、キング牧師、ネルソン・マンデラなどが挙がっていた

　第4のパートは、「市民的勇気」の定義づくりである。青のカードを参考にしつつも、自分の言葉で短文にまとめるように促される。例えば、ある生徒は、「市民的勇気とは、人を助けるために快適な領域から出たり、好ましくない状況に自分自身を持っていったりすることである」、このような定義を綴っていた。

⑵　社会―規範―自己を関連づける

　「市民的勇気」は、歴史的な過程でたえず意味が再構築されてきた規範概念である。ビスマルクに始まり、第二次世界大戦中はナチへの抵抗を象徴する規範として機能した。戦後は非民主的な国家権力の行使を監視する市民の責任として語られ、現代では移民排斥や児童虐待の人権侵害に係わる行動や表現を見逃さない・傍観しない行動原理を意味するようになっている。

　生徒には、このような規範概念を媒介にして、ややもすると日常生活に埋もれがちな問題状況を浮き彫りにし、そこで採りうる市民の行動を省察させるとともに、自分なりの「市民的勇気」像を構築させていた。政治的・倫理的規範の意味はソトから与えられるものではない。本実践は、一人ひとりが（勇気をもって）異議申し立てを実行するときの規準づくりと、その言語化を支援しているところに特色があるのではないか。

4　オーストリアの教育実践が示唆すること

　若手教員らの間で実践されていた GSPB のデザイン原則についてまとめておこう。今回の観察でも、先の報告と大きく異なる授業づくりは認められ

なかった。あえて相違を指摘するならば、教育内容の選定基準の違いであろう。前の報告では[7]、国民議会選挙を前にして、とくに政党の主張や政策の意味、統治のシステムとの関係でリアルなテーマが意図的に選ばれていた。一方、今回の2事例においても、現実社会の文脈と子どもの実質的な関心を踏まえた内容構成が行われていたが、取り扱われたテーマ「1920年憲法」「市民的勇気」はいずれも既定路線で、意図的に設定されたものではなかった。

むしろ新教科の理念においては、前の報告から一貫性が認められた。歴史事象を教えるにしても、現代に繋がる政治制度の視点から意味を分析させていたし、国家の政治的規範を教えるにしても、自己の行動規準を基盤にして意味を再構築させていた。

このような政治と歴史、自己と国家・社会の往還が、GSPBの主権者教育としての意義を高めている。「今」の「私」の社会的な関心だけを追究させるわけでもないし、その追究を完全に棚上げしてしまうわけでもない。歴史事象や政治的規範の理解・分析を直接的には目指しながらも、一方で「今」の「私」の在り方を間接的に追究させる授業デザインの実践知が、普段の授業には埋め込まれていた。

このような実践知が若手教員に身体化され、実践できる理由については、引き続き検討していく必要があるだろう。

現時点での仮説としては、入職前の教員養成が一定の効果を発揮していること、中等学校段階までの被教育体験が入職後の実践に投影されていること、子どもと教員を含むすべての市民に表現の自由が承認されており、普段から政治的な問題意識を排除することなく教育活動を展開できる環境にあること[8]、学校を取り巻く社会的・文化的な環境はますます多様化しており、学校は生徒や保護者の問題関心に応えていく必要があること、結果的に市民的レリバンスの高い授業を普段から実践しやすい（実践することが期待されている）状況にあること、これらの理由が想定される。

これらの実践知とその定着の背景は、日本の主権者教育を改革していく可能性と方策を示唆している。また同時に、改革が一気には進まない、むしろ容易ならざる理由も示唆しているのではないだろうか。

74　第Ⅱ部　社会科教育学の理論研究の最前線

注・引用文献

1　近藤孝弘『政治教育の模索 —— オーストリアの経験から —— 』名古屋大学出版会、2018 年。
2　尾藤郁哉「政治的主体を育成するためのオーストリア教育改革 —— ウィーン大学 FDZ（Fach Didaktik Zentrum）の歴史 - 政治教育教材を手がかりに —— 」『教育学研究紀要（CD-ROM 版）』中国四国教育学会、2019 年。
3　「コンピテンシー」は、日本で語られるところの通教科的で汎用的な資質・能力とは異なる意味で用いられている。日本の文脈に置きかえると、各教科固有の見方・考え方を日常生活や現実社会の文脈に活用できる能力、の意味に近いのではないか。
4　草原和博「真正の主権者教育とは何か —— 」『社会科教育』No.706、明治図書、2018 年、pp.108-111。
5　草原和博「社会的レリバンスを高める地理授業をデザインする」唐木清志編『「公民的資質」とは何か —— 社会科の過去、現在、未来を探る —— 』東洋館出版、2016 年、pp.76-85。斉藤仁一朗・草原和博「〈世界の研究動向から考える〉社会科授業の理解に役立つ 12 のキー概念 —— Relevance：レリバンス —— 」『社会科教育』No,716、明治図書、2018 年。
6　国際共同研究加速基金（国際共同研究強化（B））「オーストリア政治教育の挑戦 —— 教室空間で政治問題をいかに教えるか —— 」（研究代表者：草原和博、研究分担者：池野範男、川口広美、渡邉巧、金 鍾成）。
7　上掲書 4）。
8　「ボイテルスバッハ・コンセンサス」の浸透も無視できない。オーストリアの教員の間では、政治的中立性とは、個人（生徒と教員）の政治的な表現を制限することではなく、政治の介入を排し、表現の自由を保障することの意で認知される傾向にある。

（広島大学大学院　草原 和博）

第6章　社会系教科カリキュラムの理論研究の最前線

1　教師によるカリキュラム構成についての研究

　日本の社会系教科の教師が、カリキュラムと聞いて真っ先に連想するのは、学習指導要領であろう。ところが、指導要領はいわゆる最低基準であるにもかかわらず、それからの発展を視野に入れるよりも、忠実な履行あるいは内容の消化を意識してしまいがちである。

　2018年告示の学習指導要領において、改訂の趣旨の一つとしてカリキュラムマネジメントという語が現れた。この言葉は、学校教師はカリキュラムを消化するというよりも、むしろ学校事情に応じて柔軟に運用すべきという、言わばカリキュラムに対する自律性を提起する契機となっている。

　ところが、従来の社会科教育研究においてカリキュラムを対象とした研究は、実践はあくまでも運用上の次元とする理論研究であったり、各国の国定カリキュラムや教科書などを、そのまま忠実に履行されるものとして分析するような、静態的なカリキュラム研究が主流であった。それに対して、近年では、学校訪問や教師への聞き取りを通して、実際に運用されている年間計画などから、それに内在する教師の行為の意味を追及するようなスタイル、言わば動態的なカリキュラム研究が見られるようになってきた[1]。

　一方で、コンピテンシーに関わる教育論が脚光を浴びている。社会系教科の文脈においても同様であり、国立教育政策研究所の示す21世紀型能力にもとづき、さまざまな能力育成を図る社会系教科の教育論が百花繚乱の様相を呈している。そのような動向に抗うように、知識先行型のカリキュラム論を主張しているのが英国地理教育学者のデービッド・ランバート（David

Lambert：ロンドン大学）であり、世界各国の研究者とジオ・ケイパビリティー（GeoCapabilities）という国際共同研究を展開している。その教育論の基底をなしているのが、インドの経済学者アマルティア・セン（Amartya Sen：ハーバード大学）の説く「ケイパビリティー・アプローチ（Capability Approach）」論である[2]。

　ランバートは、このケイパビリティー研究において、教師がカリキュラム・リーダーとしての役割を担うことを重視している。専門職としての教師は、自身の教育のねらいや目的を主張できる必要がある。その主張を支えるツールとして、カリキュラムを生み出す3つのエネルギーとして、以下の**図 6-1**のように、3つの円：①生徒の経験、②教師の選択、③学校地理として示している。

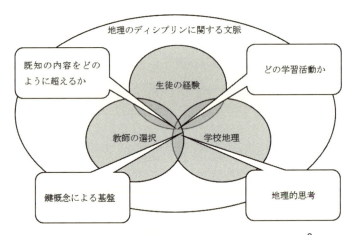

図 6-1　ランバートの示すカリキュラム・メイキング[3]
出典：Lambert (2014) p. 181

　ランバートへの聞き取り調査を実施した佐々木の研究によれば、理想とするカリキュラム・メイキング像は、「①生徒の経験＝生徒の生活・地理的経験や関心を活かすべきだ」「②教師の選択＝教師の目的・教科観に基づいて選択すべきだ」「③学校地理＝地理（学）のよりパワフルな知識が教えられるべきだ」というように再解釈されるとしている[4]。

ただし、上記の理想像についての解釈は、あくまでもランバートの教育論に拠る場合である。そして、①～③の円が「地理のディシプリンに関する文脈」のなかに完全に収まるか否かは、各国の教育事情によって異なる。社会科教育のなかに地理を位置づけてきた日本の事例に適用しようとするならば、地理文脈に収まらない部分が出る。ただ、どの程度、地理文脈にとどまるかは教師によって異なる。上記の図1は、教師によるカリキュラム・メイキングを分析し、教師の個性を探るための枠組みにもなり得ると考えた。

2 中学校社会科地理的分野におけるカリキュラム・メイキング

(1) 分析対象と考察方法

本稿では、徳島県の中学校教員2名に対して、本人の許諾を得て、分析対象とすることにした。一人目は、大谷啓子教諭 (鳴門教育大学附属中学校)、二人目は、坂東重樹教諭 (徳島市立徳島中学校) である。彼らを分析対象に設定した理由は、第一に、2018年に全国中学校社会科教育研究大会 (以下、全国大会) が徳島市内で開催され、彼らは地理的分野の公開授業の実践者であり、筆者は指導助言者を務めたことによる。資料の豊富さに加え、約1年半に及ぶ共同研究期間で形成された同僚性が、この類の研究を可能にする。第二に、彼らは大会主題「未来を拓く力を育てる社会科学習」を受けて、同分野では価値判断させる授業を通して、「社会的判断力」の育成に取り組んだことによる[5]。価値判断を地理的分野の授業で行うことは、公民的分野と重なるところも大きくなる。どの程度地理文脈に収まるかという視点は、彼らの授業実践の違い、その基底にある授業観の違いを抽出するうえで好適だと考えたからである。

考察の方法として、前掲の佐々木による手法に学び、まず第一に、カリキュラムマネジメントの実際について記入回答を得た。第二に、それらの意図を探るために、上記①～③の観点について質問紙調査を実施し、回答から要点を抽出した。そして、第三に、要点をカリキュラム・メイキングの図にあてはめて、3つの円弧の関係性から彼らの教育観の一端を析出しようとした。

(2) 大谷教諭のカリキュラム・メイキング

①日本の諸地域の単元計画と全国大会公開授業の要旨

大谷教諭は、2018年度に第2学年を担当し、地理的分野の「日本の諸地域」のうち、単元「中国・四国地方」の授業を11月の全国大会で公開した。よって、教科書の掲載順序通りに実践するわけにはいかず、実践の順序を**表6-1**のように組み替えた。中国・四国地方の移設に加え、中部地方、関東地方の前倒し実施が特色となっている。そして、全国大会における授業実践は、単元「中国・四国地方」の最終時限として、「四国新幹線の開通によって、中国・四国地方の産業は発展するだろうか」という学習主題に対して、「発展する」または「発展しない」という判断を促す展開となった[6]。

表6-1　大谷教諭の「日本の諸地域」実施計画

教科書の掲載順序	実践 (計画含む) の順序
1　九州地方	1　九州地方
2　中国・四国地方	2　中部地方
3　近畿地方	3　関東地方
4　中部地方	4　中国・四国地方
5　関東地方	5　近畿地方
6　東北地方	6　東北地方
7　北海道地方	7　北海道地方

出典：筆者作成

②カリキュラム・メイキングにおける要素

質問紙回答を通して得られた大谷教諭の発言を**表6-2**に整理し、重要と思われる箇所に下線を施した。要点として、修学旅行や登下校時の経験から地理に対する学習意欲を高めたいこと、全国大会に向けて単元を計画したいこと、附属学校教員として地域の先生方と連携したいこと、新学習指導要領の地理的な見方・考え方を働かせた授業をしたいこと、親学問 (地理学) からの教材研究も必要であること、等々が挙げられる。

大谷先生のカリキュラム・メイキングの特徴 (**図6-2**) として次の3点を指摘できる。1つ目は、地理のディシプリンに関する文脈を意識して、地理の

第6章 社会系教科カリキュラムの理論研究の最前線　79

表6-2　大谷教諭のカリキュラム・メイキングの3要素

	①生徒の経験	②教師の選択	③学校地理
	子どもの生活・地理的経験や関心に関わる発言	自身の目的・教科観に関わる発言	教えられるべき知識に関わる発言
質問への回答	修学旅行を生徒の学習への関心・意欲を高めることにつなげたい、旅行での経験や学びを授業に活かしたいという考えから、今年度は修学旅行（東京方面）に行く10月に「関東地方」の単元の学習ができるよう年間計画を立てた。旅行前の授業ではこの単元の学習が旅行に活かされ、旅行での経験が学習に活かされるようにという話をした。 単元「中国・四国地方」において、交通網の整備による観光業の変化での学習では、学校が所在する地域であり、様子を目にすることも多い徳島駅前の事例を提示し（交通機関を利用し登下校し、駅前に通塾する生徒が多いという本校の実態から）、「徳島駅前にホテルが増えているにもかかわらず、徳島県は宿泊客数全国最下位なのはなぜか」という学習課題を設定したり、徳島駅前の商店街の様子から、ストロー現象とは何かを捉える学習を行ったりした。生徒の経験を思い出させ、それが課題解決につながるよう意図した。	2年生すべてのクラスを担当しているので、単元配列については自由に決定することができた。全国大会の授業前に研究授業を行うことが決定していたので、以前から自分がやってみたかった単元や学習内容を研究授業の日程に合わせたり、加えて全国大会までに生徒の学び方などのスキル面を、いつ・何を・どのように鍛えるのかということも意識したりして、それぞれの単元を学習する時期を決定した。附属学校の使命、「地域との連携」という観点から、附属学校での授業実践や研究が、地域の学校と共有し、地域の学校でも実践していただけるよう、ワークシートを他校の先生と共有し互いに授業実践を行ったり、学校長に依頼していただき、他校の教諭に授業を実践していただいたり、他校に伺い授業実践させていただいたりし、研究に役立てた。	改訂された学習指導要領における、地理的な見方・考え方を単元や各授業の中で、どのように働かせるのか、具体的な場面やその場面での教師の手立てを考え、授業や生徒におろせるように配慮した。（見方・考え方については附属中学校における研究主題にも関わるため）今回の授業実践で、指導助言者が、菊地俊夫編『世界地誌シリーズ1：日本』朝倉書店、2011年の記述を紹介してくださり、文中で地理学者が述べている、中部地方の地域性＝「回廊性」を知ることができた。このことから、親学問の知見に触れることは、題材の捉えを広げ、教材研究を深いものにし、授業における切り口の発見やヒントにもなることが分かった。
要点	修学旅行や登下校時の経験から地理に対する学習意欲を高めたい	全国大会に向けて単元を計画したい。附属学校教員として地域の先生方と連携したい。	新学習指導要領の地理的な見方・考え方を働かせた授業をしたい。親学問（地理学）からの教材研究も必要である。

出典：筆者作成

固有性を意図したカリキュラム・メイキングとなっている点である。新学習指導要領のなかでも「地理的な見方・考え方」を意識していることや、親学問（地理学）からの教材研究の有効性を語っていることから、それがうかがえ

る。2つ目に、附属学校に通学する生徒の環境を活かそうとする要素が大きい点がある。東京への修学旅行や、徳島駅を経由する通学環境を、生徒の地理的な経験として活用することを明確にねらっていることが、発言から読み取れる。3つ目は、全国大会および附属学校における研究テーマの強い影響を受けている点がある。発言のなかに、全国大会を意識した単元計画、附属学校の使命の意識が見出される。

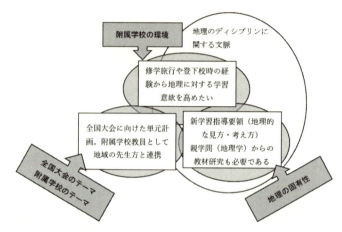

図 6-2　大谷教諭のカリキュラム・メイキングにおける要素
出典：筆者作成

(3) **坂東教諭のカリキュラム・メイキング**

①世界の諸地域の単元計画と全国大会公開授業の要旨

　坂東教諭は 2018 年度に第 1 学年を担当し、地理的分野の「世界の諸地域」のうち、単元「ヨーロッパ州」の授業を 11 月の全国大会で公開することとなった。よって、教科書の掲載順序からヨーロッパ州を後ろ倒しにする必要があった。**表 6-3** に示すように、ヨーロッパ州の移設に加えて、北アメリカ州と南アメリカ州の順序を入れ替えていることが特色となっている。そして、全国大会における授業実践は、単元「ヨーロッパ州」の最終時限として、「イギリスの EU 離脱後も、EU は 1 つの国として統合を目指すべきか。EU 大統領の立場で考えよう」という学習主題に対して、「目指すべきだ」または「目指す

表 6-3　坂東教諭の「世界の諸地域」実施計画

教科書の掲載順序	実践 (計画含む) の順序
1　アジア州	1　アジア州
2　ヨーロッパ州	2　アフリカ州
3　アフリカ州	3　南アメリカ州
4　北アメリカ州	4　北アメリカ州
5　南アメリカ州	5　ヨーロッパ州
6　オセアニア州	6　オセアニア州

出典：筆者作成

べきではない」という判断を促す展開となった[7]。

　④カリキュラム・メイキングにおける要素

　坂東教諭からは質問紙回答のほか、追加の補足説明への回答を得た。それらの発言を**表 6-4** に整理し、重要と思われる箇所に下線を施した。要点として、生徒にとって身近な地域を最初に学ぶことで、地誌学習の流れをつかみ、経験を増やしていくこと、中学 1 年生では教師が資料提示を行うほうが効果的であること、新学習指導要領に向けて主体的・対話的で深い学びを促すべきであること、全国大会の公開授業では EU とアメリカ合衆国の比較を行うために、教材研究としてジャーナリストや経済学者から得た知見が有効であったこと、等々が挙げられる。坂東教諭のカリキュラム・メイキングの特徴は 3 つある (**図 6-3**)。1 つ目は、地理のディシプリンを超え、汎用性のある文脈でのカリキュラム・メイキングとなっている点である。その例として、新学習指導要領のなかでも「主体的・対話的で深い学び」に関心を有していることや、地理学というよりも、政治や経済などの知見を得るために、社会諸科学の教材研究を行っていることが挙げられる。2 つ目は、生徒への配慮という要素が強いことである。地誌学習の流れを理解させたいという発言がそれを象徴している。第 1 学年を対象にしていることや、公立学校の事情も影響しているものと解される。3 つ目は、全国大会の公開授業に向けて、有効な指導法を選択しようとする意識が強い点である。生徒自らが資料を探すことに魅力を感じつつも、教育効果という観点から、教師が資料提示を行うことを選択したことを語っている。

82　第Ⅱ部　社会科教育学の理論研究の最前線

表6-4　坂東教諭のカリキュラム・メイキングの3要素

	①生徒の経験	②教師の選択	③学校地理
	子どもの生活・地理的経験や関心に関わる発言	自身の目的・教科観に関わる発言	教えられるべき知識に関わる発言
質問への回答	アジア州は地域ごとに気候や産業、文化が多様で地域認識が難しい地域ですが、世界の諸地域の導入には一番適していると思います。生徒にとって身近なアジア州を最初に取り扱うことで、自然環境→歴史・文化→農業→産業→まとめ（概念化）という静態地誌の流れが理解しやすいことが第一。生徒の経験値を増やしていくことで、汎用性のある概念的知識が増えているように思います。それを教師が意図的に単元の中で、そして年間のカリキュラムの中でマネジメントしていくことが大切だと思います。	基本的に提示資料は教師が集めたものに限りました。生徒自らが資料を探してくることも考えましたが、中学1年生という発達段階や世界地誌という遠い地域を扱う単元だということから断念しました。地理的な見方・考え方（「空間的相互依存関係」や「人間と自然環境との相互依存関係」など）を働かせた授業を行う上でも、資料が多岐にわたるより、教師が提示する方が効果的だと考えています。	新学習指導要領で、「主体的・対話的で深い学び」が言われているので、主体的…「本時の学習課題」、「単元を貫く問い」を課題解決型学習になるようにする、対話的…ペア・4人班・ジグソー学習などを取り入れた、深い学び…「単元を貫く問い」の答えが深い学びになっていると考えている。授業作りに役立てた文献は、すべて池上彰でした。正直驚きました。（授業では）EUとアメリカの比較というのがうりだったのでアメリカの文献を探していて、上記の文献は、かなり読みやすかったです。知見を得たものとしては、浜矩子『EU消滅　ドイツが世界を滅ぼすか？』（朝日新聞出版　2015年）。EUをプラスのものと捉えていた認識がそうでもないんだなと知る文献でした。
要点	生徒にとって身近な地域を最初に学び、地誌学習の流れを理解させることが大事である。経験値を増やしながら概念的知識を増やすようにカリキュラムマネジメントするべき。	中学1年生の世界地誌では、教師が資料提示を行うほうが効果的である。	新学習指導要領の主体的・対話的で深い学びを促すべき。ジャーナリストや経済学者から得た知見が有効であった。

出典：筆者作成

3　カリキュラム主張力のある教師

(1)　授業実践へと結実するためのカリキュラム・メイキング

　本章で取り上げて考察した2名の教師は、全国大会における公開授業者という立場になり、約1年半の準備期間にわたって、自身の授業実践を断続的に主張しなければならなかった。大会で公開される授業はわずか1時限（50

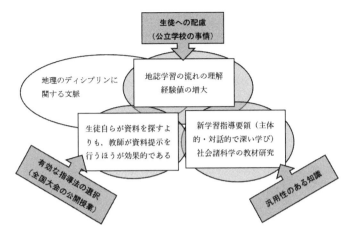

図 6-3　坂東教諭のカリキュラム・メイキングにおける要素
出典：筆者作成

分)に過ぎないが、それへと結実するためには年間計画から自律的に立案せざるを得なかったわけである。筆者はそこにカリキュラム・メーカーとしての教師の姿を垣間見たのである。

　両者の違いは多々あろうが、地理文脈を重視した大谷実践、汎用的な文脈を重視した坂東実践という点が対照的であろう。この違いは、価値判断の内実にも影響している。四国新幹線のルートおよび本州との移動などから、その効用について評価させようとする前者と、政治的・経済的影響を考慮しながら地域統合について規範的に判断させる後者というように。

　カリキュラム・メイキングはそれ自体のためにあるわけでなく、日々の授業実践を擁護するためにある。カリキュラム構成に関わる力量は、豊富な授業実践の源泉となり得る。日々の授業実践に追われる多忙な学校環境にあるが、授業力を磨くだけに終始せず、どのようなカリキュラムであるべきかを問い続ける教師、そしてその実践を許容する学校環境が求められる。筆者はこの学校環境の改善の一助に、研究者が貢献する必要性があると感じている。

⑵　研究の要請

　固定的なカリキュラムではなく、動態的な学校カリキュラムを研究対象と

するためには、研究者と学校教師のパートナーシップが欠かせない。カリキュラム研究は、研究者に加え教師にも恩恵がもたらされるようになるべきである。そのために、研究者はなぜこの研究をしなければならないのかという問いに対して、学術研究上の答えだけでなく、学校教師にとってその意義を理解してもらうことのできるような答えを用意しなければならないだろう。

注・引用文献

1　川口広美「教師が作成したシティズンシップ実践カリキュラム構成とその特質―カリキュラム作成に関するイングランドの教師への調査を手がかりに―」『社会系教科教育学研究』第 22 号、2010 年、pp.141-150。

2　人間の幸福の度合いは、物質や生産性だけで計れるものではなく、教育をはじめとするあらゆる機会にアクセスできるか否かにかかっているという主張である。ランバートは、それと結ぶ形で、英国の知識社会学者 Michael Young（ロンドン大学）の説く「力強い学問的知識（PDK：Powerful Disciplinary Knowledge）」を援用し、地理教育は PDK を保証することによってこそ、人間のケイパビリティー（潜在能力）に貢献できると論じている。詳細は下掲 (3) の文献を参照。

3　Lambert,D., Subject teachers in knowledge-led schools, in Young,M.and Lambert, D. (eds) *Knowledge and the Future School curriculum and social justice*, Bloomsbury, 2014,p.181.

4　佐々木拓也『カリキュラム・メーカーとしての地理教師―英国ナショナル・カリキュラム下における教師の自律性―』広島大学大学院修士論文、2016 年、p.64。

5　光山明典「地理的分野研究提案：未来を拓く力を育てる社会科学習―目標・指導・評価を一体化させた社会認識力・判断力の育成―」徳島大会編集部編『第 51 回全国中学校社会科教育研究大会・第 42 回四国社会科教育研究大会（中学校の部）徳島大会』2018 年 11 月 8 日・9 日、pp.25-30。

6　大谷啓子「地理的分野学習指導案（公開授業Ⅱ）」同上書、pp.37-44。なお、大谷教諭の実践の詳細については、本書の第 14 章第 2 節を参照。

7　坂東重樹「地理的分野学習指導案（公開授業Ⅰ）」同上書、pp.31-36。

（鳴門教育大学大学院　伊藤 直之）

第7章　社会系教科における学習評価の理論と実践

1　はじめに

　平成29年3月に学習指導要領が改訂された。今回、「何ができるようになるか」といった資質・能力の観点から整理されたことにより、これまで以上に学習評価の充実が求められている。

　この改訂に合わせ、教育課程部会による社会科、地理歴史科、公民科における資質・能力の整理が行われた[1]。校種の段階や分野・科目の特質を踏まえた「見方・考え方」が整理されたことにより、社会科、地理歴史科、公民科の学習においても、「単元などの内容や時間のまとまりを見通した「問い」を設定し、「社会的な見方・考え方」を働かせることで、社会的事象等の意味や意義、特色や相互の関連等を考察したり、社会に見られる課題を把握してその解決に向けて構想したりする学習を一層充実させる」ことが目指される。

　では、そこではどのような学習評価が考えられるのだろうか。

2　教科の本質を踏まえた学習評価の考え方

　単元などの内容、時間のまとまりを見通すためには、最終的なゴール、つまり、生徒に身に付けたい力の全体像を把握することが重要となる。社会科は、複合的かつ総合的な力の育成が目指されているため、その学力については様々な議論があるが、概括すれば、社会認識形成を行う教科といえる。その前提に立てば、学習評価でとらえようとする生徒に身に付けたい力は、授業を通して生徒が形成することが想定される社会認識の総体として捉えるこ

とができる[2]。**図7-1**は、これらの関係を整理したものである。

図7-1は、授業によって生徒に「形成される社会認識」である。下から、個々の「事象・事例」、社会に対する「見方・考え方」、それらに対する「選択・判断」の大きく三つの層で構成される[3]。「形成される社会認識」は、学習課題（単元を通じて、(生徒は)何を考えるのか？）の設定、どんな知識・技能の習得、思考・判断・表現の場が必要なのかの想定を経て設定される。この設定された「形成される社会認識」を基準としながら、学習活動の計画を立てる。授業における学習評価は、この「形成される社会認識」とのずれの修正、再検討を繰り返しながら行われる。

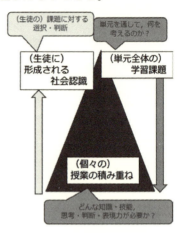

図7-1　形成される社会認識と学習課題
出典：筆者作成。

3　学習評価の実際

ここでは、2018年度の鳴門教育大学大学院の授業「教育実践フィールド研究」で、大学院生と筆者が開発・実践した授業を取り上げる。特に、学習評価の場面、つまり、生徒の学習状況を評価する際、何を根拠とし、判断したのかについての学生と筆者の考察過程を示す。以下、実践で使用したワークシートとその解釈をもとに示していこう[4]。

(1)　取り上げる単元の実際

○単元名：小単元「憲法草案の選択と国の成立」[5]

○単元目標

・憲法は国の構造を決定するものという憲法の概念について理解することができる。（知識・技能）

第 7 章　社会系教科における学習評価の理論と実践　87

・4 つの憲法草案についての考察を踏まえ、自分自身の考えに基づいて、望ましい憲法草案を選択・判断することができる。(思考・判断・表現)
・憲法と国の在り方について、興味・関心を持ち、国家・社会の形成者としての自覚を持つことができる。(態度)

　以下、**表 7-1** は小単元「憲法草案の選択と国の成立」の構成、**図 7-2** は「形成される社会認識」を整理したものである。小単元の場面と形成される社会認識の対応は①〜④で示している。

表 7-1　小単元「憲法草案の選択と国の成立」の構成

次	学習内容
1	架空の国「マシクート国」の概要を理解し、当該国の国民の立場から、望ましい憲法草案を選択する。(直感的な選択・判断　②)
2	憲法草案を選択した際のメリット・デメリットを分析し、4 つの憲法草案に代表される国の在り方についての考え方(王権国家、資本主義国家、共産主義国家、福祉国家)の違いを理解する。(事象・事例の考察　①②)
3	模擬投票を通して、再度、憲法草案を選択する。(論理的な選択・判断　①②③)
4	第 3 次の投票の結果を踏まえた憲法と国家の構造の関係についての理解を踏まえ、憲法と国家の関係について自分なりに説明する。(見方・考え方の習得　①②③④)

出典：筆者作成。①〜④は図 7-2 の番号に対応している。

　本単元は、4 つの憲法草案(立憲王政党、立憲自由党、労働党、国民共生党)の比較及び模擬投票による選択・判断の体験を通して、憲法とは国の構造を示すものであるという「見方・考え方」を習得させることを目的としている。まず、第 1 次で、架空の国マシクート国の憲法を投票により決定するという学習課題を示し、憲法草案とマシクート国の概要を把握させる (②)。
　次に、第 2 次で、憲法草案のメリット・デメリットの比較を通し、4 つの憲法草案の特質を理解させ (①②)、第 3 次の模擬投票で行う「選択・判断」につなげる (①②③)。最後に、第 1 〜 3 次までの活動の意味を振り返り、憲法と国家の関係についての「見方・考え方」の習得をさせる (①②③④)。
　以下、授業を進めていく際の「形成的評価」と授業の有効性に関わる「総括的評価」における実践者の学習評価に関わる考察を見ていこう。

88　第Ⅱ部　社会科教育学の理論研究の最前線

【見方・考え方】

④憲法とは、政府が国民に保障すべき価値や権利を示したものであり、当該国家の在り方・構造が明記されているものである。

③-1. 憲法は、国民の投票によって決定し、政府がその理念を実現する	③-2. 憲法は、立場によって解釈が異なる。	③-3. 投票の機会は、4つの原則（普通、秘密、直接、平等）で保障されている

【選択・判断】

②-1. 立憲王政党	②-2. 立憲自由党	②-3. 労働党	②-4. 国民共生党

【事象・事例】

①-1. 立憲王政党の憲法草案	①-2. 立憲自由党の憲法草案	①-3. 労働党の憲法草案	①-4. 国民共生党の憲法草案
主権：国王 人権保障：すべての基本的人権を国王が保障 統治機構：選挙による二院制 政府の役割：国王の補佐	主権：納税者 人権保障：個人として尊重される 統治機構：納税者の代表による一院制 政府の役割：小さな政府	主権：労働者 人権保障：平等の権利と労働の義務 統治機構：労働者の代表による一院制議会 政府の役割：中央政府の作成した計画の実行	主権：すべての国民 人権保障：すべての国民に健康で文化的な最低限の生活を保障 統治機構：18歳以上の国民が選択した代表による三院制 政府の役割：大きな政府

図7-2　小単元「憲法草案の選択と国の成立」で形成される社会認識

出典：筆者作成。

⑵　学習評価の実際

（1）形成的評価

①第1次：直感的な「選択・判断」

第1次では、マシクート国の概要と4つの憲法草案を巡る（模擬）討論会を踏まえ、生徒に直感的な「選択・判断」と現時点での理由をに記入させ、回収した（**ワークシート1**）。

全体としては、「国民共生党」を支持する生徒が多い状況であった。理由としては「国民主権で、大きな政府だから」や「主権が国民だし、支援して

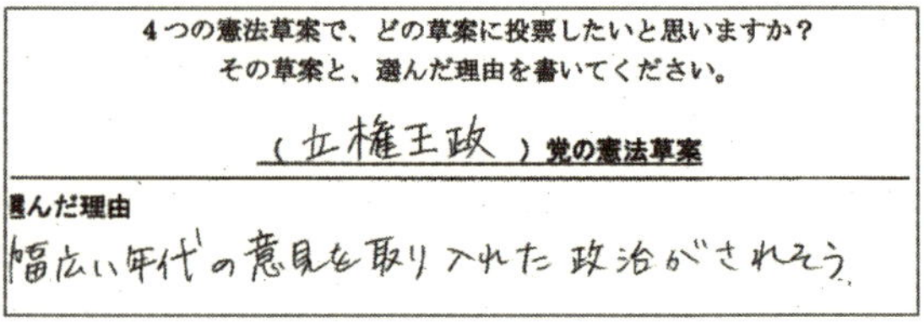

4つの憲法草案で、どの草案に投票したいと思いますか？
その草案と、選んだ理由を書いてください。

〈　立憲王政　〉党の憲法草案

選んだ理由
幅広い年代の意見を取り入れた政治がされそう。

ワークシート1. 生徒Aの場合

くれるなら少しぐらい税金が高くなってもよい」が挙げられており、現行の
日本国憲法に近く、生徒にとってなじみがあることが、支持が集まった理由
と推察される。一方、「立憲自由党」や「立憲王政党」の選択理由は、討論会の
中での雰囲気で選択した生徒（「楽しそう」）や「幅広い年代の意見を取り入れ
た政治がされそう」（生徒A）のように印象を理由として挙げている生徒が多
く見られた。選択しなかった生徒も、憲法草案の問題点を挙げることで、「選
択できない理由」を記入するも、「白票」と記入するといったものであり、第
1次だけでは、選択できないと判断した結果と考えられた。

　以上のことから、生徒に第1次でねらいとしていた「選択・判断」は達成
されたが、その選択の理由が、「国民共生党」以外については、「直感的なもの」
にとどまっていることが示唆された。そこで、憲法草案の特質についての調
べ学習により、「事象・事例」についての知識（①-1〜4）の補強を行うことと
した。これにより、「国民共生党」以外の憲法草案のメリット・デメリットに
ついての情報も集めることができるよう配慮した。第2次では、調べ学習
の成果を踏まえつつ、多くの生徒が選択した「国民共生党」を核にしながら、
他の政党の憲法草案の特質を把握させることとした[6]。

　②第2次：「事象・事例」の把握
　第2次では調べ学習をもとに、グループで担当の憲法草案のメリット・デ
メリットの整理を行い、全体に共有した。主権、人権保障、統治機構、政府
の役割に着目させ、比較させることで第1次で不十分であった「国民共生党」
以外の憲法草案についての理解を深めた。さらに、「得すること」、「損するこ
と」の側面からキャッチフレーズを書かせることで、同じ憲法でも、着眼点
によって解釈が異なることに気づくよう、配慮した。生徒の記述（**ワークシー
ト2**）を見ると、第1次で課題となっていた「立憲王政党」や「労働党」につい
ても憲法草案の特質を踏まえたまとめとなっており、「事象・事例」である憲
法草案について論理的な理解が成されていることがうかがえた。また、憲法
草案のキャッチフレーズとして、「王族が強大な権力を握ることのできる国
王中心の国（立憲王政党）」、「失業者が主権を持てない恐れのある納税者に得

★他のグループの発表を聞いて、下の表を完成させよう。

		立憲王政党	立憲自由党	労働党	国民共生党
得すること	誰が	王族	納税者	さぼる労働者	社会的弱者
	理由	主権が国王にある	主権をにぎっている 選挙権をもっている	賃金が一定だから働きが悪くても賃金ももらえる。	医療費の無償化 累進課税制度
損すること	誰が	王族	失業者	労働者	高所得者
	理由	王族がすべてのお金を負担。	「小さな政府」のため保護をうけられない	賃金が一定なので、労働者のがんばりが反映されない。	高い税金を徴収される。

ワークシート2. 生徒Aの場合

な国（立憲自由党）など損・得のいずれかに着目したキャッチフレーズが見られた。例えば、生徒Aは、「すべての労働者が貧富の差がなく暮らせる平等な国」というキャッチフレーズ（**ワークシート3**）を出しつつ、他の生徒のキャッチフレーズとの違いから、「憲法は、立場によって解釈が異なる（③-2）」ということを理解できていると判断した。

★1人で、班で担当した政党の憲法草案のキャッチフレーズを考えよう。

> キャッチフレーズは、各自の担当ごとの型に当てはまるようにしてください。（少し変わってもOK！）
> 得すること担当の班の人は、「〇〇が〇〇できる〇〇な国」
> 損すること担当の班の人は、「〇〇が〇〇する恐れのある〇〇な国」

すべての労働者が貧富の差がなく暮らせる平等な国

仕事を頑張らない労働者でも意見を強く言うことのできる理不尽な国

★まとめ

憲法は立場によって見方が変わる。

ワークシート3. 生徒Aの場合

③第3次：論理的な「選択・判断」

第3次では、T県選挙管理委員会に依頼し、4つの憲法草案の選択・判断を模擬投票の形式で行った。実際の投票で使う機材を使用することで、個々の生徒が、一人一票ずつの平等選挙、投票箱に各自が入れる直接投票、投票結果を他者に見せない秘密投票、当該授業を受けている生徒全員に投票機会を与える普通選挙[7]の場を設定した。投票後の生徒のアンケートでは、「大人になった気分」、「初めての投票で投票用紙に政党の(名前を)書くのはとてもおもしろかった」といった記述もあり、有権者として扱われることでの気づきが大きかったことがうかがえる。これにより、「③-3.投票の機会は、4つの原則(普通、秘密、直接、平等)で保障されている」ことを理解できたと判断できる。例えば、生徒Aは王政党を選択しているが、第1次では触れていない選挙権や税金、大学の無償化など他の憲法草案との比較が挙げられており、より論理的な選択・判断を行ったことがうかがえる。

④第4次：「見方・考え方」の習得

第3次では、投票結果から、マシクート国の憲法草案として「国民共生党」の案に決定したことを説明した。その上で国民共生党の憲法草案の問題点の整理を行った。生徒Aは次のようにまとめている(**ワークシート4**)。

Q1.憲法草案の問題点を指摘しよう。

(1) 問題が生じる可能性がある箇所を書き出し、起こりうる問題を指摘しよう。

問題のある箇所	起こりうる問題
三院制議会	物事の決定に時間がかかる
累進課税制度	税金が高い 高所得者が損をするため払わなくなる
高い消費税	高い消費税が低所得者を苦しめる

ワークシート4. 生徒Aの場合

92　第Ⅱ部　社会科教育学の理論研究の最前線

投票によって選ばれた憲法草案が実現した際の問題点をまとめることで「③-1. 憲法は、国民の投票によって決定し、政府がその理念を実現する」という見方・考え方を理解したことがうかがえる。この後、実際の憲法についての検討を通して、「④憲法とは、政府が国民に保障すべき価値や権利を示したものであり、当該国家の在り方・構造を決定するものである」という見方・考え方の理解へとつなげた。実践者は第４次に至るまでに、「事象・事例」、「選択・判断」、「見方・考え方」と段階を追って状況を見取り、結果に合わせて、授業での事例や提示する情報の選択をおこなった。見通しを踏まえた段階的な評価により、生徒の確かな知識・理解に裏付けられた考察が可能となったといえる。

(2) 総括的評価

では、本授業では学力は確かに保障されたのだろうか。最後の問い「4時間の授業を通して、憲法と国の関係について考えたことを書こう」に対する生徒 128 人の回答から学習の到達度に対する実践者の判断を見てみよう。

表 7-2　学習到達度の評価のための評価規準

評価 5	憲法と国の関係について考え、関心・意欲を持ち、前時までの内容を踏まえた記述が出来ている。
評価 4	憲法と国の関係について考え、関心・意欲を持った記述が出来ている。
評価 3	憲法と国の関係について記述している。
評価 2	憲法と国の関係についての記述が不十分である。
評価 1	回答できていないか、読めるような字で書けていない。

出典：長尾ほか (2019) より授業者の判断基準を筆者が整理したものである。

評価規準となる項目が５つ挙げられている (**表 7-2**)。「回答しているか」「読める字で記述しているか」は、表現力に関わるものであり、「憲法と国の関係について記述があるか」「関心・意欲に関する記述があるか」「前時までの学習内容に関する記述があるか」については、本単元の全体に関わるものである。

例えば生徒 A (**ワークシート 5**) は評価 4 に位置づく。生徒 A は、憲法と国の関係について理解した上で、憲法について関心を持つ記述は述べているが、

第7章　社会系教科における学習評価の理論と実践　93

> 憲法はその国の根本となるものなので、慎重に考えなければいけないとわかった。だから、憲法改正の手続きはあれほど順序が複雑なのだとわかった。今の日本の憲法は戦後から変わっていないから、ちょっと古いのではないかと思う。

ワークシート5.　生徒Aの場合

前時までの学習内容に関する記述を欠いているからである。「設問に対する回答から到達度を分析した結果、憲法と国の関係について理解していると考えられる生徒の割合は、約8割であった。よって、本授業実践が目指す知識・概念であった憲法について、概ね理解しているといえる。また、憲法と国の関係について理解した上で、投票などの社会参画に対する関心・意欲を示す生徒も見られた。一方、授業に対する感想にとどまっている回答があったことから、本授業実践で目指す知識・概念である憲法の認識が不十分だった生徒もいた。総じて、本授業実践の目標は達成できたといえる[8]と実践者は本単元を評価している。

4　社会系教科における学習評価

　社会的事象に対する考察・構想のためには、知識・理解、思考・判断・表現、（社会に対する）態度など様々な側面を総合的に働かせる必要があるが、これを1つの資質・能力と捉え、学習状況を判断することは難しい。本論では、「形成される社会認識」を基準に、単元を構成する場面ごとに「事象・事例」や「選択・判断」、「見方・考え方」のどの点が重視されるのかを意識することで、一面的であるがこれを捉え、生徒の学習状況をつかむ過程を提示した。

　単元のゴールを見据えながら、目の前の課題を明確にし、1つ1つ解決していくことが、学習評価を行う上で重要である。

94 第Ⅱ部 社会科教育学の理論研究の最前線

注・引用文献

1 教育課程部会「社会・地理歴史・公民ワーキンググループにおける審議のとりまとめ（平成 28 年 8 月 26 日）」の資料 7
（http://www.mext.go.jp/b_menu/shingi/chukyo/chukyo3/071/sonota/1377052.htm）。
2 井上奈穂『社会系教科における評価のためのツ - ル作成の論理 - 授業者のための評価法作成方略 -』明治図書、2015 年、pp.26-27。
3 井上、2015 年、pp.26-27。
4 ワークシートやテストは、学習評価の根拠であると同時に、授業実践を円滑に進めるためのツールとしての一面も持つことが多い。
5 長尾亮太ほか「中学校社会科における体験的な活動を通した授業の構想と展開 - 中学校第 3 学年「憲法草案の選択と国の成立」の場合」鳴門教育大学授業実践研究、第 18 号、2019.3。
6 表7-3 直感的な「選択・判断」の結果（票）

	立憲王政党	立憲自由党	労働党	共生党	その他
1回目（直感）	15	24	5	94	3
2回目（論理）	13	27	7	91	4

（2017 年 12 月 N 中学校特別教室にて実施。1 回目 141 名、2 回目 142 名）
出典：筆者作成。

7 機材等の関係で、欠席者 9 名に対し、不在者投票を実施することはできなかった。
8 長尾ほか前掲書。

（鳴門教育大学大学院　井上 奈穂）

第III部

理論と実践の往還による融合・統合を
意図した社会科教育学研究

第8章 水問題を巡り「として語る」戦略的他者表象による NIESD の理論とカリキュラム試案
——「物語り」を活用した「NIE」と「ESD」の融合——

1 ESD 授業づくりの課題：「何を」、「どのように」教えるかの明確化

ESD 授業づくりでは、「何を」、「どのように」教えるか不明確だったが、二井 (2011) や桑原 (2011) により明確になってきた。二井は、ESD で修得すべきミニマムな概念群・技能群を抽出し、指導での内容群と方法群に位置づけて作成したマトリックス図をチェックシートにして、「より ESD 的な」授業へ改善する提案をした。だが、抽出した概念群や技能群の当否のさらなる検討と、抽出した概念群から教育内容を如何に設定するかの具体的な手立てが必要である。桑原 (2011) は、「自然的条件から、社会的条件 (構造やシステム) を加味したものへ、そして、それらを調整する価値基準の探求へという」内容構成原理と、「開かれた価値観・態度形成の授業構成を基本とし、意思決定に関与できない将来の世代の存在に気付かせ、その人々の利害と自らの利害を調整する価値を見出させるよう構成される」授業構成原理を提案した。だが、現場では内容構成以前に、どんな内容が ESD に適うかに困惑を感じている。「将来の世代の存在に気付かせ、その人々の利害と自らの利害を調整する価値を見出させる」ための効果的な手立ても考えたい。伊藤 (2016) は、「何を」、「どのように」教えるかを考察し、以下のことを明らかにした。

「何を」教えるかでは、ESD と正対した問い「私たちと次の世代の生命と暮らしの持続可能性を妨げる課題にどんなものがあるか」を解けば、教えるべきことが明確になる (**表 8-1**)。だが、表 8-1 から内容構成する際、ESD 授業への永田 (2006) の問題提起 (① ESD が標榜する環境、開発、人権、ジェンダー、国際理解、多文化共生等の諸領域すべての取組は、10 年かけても至難の業という悲

観論がある。②悲観論の反論に、先の諸領域の一つを選び「持続可能な開発」の視点を強調した実践がある。③反論は、環境教育や開発教育とESDとの違いが分からず、「持続可能な開発」の視点を強調する付け焼き刃的対応で、持続可能な社会をどう本気で創成するかという問題が残る。）に応える必要がある。現実的対応の②が付け焼き刃なら、曙光はあるのか。表8-1「環境」の「天然資源・エネルギー」の「水」に着目すれば、諸領域が自ずと組み合わされ、付け焼き刃的対応に陥らない。水問題の教材化は、「社会・文化」、「環境」、「経済」の相互関連性から社会事象を認識させられる上に、それらの視点が連関し相互に影響する包括的な見方の育成も可能である。

　「どのように」教えるかでは、次のことを述べた。ESD授業は、社会の在り方や我々の生き方を問い、傍観者でなく当該問題に関わる様々な当事者の立場に立ち、「環境で考える」、「経済で考える」、「文化で考える」、「社会で考える」と多面・多角的に「持続可能な社会」を考えた上での意志決定が求められる。だが、当事者でないと分からない体験の特権化問題がある。全ての人が

表8-1　「私たちと次の世代の生命と暮らしの持続可能性を妨げる課題にどんなものがあるか」に関わる課題

領域	課題
社会・文化	【人権】人種や民族・性・障害等をめぐる差別や偏見の解消、いじめ・虐待等の防止とケア 【平和】戦争やテロの防止、核兵器・地雷・不発弾等の除去、海洋の安全 【文化】異文化理解推進、歴史的遺産や文化等の多様性と伝承・継承 【健康】HIV・エイズをはじめとしたグローバルな感染症等の病気の予防・治癒と食や薬の安全 【統治】民主的で誰もが参加可能な社会制度の実現、公正な権利と収益の保障 【犯罪】地域や学校・家庭で起こる犯罪や非行・いじめ・虐待等の防止とケア 【情報】学校や家庭を超えた個人情報の漏洩、ネット犯罪、情報操作や扇動、情報格差の解消
環境	【天然資源・エネルギー】水・石油・原子力・レアメタル等の資源・エネルギーの維持、漁業資源の維持と生物多様性の保持、森林破壊防止と生物多様性の保持 【農業】持続可能な農業の実現 【環境】地球温暖化等の地球環境破壊の防止と回復、森林破壊防止、海洋汚染の防止 【農村開発】持続可能な農村生活の実現　　　　【都市】持続可能な都市生活の実現 【災害】多発する風水害等の様々な自然災害の防止と緩和
経済	【貧困削減】途上国・先進国間、各国における経済格差や貧困の克服 【企業の社会的責任・説明責任】企業の社会的責任・説明責任の促進 【市場経済】公正な市場経済の実現

出典：伊藤（2016）

当事者になれないが、当事者性なら持てる。社会科は擬似的参加も扱う。様々な立場に立つことを、様々な立場の当事者性をもつと捉える。桑原 (2011) は、議論に参加しない将来世代に配慮した意思決定のプロセスを経た価値観形成をしなければならないことを、ESD と係わる社会科授業理論で考慮されない点として挙げる。当事者性の着目は、ESD の特性からも意味がある。議論に参加しない、いや出来ない将来世代を配慮する手立てに、物語論を援用した当事者性に高める「として語る」戦略的他者表象を提案した。

2　SDGs 時代の ESD の展開と水問題

2015 年、国連総会で 2030 年を目途に全ての国が取り組むものとされる持続可能な開発目標 (SDGs)[1] が採択された。環境行政に携わった塚本 (2018) は、持続可能な開発概念の変遷を検討し、SDGs がもたらす意味を 5 点挙げる。

①　国連の専門家主導で策定したミレニアム開発目標 (MDGs) に比べ、SDGs は、加盟 193 カ国の 3 年余に及ぶ政府間交渉に加え、NGO や民間企業、市民等の議論への参加があり、各国が SDGs へのオーナー意識を持てる。

②　先進国対途上国という二元論から脱し、途上国、BRICSs、先進国を問わず、全ての発展レベルの国にとって理想の社会づくりの目標となり得る。

③　目標は独立でなく、相互に密接不可分という理解の深化をもたらす。

④　SDGs は地域コミュニテイの基本計画を見直す絶好の機会を提供し、ローカライザーションの動きが出て来る。

⑤　環境保全は配慮事項でなく、持続可能な経済と社会を実現するためのエンジンの一つとして位置づけられる。

①の各国の SDGs へのオーナー意識醸成は、人々の SDGs へのオーナー意識が問われる。人々の SDGs への当事者性を高めたい。②の二元論は、「共通だが差異のある責任 (Common but Differentiated Responsibility：CBDR)」というリオ地球サミットの規定による先進国と途上国の地球環境保全の責任分担論に起因する (塚本 2018)。リオ地球サミット以降、途上国と一括りに出来ない中国等が登場し、二元論は立ち居かない。SDGs は、発展レベルに関係

なく理想的な社会づくりに必要な要素をカバーする（塚本 2018）。③と関わり、SDGs 時代の社会科教育の課題を検討した長岡（2017）も、「SDGs は相互関連性をわれわれに意識させ、関係する目標とつなげて統合的な解決を探るよう要請されている」と述べる。17 の目標は表 8-1 とも対応する。17 の目標をターゲットにして、表 8-1 と対比しながら「目標は独立でなく、相互に密接不可分という理解」を深めるような授業をしたい。SDGs により「何を」「どのように」教えるかが、より明確になった。④は、伊藤（2017）の「社会に開かれた教育課程」を踏まえた地域にねざした○○地域型 ESD の提唱と通底する。今後は、ESD のローカライゼーションも考えたい。従来からの「相互依存の関係にある経済環境、社会開発、環境保全の各々がバランスよく位置づき、世代内、世代間の公平さを実現している社会」（松岡 2018）という持続可能な社会像を持つ者は、⑤は異論もあろう。だが、「環境保全は配慮事項でなく、持続可能な経済と社会を実現するためのエンジンの一つ」であるとの視点から、持続可能な社会像を拡張・豊饒化する作業が必要かもしれない。

　SDGs がもたらす意味を踏まえた授業でも、水問題は効果がある。世界銀行副総裁イスマイル・セラゲルディン（Ismail Serageldin）は、「20 世紀は石油をめぐる戦争の時代だったが、21 世紀は水をめぐる戦争の時代になるだろう」[2]と述べた。水は絶え間なく循環する故に、「水資源の量を問題にする際には『時間的要素』を加える必要」（岩淵 1996）がある。これは、従来の社会科授業理論で考慮されないが ESD では必要な、将来世代の利害を評価する価値観形成に関わる（桑原 2011）。水問題との正対は、世代間公平の仕組みづくりを考えることになる。また、MDGs では独立目標ではない水問題が、「すべての人々に水と衛生へのアクセスと持続可能な管理を確保する」と、SDGs では独立した。長岡（2017）は、これを、MDGs と異なり SDGs は社会経済的活動の基盤が危機に瀕するとの認識が共有され、地球のエコシステムへの危機が強く押し出された結果とする。17 の目標中、11.5 の水関連災害、12.4 の化学物質や廃棄物の水への放出等、水問題に関わることは様々ある。SDGs の水と関わる問題は、**表 8-2** に収斂出来る。水問題の教材化は、「目標は独立でなく、相互に密接不可分という理解」の深化に寄与できる。

100　第Ⅲ部　理論と実践の往還による融合・統合を 意図した社会科教育学研究

表 8-2　水をめぐる ESD の諸課題

領域	水問題
社会・文化	【人権、保健・衛生】水不足と食料危機、安全な水へのアクセス 【ジェンダー間の平等】過重労働となる水汲み 【平和と人間の安全保障】国際河川や湖を舞台に繰り広げられる国家間や地域間の水の奪い合い、水不足と食料危機、安全な水へのアクセス 【文化の多様性・文化間理解】水をめぐる歴史的遺産と文化の多様性 【統治】公正な水へのアクセスが可能な社会制度の実現　　　　【犯罪】盗水 【情報】水害、津波、高潮等の水に係わる災害予報に対する災害弱者の解消
環境	【天然資源(水)】産業廃棄物等での海洋や河川・湖沼の汚染、過剰な汲み上げによる地下水枯渇や土壌塩害、水に関わる環境の保全と生物多様性、水に関わる環境の保全と漁業資源の維持 【天然資源(水、エネルギー)】再生可能エネルギーである水力発電 【天然資源(水、農業)】水不足と食料危機、水に関わる環境の保全と水に関わる産業(醸造業や食品製造業等)の維持 【環境】旱魃と豪雨　　　　【農村開発】農業用水の不安定な供給 【持続可能な都市】都市人口急増と水供給インフラの未整備、水供給インフラの老朽化 【自然災害の防除】治水と環境保全の矛盾
経済	【貧困削減】貧困による安全な水へのアクセス不能 【企業の社会的責任・説明責任】水企業の社会的責任・説明責任、電力企業の社会的責任・説明責任 【市場経済】市場経済と水の商品化

出典：伊藤(2016)

3　「物語り」を活用した「NIESD」の構想

　現代の学校教育の課題に、アイデンティティ形成の場の準備がある(伊藤 2010)。我々は、社会・歴史的な文脈を参照してアイデンティティを形成する。その手がかりに新聞がある。新聞を活用し、社会・歴史的な文脈を参照する際、我々自身がマスコミの「向こう側」を想像し、そこに歩み寄り、知り、発言するための公共性を高めるメディア・リテラシー教育を説く板場(2013)に着目する。氏は、マスコミと受信者という閉ざされた関係の外部を意識する初動段階として、我々自身がメディアという認識をもつことの有効性を述べる。閉ざされた関係の外部の問題は、物語論での物語られない物語と物語の語り直しに通底する。また、物語としての新聞という視角もある(津田 2006)。しかも、議論に参加不可能な将来世代を配慮する手立てである当事者性を高める「として語る」手法は、物語論に依拠する。従って、現代の学校教育の課題であるアイデンティティ形成にも貢献し、実のある ESD 展開

は、物語としての新聞という視角からの「として語る」活動が考えられる。

「国連持続可能な開発のための教育の10年国際実施計画（案）」は、【犯罪】と【情報】が抜ける。表8-1は両者を組み込んでいる。SDGsも、【情報】の独立目標はない。筆者は、ESDの豊饒化は情報の視角からもアプローチすべきと考える[3]。そこで、新聞が「物語り」[4]という立場でのNIEでのESD、NIESD（Newspaper in Education for Sustainable Development ＝持続可能な開発のための教育に新聞をと、Narrative in Education for Sustainable Development ＝持続可能な開発のための教育に物語を、とを含意させた筆者の造語）を構想する。ESDに関わる記事の活用や記事作成と学習の振り返りにより、「持続可能な開発のための教育の物語」を紡ぎ出す。メディアの秩序構成の在り方を問う力を育み、「社会的自己物語り」[5]の批判的構築を図る。それは、学習者が記者となり、内外の水問題を取材して記事を書く、「として語る」戦略的他者表象活動によるNIESD授業である。このような授業に、生徒が新聞社の特派員となり、地球を旅し各地の水問題の記事を作成する伊藤（2007）がある。池野（2017）は、伊藤（2007）を次のように述べている。伊藤（2007）は、現代の学校教育の課題であるアイデンティティ形成に応えたものとなっていよう。

> 記事にすることにおいて、学習者のわたしがもう一人のわたしとなって、各地の水危機を理解し、それへの対応を他者と共に、自らの立ち位置を顕わにし、日本のここにいるわたしと、世界のそこやあそこにいるわたしとを作り出し、私が複数化される。それとともに、複数のアイデンティティも作り出している。
>
> この実践は客観的な学習を進めながら、新聞記事を作ることにおいて場所の複数化にともなって、文化と共に、わたしとアイデンティティの複数化を作り出しているのである。

4 水問題を巡り「として語る」戦略的他者表象によるNIESDのカリキュラムの構想

ESDと関わり、水問題を教材化した社会科研究の嚆矢に、愛知県教育セ

ンター (1983) がある。奥住忠久を指導者に、当時としては珍しい環境教育の視点を組み込み、小学校社会科から高等学校現代社会までの水を基軸とした一貫性ある学習の構築を図ったものである。治水、利水、保水、親水の観点から水に係わる事項と他事項との相互関連が図られたカリキュラムが示され、参考になる。前述した伊藤 (2007) は、仮想水や水の商品化という現在問題になっている水問題を既に組み込んだカリキュラムを示している。ただ、「物語り」に基づくが、未だ NIESD を自覚的に実践するまでには至っておらず、新聞記事の磨き合いをした後での語り直しが弱い。和田 (2008) は、高校地理 A の 3 時間完了単元「世界の水問題」を開発した。大井川における住民運動により、水利権を有する電力会社から流水を取り戻したことの提示と河川法の改正により「環境」が付加されたことに気づかせている。伊藤・北岡・笹本 (2010) は、水問題から、日常と世界との関連に気づき、自分たちの世界の問い直しが出来ることを示した。また、環境、社会、経済の 3 領域が関連し最適化するのが、「観光まちづくり」の視角であることを指摘している。宇土 (2013) は、地球時代の水リテラシーとして、簡略な学習トピック一覧を示した。仮想水等の現代的トピックもあるが、愛知県教育センター (1983) を超えるものではない。宇土 (2013) で参考にしたいのは、「水と生活」というテーマでのテレビ会議による国境を越えた ESD 交流活動の構想である。品川 (2014) は、表裏一体の関係にある仮想水問題と食料安全保障問題を取り上げ、トゥールミン図式を改良して代案提案力の育成を試みている。

　以上、水問題を巡り「として語る」戦略的他者表象による NIESD のカリキュラムを構想する際は、治水、利水、保水の観点に、「観光まちづくり」の視角からの親水を加え、さらに、環境、社会、経済の 3 視点と絡ませ、その上で SDGs の各目標との位置づけにも配慮して行くことが大切である。さらに、「利用可能性」、「質」、「アクセス可能性」という水の三要素 (毛利 2018) を加味して構成する。具体的には、表 8-2 を下敷きにし、先に示した留意点を踏まえて構成してみた。水問題を巡り「として語る」戦略的他者表象による NIESD のカリキュラム試案の概略は、次の通りである (**表 8-3**)。今回は、紙面の関係などから、如何に「として語る」戦略的他者表象を行なうか等の学習活動等

に係わる部分は捨象したことをことわっておきたい。とりあえず、試案を提示した段階であり、今後この試案を精緻化していくことが課題である。

表 8-3　水問題を巡っての NIESD カリキュラム試案

テーマ	トピック			SDGs への位置づけ等
	社会・文化	環境	経済	
第1話　水の惑星地球と水の世界	・水と宗教（ヒンディー教徒の沐浴等）	・水の様々な形（固体、液体、気体）/・水の循環と営力（気候と地形）/・水の有限性（淡水、海水、地下水）/・水の偏在性	・水の有限性（淡水、海水、地下水）/・水の偏在性	6.4
第2話　水と人々	・水を巡る歴史的遺産と文化の多様性（古代都市と水、カナート、ローマの水道、江戸時代城下町の水道）	・ため池と新田開発（満濃池等）/・河川の付け替えと新田開発・水運等（利根川、荒川）	・ため池と新田開発（満濃池等）/・河川の付け替えと新田開発・水運等（利根川、荒川）	11.4
第3話　国境を越える水	・国際河川や湖を舞台に繰り広げられる国家間や地域間の水の奪い合い（チベットのダム開発と中印の葛藤等）	・仮想水と日本の食料安全保障/・水に係わる国際協力（開発途上国）	・仮想水と日本の食料安全保障/・海水の淡水化（サウジアラビア）/・汚染水ろ過装置（アフリカの国々等）/・シンガポールのニューウォーター	6.5 9.4 17
第4話　水と生活	・過重労働となる水汲み（アフリカの国々）/・公正な水へのアクセスが可能な社会制度の実現/・水害、津波、高潮等の水に係わる災害予報に対する災害弱者の解消/・都市計画（ベイエリア、河川公園等）	・安心安全な水と人間の健康/・水に関わる環境の保全と水に関わる産業（醸造業や食品製造業等）の維持/・農業用水の安定的供給（明治用水等）/・再生可能エネルギーである水力発電/・治水と環境保全の矛盾/・森林の地下水涵養	・貧困による安全な水へのアクセス不能/・森林資源（日本、中国）/・水運（国際河川、国内河川、海上交通）/・農業用水の安定的供給（明治用水等）/・工業用水の安定的供給（愛知用水等）/・風光明媚な水環境	1、3.3、3.9 5.1、6.1 6.2、6.4 7.2、8.9 11.5、13.1 15.2、15.4
第5話　商品かコモンズか	・水道の民営化/・水企業の社会的責任・説明責任/・電力企業の社会的責任・説明責任		・水道の民営化/・水企業の社会的責任・説明責任/・電力企業の社会的責任・説明責任	12.6
第6話　世界の水危機	・水不足と食料危機	・産業廃棄物等での海洋や河川・湖沼の汚染（中国等）/・過剰な汲み上げによる地下水枯渇や土壌塩害（オガララ帯水層、オーストラリア等）/・水に関わる環境の保全と生物多様性/・水に関わる環境の保全と漁業資源の維持/・旱魃と豪雨/・都市人口急増と水供給インフラの未整備（開発途上国）/・水供給インフラの老朽化	・水不足と食料危機	2.4、3.9 6.3、6.6 11.3、12.4 14.1、14.2 14.4、14.7 15.1、15.3
第7話　水と我々の未来	・水と共生する社会（滋賀県高島、輪中等）	・水に係わる国際協力（北九州市）/・水の国際会議	・海水の淡水化（サウジアラビア）/・汚染水ろ過装置（アフリカの国々等）	6.5 9.4 12.8 17

出典：筆者作成

注・引用文献

1 SDGs の詳細は、次を参照願う。https://www.mofa.go.jp/mofaj/gaiko/oda/sdgs/pdf/000101402.pdf、2019/02/14 最終閲覧。

2 http://www.serageldin.com/Water.htm、2011/06/15 参照。

3 GAFA の影響力や、5G に係わる米中の確執から、情報の重要性は容易に分かろう。

4 物語 (語られたもの、ストーリー) と物語り (語る行為、ナラティブ) を包摂して「物語り」と表記する。その上で、「物語り」を「目的に基づく時間構造をもち、仲間と語り合って自らを社会の文脈の中に位置づけ説明づけ定義づけ、自らの生を意味づけ、生き方を方向づける行為とその行為により生成されるもの」と規定する (伊藤 2014)。

5 NIESD が依拠する人間観は、「人間・社会は根源的に物語る存在である」。「社会的自己物語り」は、小西 (1992) が提唱する「社会のなかにある自己をわかる」という「社会的自己認識」に示唆を得て、「社会的自己」は「物語り」としてしかあり得ないとの立場にたつ。この立場により、語られない物語を語ることを試みる、絶えざる「社会的自己物語り」を更新する構えが生まれ、「社会的自己物語り」の批判的構築を図ろうとする。

参考文献

・愛知県教育センター『社会科教育における小・中・高等学校の一環性に関する研究』研究報告書、第 131 号、1983 年。

・池野範男「日本における多文化教育の論争点と課題——複アイデンティティ形成に焦点を当てて」学習システム研究、第 5 号、2017 年、pp.45-58。

・板場良久「メディアと教育」池田理知子『メディア・リテラシーの現在』ナカニシヤ出版、2013 年、pp.19-39。

・伊藤裕康「中学校におけるグローバル教育の指導計画と授業実践　学ぶ『意味』が感じられるグローバルイッシュー (水危機) の学習」日本グローバル教育学会編『グローバル教育の理論と実践』教育開発研究所、2007 年、pp.173-178。

・伊藤裕康「情報消費社会における社会科地理学習のあり方—持続可能な社会を目指す子ども参加の地理学習を例として—」『地理教育研究』6 号、2010 年、pp.15-24。

・伊藤裕康・北岡隆・笹本隆志「水を基軸にした ESD 授業の開発—知の再文脈化を図り、当事者性を育む中学校社会科学習より—」『日本教育大学協会研究年報』第 28 集、2010 年、pp.231-244。

・伊藤裕康「『物語り』を活用した授業づくり (2)」、『香川大学教育実践総合研究』第 28 号、2014 年、pp.79-90。

・伊藤裕康「水問題を基軸とした持続可能な社会形成のための社会科学習」『教材学研究』第 27 巻、2016 年、pp.87-98。

・伊藤裕康「地理教育の意義に関する考察——学校教育における社会的問題解決的有用性の観点を中心に——」『地理教育研究』20 号、2017 年、pp.27-32。

・岩淵孝『現代世界の資源問題入門』大月書店、1996 年。

・宇土泰寛「水と生活についての ESD プロジェクト活動と地域調査——日本・オーストラ

リア・ブルキナファッソの交流プロジェクトを目指して──」『椙山女学園大学教育学部紀要』6、2013 年、pp.115-218。
・桑原敏典「持続可能な社会の形成を目指した社会科教材開発の原理と方法」『社会科教育研究』第 113 号、2011 年、pp.72-83。
・小西正雄『提案する社会科』明治図書、1992 年。
・品川勝俊「トゥールミン図式による代案提示力の育成のための授業開発──高等学校公民科におけるバーチャルウォーター(仮想水)と食料自給率の学習について──」『公民教育研究』22、2014 年、pp.1-14。
・塚本直也「『持続可能な開発』概念の変遷と SDGs のもたらす意味」『農学国際協力』16、2018 年、pp.2-8。
・津田正太郎「ニュースの物語とジャーナリズム」大石裕編『ジャーナリズムと権力』世界思想社、2006 年、pp.62-80。
・長岡延孝「SDGs 時代の社会科教育の課題を検討する──グローバル・スタンダードへの反省的発展プロセス──」『同志社女子大学教職課程年報』第 1 号、2017 年、pp.98-108。
・永田佳之「持続可能な教育実践とは─ホールスクール・アプローチを超えて─」日本ホリスティック教育協会編『持続可能な教育社会をつくる』せせらぎ出版、2006 年、p.35。
・二井正浩「チェクシート・アプローチによる『より ESD 的な』社会科実践への改善──小学校 5 学年『日本の農業の担い手』を例にして──」『社会科研究』第 75 号、2011 年、pp.71-80。
・松岡靖「持続可能な社会の再構築を図る社会科 ESD 授業の開発─小学校第 5 学年単元『青空を取りもどした北九州』の場合─」『社会系教科教育学研究』30 号、2018 年、pp.87-96。
・毛利聡子「SDGs 目標 6 をめぐるジレンマ──『水と衛生は人権』に向けた市民社会の挑戦と課題」『明星大学研究紀要─人文学部』第 54 号、2018 年、pp.1-8。
・和田文雄「『持続可能な開発の教育 (ESD)』としての高等学校における地理授業開発 :『大井川のダム開発』の学習指導案」『中等教育研究紀要』48、2008 年、pp.197-204。

(香川大学　伊藤 裕康)

第9章　個別課題の国際化・グローバル化における理論と実践

1　国際化・グローバル化の課題

(1)　国際化・グローバル化と社会科教育への影響

　国際化・グローバル化 (internationalization,globalization［英］) は、日常的に用いられる言葉である。国という単位や国境を超えて地球規模で交流などが拡大し、世界全体にわたる結びつきが強くなることと言えよう。特に、グローバル化は、1970年代以降使われることが多くなったが、湾岸戦争後、東西冷戦の終結後、より頻繁に使用されるようになっている。

　社会科の国際的内容や地球規模での内容の増加に加え、教室、教育媒体、教師の国際化・グローバル化も指摘できよう[1]。

　教室の国際化・グローバル化では、多様な文化的背景をもつ児童生徒がともに学んでいることがあげられよう。また、それらの児童生徒を含め、すべての児童生徒に、文化的多様性を認める教育が求められている。

　教育媒体は、使用できるものが国境を越えて、入手しやすくなっている。世界各地のニュースがすばやく視聴できるようになっている。マスメディア以外にも画像や動画を個人でも入手できるようになっている。ソーシャルネットワーキングサービス (Social Netwoking Service［英］) などを通じて、世界の個人と個人がさまざまな情報を共有することができるようになっている。

　教師も国際化・グローバル化している。教師自身がさまざまな世界に赴く可能性が高くなっている。海外旅行が容易にできるようになっている。経済のグローバル化とともに在外教育施設が増え、そこへ赴任する可能性も高くなっている。それらの経験を社会科教育に生かすことができる。その上、イ

ンターネットなどを通じたつながりや情報収集も容易である。

⑵ グローバル教育の課題

　国際化・グローバル化を踏まえた教育（グローバル教育）の課題としては、その矮小化、いわゆる基礎基本の重視、昨今の「グローバル人材育成」事業などを挙げることができる[2]。

　グローバル教育の矮小化とは、一面的な「英語教育」の強化である。すなわち、英語によるコミュニケーションをすればよいと言う誤解があげられる。英語によるつながりの必要性とともに、それの持つ限界を認識するのがグローバル教育である。今ひとつは、愛国心への単純な転化である。ナショナル・シティズンシップも自分の一側面であること認識し、それを最重要と考えるかは個人にゆだねるのがグローバル教育であるはずであるのに・・・。

　いわゆる基礎基本の重視とは、読み書き算のみを重視することと捉えられている点である。本来、学校で学習することは世界とつながっている内容であるにもかかわらず、その視点を切り離して教えようとしているのである。

　「グローバル人材育成」事業は、グローバルという概念を用いた階層分化を図っている。すなわち、国際化・グローバル化社会で競争していく人、国際化・グローバル化社会とは無関係でよい人という区分を設けている。その上、競争社会としての国際化・グローバル化社会のみを強調している。緩やかな仮想公共圏としてのグローバル社会という側面から目をそむけるものとなっている。

2　国際化・グローバル化を踏まえた教育の可能性と教育実践の場としての「学校」と「地域」

　現実の国際化・グローバル化社会における多次元性や多層性に、筆者は注目している。また、それを自在に物理的、精神的に行き来できる資質が重要であると考える。そのためには、現に存在している国家あるいは行政区域に関する認識も、当然必要になる。また、市町村が行っている国際交流などを

否定せず、有効に活用することで、フレキシブル・シティズンシップ（柔軟な市民性；Flexible Citizenship）の育成に生かせないかと考えている。それが地域におけるグローバル教育実践として価値あるものになれば、子どもたちにとってはとてもすばらしいものになるであろう。それを引き継ぐ選択をしてくれる次世代が増える可能性も高くなっていく。そのような次世代育成の可能性もグローバル教育は秘めているはずである。

　教育実践の場は、幼・小・中・高・特別支援学校などのいわゆる「学校」でのそれと、それ以外の生涯学習（社会教育施設や民間団体での学び）に、大きく分けることができる。いずれにおいても、国際化・グローバル化を踏まえたグローバル教育やそれに関連する教育は、熱心に実践されている。

　学校教育においては「総合的な学習の時間」をはじめとして教育課程の中に浸透してきている。生涯学習においては、NPO法人などの活躍により、グローバル社会を意識した熱心な取組とともに、それを伝える教育が実践されている。しかしながら、両者に共通する課題は、取り組む人はグローバル教育に熱心な、一部の人にとどまっている点である。多くの人がその重要性を意識しているのであろうが、実践に積極的に取り組んでいないことが課題といえよう。

　グローバル教育の実践を中心的に行っている人たちが、周辺の人を巻き込んでいくことである。グローバル教育を知ってもらい、「取り組んでも良い」と選択する人を増やす必要があろう。そのために、同一地域でなされているグローバル教育の実践が相互に結びつくのである。そうすると、数量とともに質が高まるであろう。地域におけるグローバル教育実践となることが重要であるのである。

　すなわち、学校教育においては、学校から地域を巻き込み（「学校発教育」）、生涯学習においては地域から学校を巻き込んで活動していく（「学校含教育」）。そうすることで相乗効果をもたらすと考えているのである。このように、国際化・グローバル化社会時代は、「学校」と「地域」との緩やかな往還を促進するのである。

第9章　個別課題の国際化・グローバル化における理論と実践　109

3　実践事例

　愛媛県今治市菊間中学校において、津吉優樹教諭が、2018年に実践した中学校社会科地理的分野の事例を学習指導案の形で紹介する[3]。

　授業実践の成果として、津吉教諭は次の①〜③の3点を挙げている[4]。

---

① 「MY DREAM」と連携し、アフリカ州の様々な情報を計画的・継続的に提供し続けたことの効果は高かった。事前・事後のアンケート結果を比較すると、「アフリカ州に行ってみたい」とこたえた生徒が、急激に増加した。「アフリカ州でイメージするものは何か」という問いに対し、事前アンケートでは、「自然環境（動物）」や「人種・民族・宗教」に関する情報に集中していたのに対し、事後では、「生活（衣食住）」「産業」「人柄」などの割合も多くなり多岐にわたるようになった。生徒の目線に立った際、机上で地域的特色や課題を理解するだけではなかなか高まらない、先入観を打破するような情報に出会ったり、その地域の方の表情や人々の営みに触れる経験をしたりすることにより、関心が高まったと考えられる。
② 「主体的・対話的な学び」の過程で、ICTを活用することは効果的であるということが実証できた。特に現地で生活されている方とあいさつを交わすことにより、相互コミュニケーションがとりやすい雰囲気となり、テレビ電話の効果を発揮することができた。
③ 「持続可能な開発目標（SDGs）」の観点から「MY DREAM」の役割について考えさせる学習活動を取り入れることによって、生徒は「MY DREAM」の活動内容やその役割について深く考えることができた。また、持続可能な社会を目指すために、資金提供に頼るのではなく、現地の人々の手で継続できる息の長い支援が必要であるという本質的把握に迫る考えを持った生徒が多かった。

4　国際化・グローバル化を踏まえた方向性

　実践をした津吉優樹教諭は、「アフリカ州」の単元終了後、次のような実践を続けている[5]。

　1つは、在外教育施設に勤務されている先生とのテレビ電話交流を行っている。そのことで現地の文化や生活について生徒は学習することができたようである。質問でこたえきれなかった内容は、後日メールで丁寧に解説したプリントを当該の先生が送ってくださり、生徒に配布し学習させている。
　2つ目は、海外に住んでいるかつての教え子さんと連絡を取り合い、現地とのテレビ電話交流を行っている。ヨーロッパ在住の元教え子さんとは、ヨーロッパ連合（EU）の利点や問題点について、生徒と意見交換ができたようである。アメリカ在住の元教え子さんからは、日本文化の広がりや多文化社会について生徒の学習ができたようである。

　教師のアンテナしだいで教育実践の可能性が広がる。このことが、国際化・グローバル化を踏まえた社会科教育の方向性である。以下学習指導案を掲げておく。

110　第Ⅲ部　理論と実践の往還による融合・統合を 意図した社会科教育学研究

中学校第 1 学年 社会科（地理的分野）学習指導案

1　単元名「世界の諸地域：アフリカ州」

2　単元目標

・アフリカ州について興味・関心をもち、アフリカ州の諸問題の解決について意欲的に考える
　ことができる。(関心・意欲・態度)
・アフリカ州の地域的特色について、資料から読み取り、多面的・多角的に追究することができ
　る。(社会的な思考・判断・表現)
・アフリカ諸国の主要生産物や経済状況、貿易の様子などを示す資料を適切に選択して活用す
　ることができる。また、考察した過程や結果をまとめたり、説明したりすることができる。(資
　料活用の技術)

3　本単元の指導観

　○教材について

　人類発祥の地とされるアフリカ州は、世界人口の 15% 近くを占め、アジ
アに次ぐ人口爆発地域になっている。アフリカ州は、乾燥した地域が広がり、
イスラム教を信仰する人々が多く生活する北アフリカと、サハラ砂漠以南の
広大な中央・南アフリカとではその地域的特色も異なる。産業革命後のヨー
ロッパは、アフリカ州を熱帯で生産される農産物と鉱産資源の供給地とし、
プランテーション農業、鉱産資源、植民地分割と支配が一方的に進められた。
その結果、文化的境界を無視した人為的な国境線が画定された。

　アフリカ州では、干ばつや砂漠化の拡大で深刻な飢餓に見舞われやすい。
脆弱なモノカルチャー経済と歴史的な部族対立から、内乱や紛争も起こりや
すい。また、人口急増にともなう水・食糧不足、環境への影響、エイズ等の
感染症の流行など課題は大きいが、アフリカ州の取組や現地の人々の手で継
続できる他国からの支援により、希望をもって力強く前に進んでいる。また、
固定電話や高速交通網といった先進国では見慣れたインフラが整っていない
が、急速に携帯電話の普及やモバイル決済など、IT 化はどんどん進んでいる。
富裕層の数も増えてきており、貧富の差も拡大している。

　○生徒について

　本学級の生徒は全体的に活発で明るく、男女問わず話し合い、発表できる

雰囲気をもっている。グループ学習を取り入れる場面も増やした結果、分からないところがあれば教え合う姿も徐々に見られるようになった。自由な発想をさせると、多くの意見が出てくることも本学級の特徴であると言える。しかし、論理的に考えたり、根拠をもって発表したりすることを苦手とする生徒が多く、個人で分からないところを自力で解決しようとする姿勢がやや乏しい傾向にある。

　実態を把握するために、アフリカに関する事前アンケート調査を行った。その結果は、以下の通りである。

＜単元に関するアンケート＞（生徒26人回答）

質問1　アフリカ州でイメージをするものは何か。(1人10項目まで) ※合計136項目記入 ・自然環境(動物)に関することを書いた数・・・・・・・62個 (45.5%) ・人種・民族・宗教に関することを書いた数・・・・・・・43個 (22.0%)

質問2　アフリカ州に行ってみたいですか。(絶対に行きたい…5　行きたくない…1) 　　　・5・・・・・・・2人 (7.7%) 　　　・4・・・・・・・6人 (19.2%) 　　　・3・・・・・・・7人 (26.9%) 　　　・2・・・・・・・11人 (26.9%) 　　　・1・・・・・・・6人 (19.2%) 質問3　アフリカ州のどんなところに興味がありますか。また知りたいですか。 　　　・無回答あるいは「わからない」「ない」・・・・・21人 (80.7%)

　単元に関するアンケート結果によると、アフリカ州でイメージをするものは「動物が多い」、「ライオンや象がいる」「砂漠が多い」といった自然環境や動物に関する内容が半分以上であった。「身長が高い」「黒人が多い」といった身体的特徴を含む人種・民族・宗教に関する内容を書く生徒も全体の4分の1を占めるなど、アフリカに関する情報が偏っていたり、不足していたりする傾向にあると考えられる。

　また、その項目の中には、「貧しい」「テロ」「治安が悪い」などアフリカの課題を挙げる生徒が半数近くいるのに対し、「明るい」「優しそう」などポジティブな内容を書いた生徒は3人しかいなかった。

　「アフリカ州に行ってみたいですか。」という質問に対しても全体的に低調で、「行きたくない、あるいはどちらかというと行きたくない」と答えた生徒

は、約46％と半分近くを占める。また、「アフリカ州のどんなところに興味がありますか。また知りたいですか。」という質問に対して、約8割の生徒が「無回答あるいはわからない」と答えているのが現状である。

　アフリカ州に対してポジティブに捉えられない原因の一つには、単純に情報不足が原因にあると考えられる。情報が不足し、よくわからない地域を前向きに考えられないのは当然だと思う。また、報道等ではアフリカの課題が取り上げられていることが多く、気が付けば「貧困・紛争・かわいそう」といったネガティブなイメージが植えつけられているかもしれない。

　○指導について

　本時の指導にあたっては、ガーナにあるボナイリ村の様子や子どもたちがもっている夢をNGO団体「MY DREAM」と連携しながら提示し、子どもたちが「明るいアフリカ」の姿をイメージできるようにしたい。また、アフリカ州（特にボナイリ村）で生き生き活動している人々の姿から、多くのことを学ぶことができるということを実感させたい。こうした学習を通して、アフリカ州へのイメージとして強い「貧困・紛争・かわいそう」といった固定観念を打破したい。

　単元全体を通して、「モノカルチャー経済と脆弱な経済基盤」という主題を設定し、問題解決学習を図りたい。指導にあたっては、地理的事象を多面的・多角的に考察する力を育てるために、モノカルチャー経済に関する資料を提示しながら班での発表活動や話し合い活動を重視する。

　モノカルチャー経済や脆弱な経済基盤からの脱却を図るために、アフリカ諸国と先進国、NGO団体（「MY DREAM」が中心）がどのような取組を行っていたのかを積極的に学ばせたい。そして、「持続可能な開発目標（SDGs）」の観点から「MY DREAM」の役割について考えさせ、私たちに今できることは何かということを他人事としてではなく、自分事として真剣に考えさせたい。

　また、新学習指導要領では、「主体的・対話的で深い学び」を実現する授業改善が推進されている。本時においては、「MY DREAM」代表である原ゆか

第9章　個別課題の国際化・グローバル化における理論と実践　113

りさんに通訳をしていただきながら、Skypeを用いてガーナに住むHolyさん（「MY DREAM協力者」）と交流を図る。こうしたICTを活用すれば、世界との距離は著しく縮まることを体験させたい。そして、積極的に子どもたちが少しでも世界が身近に感じることができたならば、今後の「世界の諸地域」に対しての学習意欲だけでなく、英語学習や多文化理解の学習にも意欲的に取り組めると考えられる。

4　指導計画（6時間扱い）

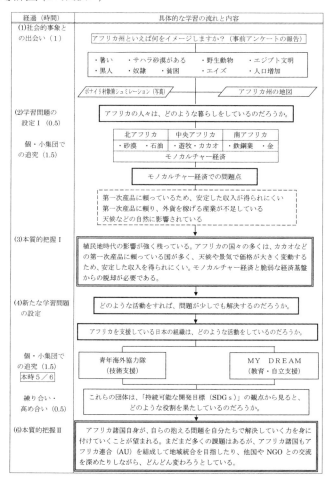

114 第Ⅲ部 理論と実践の往還による融合・統合を 意図した社会科教育学研究

7 本時の指導

(1) ねらい

・NGO 団体 (MY DRAME) が行っている活動について興味・関心をもち、アフリカとどのような関わりをもつことが大切かを学習資料や Holy さんや原さんの話から考える。

・アフリカ州の諸問題について、私たちに今できることは何かを考え、国際社会の平和と発展に寄与する態度を養う。

(2) 展開

学 習 活 動	時間(分)	学 習 内 容	○指導の工夫 ◎評価
1 本時の学習課題を確認する。	5	アフリカの諸問題に対して支援をしているNGO団体 アフリカ諸国とどのような関わりをもつことが大切かを考えよう。	○ 目的意識をもたせるために、本時の学習問題を確認する。
2 各班でHolyさんに質問をする。 （各班約5分）	25	〔Holyさんへの質問〕 ガーナという国について ガーナの衣食住について MY DREAMとの関わりについて	○ ガーナ在住の Holy さんと Skype で繋ぎ、原さんに通訳をしてもらいながら生徒とコミュニケーションができるように工夫をする。
3 原さんに質問をする。	10	〔原さんへの質問〕 MY DREAMの活動について アフリカ州の経済発展について	◎ アフリカ州について関心をもち、Holyさんや原さんへ意欲的に質問することができているか。 【意欲・関心】
4 MY DREAM の活動は、「持続可能な開発目標（SDGｓ）」の17の目標のどの項目に関係しているだろうか。 （1）個人で考える。 （2）個人の考えを班内で話し合う。 　個人→小集団 　（全体は次回）	10	MY DREAM の活動は、「持続可能な開発目標(SDGｓ)」の17の目標のどの項目に関係しているだろうか。 アフリカ諸国の問題を他人事として考えるのではなく、同じ地球人として関心をもつとともに、主体的に意見を述べる行動力が大切である。 持続可能な社会づくりの観点から、お金や物を与える支援ではなく、現地の人々の手で継続して自立できる息の長い支援が必要である。	◎ Holy さんや原さんの話などを根拠としながら17の目標から関係している項目を選択し、その理由を説明することができているか。 【思考・判断・表現】 ○ 「持続可能な開発（SDGｓ）」の17の目標の内容がわかるプリントを配付し、理解を促す。

注・引用文献

1　鴛原「グローバル化の進展」日本社会科教育学会『新版　社会科教育事典』ぎょうせい、2012 年、pp.320 〜 321 参照。

2　鴛原「グローバル社会時代の学校教育の方向性を考える―理論と実践の往還を踏まえて―」日本学校教育学会『学校教育研究』29、2014 年、pp.217 〜 221 参照。

3　津吉優樹「世界に目を向ける生徒が育つ交流及び協働学習の試み　―地理的分野第1 学年「アフリカ州」の学習を通して―」今治市教育研究所・上島町教育研究所・愛媛大学教育学部『研究報告書』第 37 集、2019 年、pp.153 〜 160 に概要が記載されている。学習指導案は津吉教諭より提供いただいたものである。

4　同上、pp.158 〜 159。

5　同上、p.157 参照。

（愛媛大学　鴛原 進）

第10章　授業研究（レッスン・スタディ）の国際化の理論と実践

はじめに　教室の風景

　日本において義務教育を受けた人のほとんどは、下の写真に示したような教室の風景を経験した記憶を持っているのではないだろうか。回数や規模、参観者の人数や「真剣味」に違いはあっても、「今日は研究授業だからがんばって」と担任の先生から言われるといつもより意識が高まったり、緊張気味の先生の様子を見て自分たちまで緊張したりした経験を思い出さないだろうか。前年の担任の先生を見て気分が高揚したり、教室内の参観者の人数を数え始めたりと、通常の授業とは違う雰囲気に心躍る思いがした経験は、普段は忘れたように思っても、多くの人の記憶の底に折りこまれている学校の風景の一つだろう。このような授業は、「授業研究」として、日本の大多数の学校で普通に見ることのできる通常の光景である。

図10-1　小学校の研究授業風景
（筆者撮影）

図10-2　中学校の研究授業風景
（筆者撮影）

一方で、このような「授業研究」を一般の人々が世代を超えて共通の記憶として共有している国は世界でも希有であること、2000年代以降「授業研究」が世界の多くの国で急速に広がっていること、日本の授業研究にはその源流として海外から大きな関心が寄せられていることはあまり知られていない。

1 授業研究とは？

授業研究は、教師の授業力の向上を図る目的で、その教師が勤務する学校において、同僚の教師とともに実際の教育課程上の授業を計画し、実施し、省察する一連の実践研究の過程である。一般的には、その学校に勤務する教師全体が参加し、学校が共通に掲げる目標のもとに、授業者が所属する教科グループや学年グループの協力を得て、担当する学級において実施されることが多い。

日本の学校の多くは、毎年何らかの研究主題を掲げ、教員の授業力向上に関わる研修を計画し実施している。研究主題の例としては、「算数における少人数指導の在り方」や「地域の素材を生かした環境教育の充実」のような教科や特定の教育課題を主題に立てる場合や、「子どもの他者と関係を結びながら、自分の考えを伝える力の育成」のような子どもに育てたい共通の資質・能力を主題とする場合、さらに、「子どもを見取る力量を高める」などのように教師の授業力向上に主眼を置いた主題を設定する場合などがある。このような「学校を基盤にした教員研修」として実施される場合、学校のすべての教員が、共通する主題の下で共通の目標とそれを実現するための手だてを設定し、「研究授業」を主な方法として、教師としての授業力の向上や学校における実践上の課題の解決を図る授業研究を行うことになる。

一般的に授業研究の過程は、①授業の計画、②「研究授業」の実施、③実施された授業についての省察、④省察から得られた知見を後の授業に生かすという、計画（Plan）、実施（Do）、確認（Check）、実行（Action）のPDCAのマネジメントサイクルで実施される。先の節で同僚の教員に授業を公開する研究授業の様子を描写したが、一連の授業研究の過程の「研究授業」として実

施されたものであり、その前には、学年や教科を同じくする同僚と授業の計画を練る段階が、またその後には、実施された「研究授業」の成果や課題を明らかにする省察の会議（「事後検討会」や「研究協議会」などという）が設けられている。各学校では、このような一連の授業研究が、それぞれの学校の研修計画に基づいて計画的に実施されている（図10-3）。

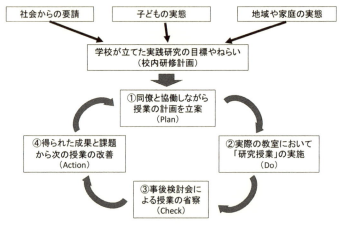

図10-3　授業研究のマネジメントサイクル

出典：著者作成

2　日本の授業研究の歴史

　授業研究は、日本で始まった近代的な教員研修の取組であり、その歴史は世界で最も長いと言われている。授業研究の始まりは、近代学校制度の始まる明治期までさかのぼり、100年を越える歴史を持つとされている（稲垣・佐藤 1996; Arani et al, 2010）。その後、改善と工夫、画一化と定型化、活発期と停滞期を経て、現在では、ほぼすべての学校で何らかの形で授業研究に取り組まれている（国立教育政策研究所 2011; 千々布 2014a）。では、授業研究はそもそもどのようにして始まり、発展をしてきたのだろうか。

(1) 授業研究の始まり (明治期)

稲垣・佐藤 (1996) は、「我が国の教育の歴史において、教師による授業の研究は、制度的な学校と教職の成立期である明治初年にさかのぼることができる」としている。同様に的場 (2013) も「指導者の授業参観」が行われ、「批評が合同でなされる」段階を「授業研究萌芽段階」とみなし、「1874年 (明治7年) には、実地授業後の検討会がなされている」ことから、この時期に萌芽段階の授業研究がなされていたと捉えている。

その後、明治20年代には、小学校教師のための授業講習会の制度化とともに、「ヘルバルト主義」教授法が導入・普及され、授業研究が定式化・形式化したとされる。

(2) 授業の革新と授業研究 (大正期)

明治期の定式化された授業研究に対し、大正期の授業研究は、自由教育の思想を実現し、それを普及させる手立てとして、主に私立学校と全国の師範学校附属小学校を基盤に推進されていった。その特色は、「児童中心主義」と呼ばれ、グループによる学習集団の小規模化や子どもが活動を自由に選択し学習活動を組織する試みが行われた。

中でも奈良女子高等師範学校附属小学校 (現在の奈良女子大学附属小学校) は、木下竹次の「学習即生活」を原理に「合科学習」によって教育課程を編成するいわゆる「奈良の学習法」を成立させた。記録によれば、大正期における参観者数は、年間2万人を越える年もあり、当時の全国の教員に多くの影響を与えていたことがうかがえる (蜂須賀2010)。大正10年 (1921年) に創刊された『学習研究』誌は、同校の授業実践を世に問う働きをするとともに、教育実践に関する最新の理論的・実践的課題を学ぼうとする全国の教員にとって理論と実践をつなぐ貴重な教育雑誌となった。

(3) 授業研究の整備と普及 (昭和期)

昭和30年代半ばから50年代半ばまでの20年間は、各教科の教育研究や授業研究の「科学的研究」が著しく進展した時期である。この間、国におい

ては昭和40年に「教育課程研究指定校」(後の「研究開発学校」)の制度が導入され、教育課程の改善のために授業研究が用いられるようになった。都道府県においても、同時期に現職教員の研修を担う「教育センター」が設立され、初任者研修や10年経験者研修などの研修を行うとともに都道府県や市町村による「研究委嘱校」も制度化されていった。大学においては、教科ごとに教科教育を研究対象とする専門学会が相次いで設立され、また国立教員養成大学・学部には大学院修士課程が設立されはじめ、教科を基盤に授業研究の組織化・高度化が進展した。

　この時期には、授業をより客観的・科学的に分析・探究するために、現在多くの学校で一般化している「学習指導案」や「授業記録」などの様式が広く全国の学校に行き渡り、現代につながる授業研究の制度化・標準化が確立されていった。また民間においても、多数の教員の授業力向上を目指した教育団体が設立され、日本の授業研究の多様性を形成する役割を担った。

⑷　大量退職・大量採用と現代の授業研究 (平成期)

　平成10年代に入ると、都市部を中心に昭和30年代に大量採用された教員が一斉に退職を迎える時期となった。この時期のベテラン教諭は、授業研究が隆盛であった昭和期に若手教員として研究を支えた世代であり、それと入れ替わりに大量採用となった若手教師への経験知の継承が課題となった。この頃には、社会から寄せられる多くの教育課題への対処や学校週五日制などから「教員の多忙化」が課題となったことや、総合的な学習の時間の創設や活用型の授業への対応など、教師主導の授業方法から児童・生徒の主体的・協同的な学習を中心とした方法への転換も重要な課題となった。

　このような課題が現れる一方で、授業研究については、マンネリ化や停滞が指摘され、研修としての効果が十分に発揮されているとは言えない状況も見られるようになった。このような状況を改善するため、近年では参加型授業研究やワークショップ型研修など、教師の主体的な参加を促す授業研究や協同的な活動を取り入れた授業研究が目指されている。また、従来は小学校や中学校に偏りがちであり、「校内研修や授業研究に取り組むこと自体が課

題である」(国立教育政策研究所 2010) とされる高等学校においても、県の教育委員会や教育センターによる支援により次第に取り組みが始まっている (神奈川県教育委員会 2012)。

3　授業研究の国際化と Lesson Study

⑴　海外における授業研究

次の 4 枚の写真を見てほしい。これらの写真は、筆者が参加した海外の授業研究の様子を撮影したものである。教室の様子や子どもの服装、授業の雰囲気や研修の様子は異なっていても、事前に授業計画を立て、学習活動を組織し、研究授業として同僚の教師たちに公開し、授業の後に振り返りの討論を行う授業研究の手法を用いていることには変わりはない。そこでは、教室外のアクティブな探究活動やグループでの学習活動による協働的な学習活動を計画したり、観察して得られた学びを再整理する事後検討会や子どもへのインタビューを生かす事後検討会を組織したりするなど、授業研究の各段階で様々な工夫を加えながらより良い授業への模索が続けられている。

ルイスによれば、アメリカの多くの研究者たちは、当初は日本との学校文化や教師文化の差異のために、授業研究はアメリカでは機能しないと考えられていたという。しかし、「1999 年以来のごく短期間に、アメリカの教師たちはレッスンスタディについて大きな関心を寄せ、アメリカの多くの地域にレッスンスタディが広がり、多様な教科と高校や大学までも含む多様な学校種で、レッスンスタディが取り入れられるようになってきている」と述べている (ルイス 2008, 17)。その過程で、アメリカの教師たちが自分たちの省察を深めながら、「教師の協働的な文化」と子どもの視点に立った「教材内容 (に関する) 知識」の両面を育ててきたという。

これらの例が示すように、2000 年代に入って、授業研究は急速に国際的な発展を遂げることになった。しかし、このような授業研究の国際化は、必ずしも日本からの意識的な情報発信によって広がったものではなく、むしろ国際的な教育課題探究の過程で、偶然に発見されたものであった。日本の授

業研究はどのようにして「発見」され、Lesson Study として世界的な広がりを見せるに至ったのであろうか。

図 10-4 研究授業で子どもの学習活動を観察するインドネシアの現職教員
（著者撮影）

図 10-5 公開研究会で参観者に授業公開するマレーシアの授業研究
（著者撮影）

図 10-6 事後検討会のために観察結果を整理するカザフスタンの授業研究
（著者撮影）

図 10-7 研究授業の後に子どもにインタビューするイギリスの授業研究
（著者撮影）

⑵ Lesson Study の成立──"The Teaching Gap" による授業研究の発見──

　Lesson Study の起源として位置づけられる一冊の本がある。1999 年にスティグラーとヒーベルトによって著わされた『ティーチング・ギャップ』（原題 "The Teaching Gap"）である。同書は、1995 年の TIMSS 調査（第 3 回国際数学・理科教育調査）の一部として実施されたビデオ研究を研究書として出版したも

のである。この調査においては、日本、ドイツ、アメリカから計 231 本の算数・数学の授業が無作為に抽出され、ビデオに記録され、指導方法について詳細に分析された。それ以前には、「実際に行われた授業」を対象にこれ程の規模でサンプリング調査が実施された例はなかったという。

　ビデオに記録された授業の展開を詳細に分析した結果、アメリカ・ドイツと日本との間にはかなり大きな違い（ギャップ）が見られることがわかった。三ヶ国の指導方法を詳細に比較検討してみると、所定の例題の解き方が解説されたのち、単純で反復的な練習問題を繰り返し行うのが（当時の）アメリカやドイツの授業の基本型であるという。日本の授業の展開の仕方は、それらと異なり、1 時間の授業のカギとなる典型的な問題 1 つを取り上げ、その 1 問の例題を個別学習やグループ学習によって自ら解決し、その後、学級全体の話し合いによって深める授業を基本型とした授業が展開されているとされる。同書で筆者は、このような授業の基本型比較によって特徴を抽出することに留まらず、そのような授業の基本型が、日本においてなぜ全国的に共通して現れたのかという背景にまで目を向けた。そして注目されたのが「授業研究」による学校をベースにした教員の力量形成のメカニズムである。

　では、スティグラーとヒーベルトは、何をきっかけに「授業研究」に着目したのだろうか。スティグラーらは、日本の教育に関する先行研究として、1990 年代のルイスの研究に目を向け、日本の学校で行われている教員による授業改善の取組に着目し、そこに示された Lesson Study をカギとみなしたのである（Stigler & Hiebert 1999, 110-112）。

⑶　Lesson Study の発展──国際学会の発足と国際ジャーナルの創刊──

　世界に一つの新しい学問分野が生まれる時、その成立は、何を指標に確認すればよいだろうか。それは、世界の研究者が集う場ができる国際学会の発足とその成果を発表する場である国際ジャーナルの創刊ではないだろうか。授業研究においては、2010 年に国際学会として「世界授業研究学会（World Association of Lesson Studies: WALS）」が発足し、その機関誌として 2012 年に「International Journal for Lesson and Learning Studies（IJLLS）」が創刊された

124　第Ⅲ部　理論と実践の往還による融合・統合を意図した社会科教育学研究

（https://www.emeraldinsight.com/journal/ijlls を参照）。

　WALS は、2007 年から 2009 年まで香港教育大学における国際研究会を前身に、2010 年のブルネイ大会において正式に発足した。以降、2011 年の日本・東京大会、2012 年のシンガポール大会、2013 年のスウェーデン・ヨーテボリ大会、2014 年のインドネシア・バンドン大会、2015 年のタイ・コンケーン大会、2016 年のイギリス・エクセター大会を経て、2017 年には、再び日本（名古屋）で世界大会が実施された。2007 年の発足当初は約 10 か国・100 人ほどであった参加者は、2017 年の名古屋大会では 34 ヶ国から 893 名、2018 年の中国・北京大会においても、35 か国から 900 名を越える研究者、実践者、教員養成関係者、教育行政担当者が参加する大規模な国際学会に成長している（https://www.walsnet.org/ を参照）。

　日本に起源を持つ「授業研究」は、Lesson Study として国際化を果たし、世界の教育学研究の関心を集めるとともに、教師の力量向上や授業改善の取組を支援する有力な方法として多くの国で評価され、それぞれの国の社会文化的文脈と融合して各国の教員の資質向上に役立てられている。

4　世界的な授業研究ブームの背後にあるもの

　本章で取り上げてきた Lesson Study の出現や日本での授業研究の見直し・問い返しの動きは、一義的には、教員研修の充実や高度化を通して教員の力量を上げ、それぞれの国や社会の学校や授業をより良いものにしようという営みであるといえる。また、その流れは、WALS という国際学会が設立されたことにより、学術的な研究の対象にもなっている。教員が自分の授業を振り返り、自身の授業観を更新し、授業実践において実現していくメカニズムの解明、そしてそれを組織的に編成する「教師教育」という分野の重要性が以前よりも重みを増していることが指摘できる。

　さらに、このような授業研究の国際化は、次のような意味や価値を持っている。アラニ（2013）は、「教師の資質の向上と教育実践の質の向上はグローバルな課題であるが、その具体的な達成のためには実践に根差した、むしろ

ローカルな解決策（経験知・教師の工夫）が重要かつ必須である」と指摘している。これは、世界的に共通な課題を可決するカギは、ローカルな解決策の中に含まれる発想や経験の中にあるということを意味している。もちろん、文脈や背景を異にしているため、そのローカルな解決策をそのまま適用すればよいというわけにはいかない。けれども、そのローカルなレベルで成果を挙げている具体的な解決方法の中には、世界的な共通課題を解決するための知恵やヒントが隠されていると見ることができる。日本の授業研究の世界的な「転移 (transfer) に当たっては、その＜方法＞を手順として移転するだけでは不十分であり、それぞれの国の文化や生活習慣に根差したその国独自の授業研究として深めていくことが必要」（アラニ 2014, 109）であるとされるのはそのためである。

　これらのことを整理すると、ローカルな問題の解決に当たっては、グローバルなレベルで議論されている解決方法が応用され、独自化・文脈化されながら進められていること、またグローバルな問題の解決に当たっては、ローカルなレベルで実現されている解決方法が普遍化され、脱文脈化と再構築をしながら、ローカルな課題の解決に適用されると捉えることができる。

　日本の「授業研究」が海外の研究者により「発見」され、その意味や内実が読み解かれながら「翻案」されたことによって Lesson Study となり、グローバルな問題またはローカルな問題を解決するための一つのモデルとして認識されるに至っている。現在では、Lesson Study は、「レッスンスタディ」という言葉で日本に逆輸入され、授業研究に新たな価値を吹き込むものとなっている（秋田他 2008）。

おわりに

　日本の授業研究は、長い時間をかけて独自の研究成果を蓄積してきたが、近年その蓄積が世界的な文脈に結びつくとともに、改めて足元の授業研究の在り方を見つめ直し、その価値を再確認する時期が来ている（Hiebert & Stigler, 2017）。たとえば、多くの教員が教員の養成の段階から授業研究を経

験していること、細部の違いはあれ、共通の学習指導案の形式を用いることで全国の教員が授業の「共通言語」を獲得していること、若手やベテランが共により良い授業を求め合う良質な同僚性を育んでいること、学習指導要領改訂の際に新しい授業方針を実際の授業を通してデザインし、学ぶ機会となっていることなどの利点が挙げられる。これらは、授業研究が教育現場の「インフラ」として全国に普及していなければ達成できない貴重な日本の教育の文化資産であるといえる。

　＊本章は、久野弘幸（2016）に最新の内容を加筆・修正して作成した。

参考文献
・秋田喜代美、キャサリン・ルイス『授業の研究　教師の学習　―レッスンスタディへのいざない―』明石書店、2008 年。
・アラニ・モハメッド・レザ , サルカール「授業研究のグローバル化とローカル化」日本教育方法学会編『教育方法 43　授業研究と校内研修　―教師の成長と学校づくりのために―』図書文化、2014 年。
・稲垣忠彦・佐藤学『授業研究入門』岩波書店、1996 年。
・神奈川県教育委員会『組織的な授業改善に向けて―高等学校における授業研究の取り組み―』、2012 年。
・久野弘幸「第 8 章　授業研究と教師の成長」、浅沼 茂・奈須正裕編著『カリキュラムと学習過程』放送大学教育振興会、2016 年、pp.122-137。
・国立教育政策研究所『校内研究等の実施状況に関する調査』、2010 年。
・国立教育政策研究所『教員の質の向上に関する調査研究報告書』、2011 年。
・千々布敏弥「校内研究としての授業研究の現状と課題」、日本教育方法学会『教育方法 43　授業研究と校内研修―教師の成長と学校づくりのために―』図書文化、2014 年 a。
・千々布敏弥『プロフェッショナル・ラーニング・コミュニティによる学校再生　―日本にいる「青い鳥」―』教育出版、2014 年 b。
・蜂須賀渉「『奈良の学習法』を支える日常的な学習指導―奈良女子大学附属小学校での実践を通して―」『愛知教育大学教育実践総合センター紀要』第 13 号、2010 年、pp.23-30。
・的場正美「授業分析の到達点と可能性」、『名古屋大学大学院教育発達科学研究科紀要（教育科学）』第 59 巻第 2 号、2013 年、pp.1-22。
・Arani, M. R. S., Fukaya, K., & Lassegard, J. P.　Lesson Study as Professional Culture in Japanese Schools: An Historical Perspective on Elementary Classroom Practices. *Nichibunken Japan Review, 22,* 2010, 171-200.
・Hiebert, J. & Stigler, J. W.　Teaching Versus Teachers as a Lever for Change: Comparing a Japanese and a U.S. Perspective on Improving Instruction. *Education Researcher,* 46（4）, 2017, 169-176.

第 10 章　授業研究（レッスン・スタディ）の国際化の理論と実践　127

・Stigler, J. W. & Hiebert, J. The Teaching Gap: best idea from the world's teachers for improving education in the classroom, 1999, Free Press.

（名古屋大学大学院　久野 弘幸）

第 11 章　PDCA 理論の活用と小学校社会科授業実践の研究

1　社会科授業改善における PDCA 理論の二段階活用

　社会科の授業改善において、峯は計画 (Plan) ―実践 (Do) ―評価 (Check) ―改善 (Action) の PDCA サイクルから次のような方法論を提出した[1]。

　第一は、個々の資質形成に応じた PDCA である。それは、自らの授業が学習者にどのように社会を認識し、関与するのかを確かめ、それぞれの授業観に応じた評価指標によって論理整合的な改善を図る PDCA をすることである (**図 11-1**)。例えば、授業者による解説、学習者の暗記・網羅に象徴される学力観の場合、教師は教えようとする知識内容を選択し、どのような情報や資料を用いて、それを理解できるようにするか、資料の選択や提示する

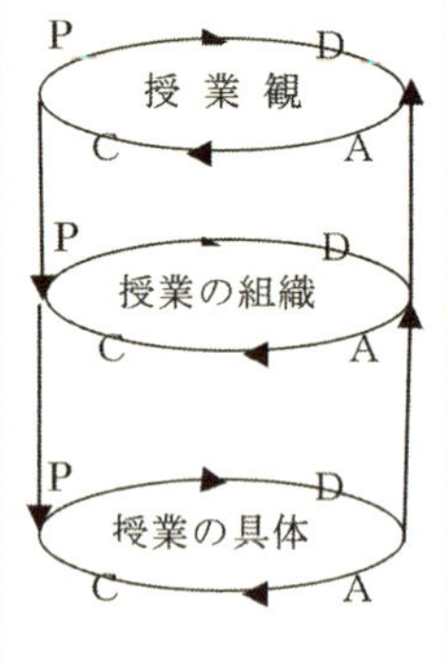

		P 計画　➡	D 実践　➡	C 評価　➡	A 改善
授業観		目指すべき知識, 技能・態度	カリキュラム	学習者に形成された知識, 技能・態度	X
授業の組織	段	内容・方法の選択・決定, 組織化	単元	授業の事実,学習内容, 方法, 配列・順序	Y
授業の具体	階	学習者の実態, 発問・指示資料	毎時間	発問・指示, 資料,話術, 教室環境, 人的特性等	Z

図 11-1　社会科授業における PDCA サイクル

出典：峯 (2011) p.15

順序を模索する。これが知識の量的拡大・効率化を図る PDCA である。また、社会の見方・考え方を探求することを目指す学力観の場合、日々の出来事がどのような社会の仕組みや構造の中から起こるのか、その背後にある概念や理論を発見することを目標として、学習者自身が内容（＝知識体系）を探求する。授業者は、最新の科学的で説明力の大きい知識を「到達目標」として設定し、知識の構造図・問いの構造図をつくる。そして、具体的な事例に基づき、学習者自身で問いに対する答えを検証できる授業過程を組織する。発問と資料、授業展開を計画し、問いを構造化し、探求を導けるよう配列を決める。とくに、学習者の実態や特性を考慮し、補助的な問いから中心的な問いに答えられるよう資料を用意する。この PDCA では、知識の構造化や推論過程を見直し、問いと回答を導く資料、その解釈の多様性と推論過程を見直し、それぞれの資料の妥当性を問う資料を見直すことになる。しかし、各資質形成に応じた授業の PDCA には課題が残される。そこで自らの授業観による授業の開発や改善と、他の授業観からの授業開発・改善を比較し、それ

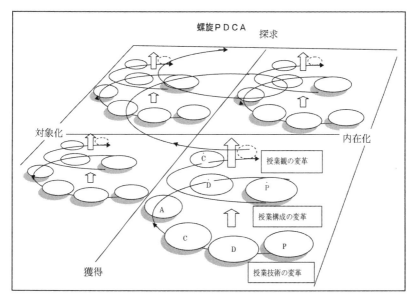

図 11-2　自らの授業観を批判的に吟味し、授業改善を図る螺旋 PDCA
出典：峯（2011）p.143

ぞれのよさと限界を吟味・分析することになる。この授業改善が第二の螺旋PDCAである（**図11-2**）。

　図11-2の4象限に区別されるそれぞれの授業観を俯瞰するP（計画）では、自らの授業観に基づく授業開発・改善の限界と課題を確認し、異なる授業観による授業開発・改善のあり方を取り入れ、新たな授業開発を図る。まず、どのような資質能力の形成を図るのかを吟味する。そして、自らの授業観に照らして、融合可能な要素を授業の組織、授業の具体に反映させる。学習内容・方法の選択・決定、組織化、学習者の実態、授業展開、資料など一部分あるいは全体の計画を構想する。D（実践）は、意図的・自覚的な授業計画に基づき、カリキュラム・単元・毎時間の実践に反映させる。複数の目標を含むことにより、学習者の状況に合わせ、実践に柔軟性や連続性を持たせる。C（評価）は、それぞれの目標に応じた授業開発・改善の評価要素を用い、適切に評価する。A（改善）は、PDCを反映して、それぞれの段階で意図的に行われる。このようにして、自らの授業観を相対化し、複数の異なる目標を学習者の状況に応じて統合し、目標・内容・方法の首尾一貫した授業開発・改善を行うことができる。以上のような社会科の授業改善の方法論が、学校現場の授業実践にどのように活かされているのかについて、次節で言及する。

2　PDCA理論の活用と小学校社会科授業実践例

(1)　1単位時間における計画段階の優れた改善

　計画段階においては、学習指導案を手がかりに、どのように改善されているかを見ることができる。1単位時間の計画の改善を取り上げよう。**表11-1**は、ある教育実習生が研究授業に向けて作成した第3学年単元「わたしたちのくらしと商店」の「スーパーマーケットに隠されたヒミツ」（2/10時間）の学習指導案である[2]。スーパーマーケットを扱う学習は、児童にとって身近で興味・関心を持ち、意欲的に追究できる内容であり、見学・調査を取り入れた展開が広く行われている。ここでは、授業者がスーパーマーケットの様子を表す映像資料を用意し、そこで働く人はどんな工夫をしているのか、

第 11 章　PDCA 理論の活用と小学校社会科授業実践の研究　131

表 11-1　ある教育実習生が作成した改善前の学習指導案

1　単元名　　　第 3 学年　わたしたちのくらしと商店
2　単元計画
第 1 次　スーパーマーケットで働く人々（2 時間）
　第 1 時　まちで働く人々
　第 2 時　スーパーマーケットに隠されたヒミツ（本時 2/2）
第 2 次　スーパーマーケットに行ってみよう（3 時間）
第 3 次　人々の仕事とわたしたちのくらしについてまとめてみよう（5 時間）
3　本時の目標
・スーパーマーケットの写真に関心を持ち、写っている人が何をしているのかを積極的に考えることができる。
・スーパーマーケットに実際に行って調べてみることに興味・関心を持つことができる。
4　本時の展開（スーパーマーケットに隠されたヒミツ）

児童の学習活動・学習内容	指導上の留意点・援助のポイント	評価観点・規準	備考・準備物
1. スーパーマーケットのスライドから見つけたことを発表していく。	・スライドを見せ、見つけたことをあげてもらう。	スライドから見つけたことを発表できている。	・スーパーマーケットのスライド
2. スライドに写っている人は何をしているのか考える。	・スライドに写っている人に注目してもらう。		
3. スーパーマーケットで働いている人に注目し、他の 2 枚のスライドを見て何をしているのか考える。	・カウンターの裏でも働いている人がいることに気づいてもらう。	スライドに写っている人が何をしているのか考えようとしている。ワークシートに自分の考えを書くことができている。	・2 枚のスーパーマーケットのスライド ・スーパーマーケット内の扉のスライド
4. スーパーマーケット内の扉のスライドを見て、中で何をしているのかを考え、ワークシートに自分の意見を書く。	・発問：「扉の中では何をしているのだろう？」 ・ワークシートを配布する。		・ワークシート
5. ワークシートに書いたことを発表し、全体交流する。	・様々な考えがあることを確認する。 ・ワークシートに、本時の授業でわかったことと感想を書いてもらう。		
6. 本時の学習を振り返る。			

出典：教育実習生：坂本昌之さんの学習指導案をもとに筆者改変

　お店の努力や工夫に気付くことが目標にされる。そして、消費者の願いとして、品物の新鮮さ、安さまた利便性と、そのための販売の工夫が意図される。しかし、児童にとって、お店の工夫を消費者と販売者の立場に分けて区別することは容易でない。とくに消費者にとっての品物の値段の安さ、品質の良

132　第Ⅲ部　理論と実践の往還による融合・統合を 意図した社会科教育学研究

さ、便利さだけでなく、販売店が他店との競争において、コストを削減し、売上を伸ばし利益を追求していること（社会のしくみ・構造）にも気付かせる必要がある。そのことを指摘された実習生は、**表 11-2** の改善案を提出してきた。

表 11-2　ある教育実習生が作成した改善後の学習指導案

3　本時の目標(1 ～ 2 省略)
・スーパーマーケットの人々は商品を売るために様々な工夫をしていることに気付くことができる。
・スーパーマーケットにしかない工夫点に関心を持ち，実際に行って調べてみることに興味・関心を持つことができる。
4　本時の展開(スーパーマーケットに隠されたヒミツ)

児童の学習活動・学習内容	指導上の留意点・援助のポイント	取入れた経済概念	評価の観点・規準	準備物
1.スーパーマーケットのスライドから見つけた売るための工夫を発表していく。 2.スライドに写っている人は商品が売れるようにどのような工夫をしているのか考え，発表する。 3.コンビニエンスストアのスライドから，スーパーマーケットのスライドとの違いをワークシートに記入する。 4.ワークシートに書いたことを発表し，スーパーマーケットとにしかない工夫点があるということを理解する。 5.本時の学習を振り返る。	・スライドを見せる。 指示「この写真から売るための工夫を見つけて発表してみましょう」 ・スライドに写っている人に注目させる。 ・コンビニエンスストアのスライドを見せ，ワークシートを配布する。 ・発問「どうしてスーパーとコンビニで工夫のされ方が違うのだろう」 ・ワークシートに，本時の授業でわかったことと感想を書かせる。	売上 売上 利益	・スライドから売るための工夫を見つけ，発表することができている。 ・スライドに写っている人が何をしているのか考えることができている。 ・ワークシートに自分の考えを記入することができている。 ・スーパーマーケットにしかない工夫点に気づくことができている。 ・ワークシートに本時の感想を記入することができている。	スーパーマーケットのスライド(資料 1) 2 枚のスーパーマーケットのスライド(資料 2・3) コンビニエンスストアのスライド(資料 5) ワークシート(資料 6)

出典：教育実習生：坂本昌之さんの学習指導案をもとに筆者改変

改善案ではコンビニエンスストアとの比較によって、他店と競争している
ことを扱い、それが利益や売上を追求するためという販売者側から見た店の
工夫について取り上げた授業に変更している。そして、学習指導案を改善す
るにあたり、実際、アンケート調査を行い（**表11-3**）、小学校第3学年の児
童が消費者の立場からだけでなく、費用や売上についてもさまざまに理解し
ていること、また、売上、費用を同時に提示することが、もうけとの関係を
捉えやすいこと、他方、費用を減らすことでもうけが増えると考えることは、
やや理解が難しいということなどを見出している（**表11-4**）。

表11-3 アンケート調査内容

お店についてのアンケート　　　　3年（　　　）組　　（　男　・　女　）
① お店の人たちができるだけよい品物を売ろうとするのはなぜでしょう？　あてはまると思
　うものすべてに丸をつけてください。
　　　ア　わたしたちがよりよい商品を買いたいから
　　　イ　わたしたちが安心して買い物できるようにするため
　　　ウ　お店の人たちがお金をもうけたいから
　　　エ　商品が売れないとお店がつぶれてしまうから
② わたしたちがお店にはらったお金はそのあとどうなると思いますか？
③ 右の表から、A店の11月のもうけはいくらだと思いますか？

		11月のA店の売上	10万円
ア　10万円	イ　9万円	A店がお店ではたらく人にはらったお金	1万円
ウ　8万円	エ　7万円	A店が品物を仕入れるのにはらったお金	2万円

④ A店がもうけをふやすためにはどうすればよいと思いますか？
⑤ 150円で30本入っているポッキーと、50円で30本入っているプリッツがあります。ポッ
　キーとプリッツのどちらかを買うとしたら、あなたはどちらを買いますか？　また、なぜ
　それをえらんだのですか？理由を下に書いてください。

出典：教育実習生：坂本昌之さんのアンケート調査をもとに筆者改変

表11-4 アンケート調査内容回答集計（一部）

調査対象：大阪市内公立小学校の第3学年103名（男55名・女48名）回答
①ア：46 イ：80 ウ：25 エ：60、②売上の使い道：きゅうりょう、おつり、電気代，品物を仕
入れるためなど（人件費、仕入れ費、立替費）、
③正答7万円49名 、誤答51名、④こうこくせんでん、ちらし、安心できる商品をうる、品
物をふやす、ねだんを安くする、お客さんがえらびやすいようにするなど
⑤ポッキーよりプリッツのほうがねだんが安いから　など

出典：教育実習生：坂本昌之さんのアンケート調査をもとに筆者改変

このような消費者の願いや販売店の努力や工夫から経済上の利益追求を踏
まえた計画の改善は、指導・助言を契機に、学習指導要領（平成20年版）に沿っ

134 第Ⅲ部 理論と実践の往還による融合・統合を 意図した社会科教育学研究

た教科書や指導書を参考にした知識の量的拡大・効率化を図る授業観からの作成から社会の見方・考え方を探求する授業への改善例と言えよう。

⑵ 単元構成を組み替える実践段階の優れた改善

大阪教育大学附属平野小学校の安野雄一教諭は、単元名「天下統一と江戸幕府」を授業公開した[3]。学校で取り組む研究主題とは別に、社会科として「価値判断・意思決定力を育む社会科学習」を主題に掲げた。

表11-5　目標とする研究主題を掲げて作成する学習指導案

1　本時の目標
①他者が社会的事象（織田信長・豊臣秀吉・徳川家康のはたらき）について考えたことや価値判断・意思決定した事と、自ら社会的事象について調べて考え、価値判断・意思決定したことを比較したり結び付けたりして、より思考を深めることができる。
②過去―現在―未来を結び付けて、社会的事象について思考を進めることができる。
2　本時の展開

	子どもたちの活動と意識　予想される発言●	指導上の留意点○支援◇評価☆
導入	どんな事を今の日本の課題として捉えているか、日本の未来についてどのように考えているかを確認し、本時のめあてを掴む。 日本は借金が多いので，国の借金を減らせるように考えないといけないな。 今の日本は，税収に対して，支出の方が多いらしいね。だから国の借金が増えていくんだね。安定して税収を挙げる方法はあるのかな。 南シナ海での動きやミサイル実験の問題も周辺では起きているので，国防を考える事も大切だね。 世界ではテロや戦争が起こっているから，世界平和について考えることが大切だと思う。よりよい国際交流の在り方を考える必要があると思う。 国会議員の数を減らして，政治の体制を整理しようとする動きもあるらしいね。支出が減らせたり，政治の決断が早くできたりすることも大切だよね。	☆自ら調べ考えた事を、事象と事象を結び付けたり、比較したりしながら、多角的視点からワークシートに表現することができる。(前時) ○前時までに配布した資料及びワークシートに表現した事を確認するようにする。 ○どんなことを今の日本の課題として捉えているか、日本の未来についてどのように考えているかについて意見交流し、誰に投票するかを考えるベースを確認するようにする。 ◇前時までに、誰に投票すると考えていたかを確認できるように、ミニネームプレートを貼ったホワイトボードを黒板に掲示する。
展開1	○前時に調べ考えた事を整理し、グループで話し合い、その時点での、価値判断・意思決定をする。 日本の首相にするならだれ！？	○前時に自ら調べ考えた事を整理する時間は、状況に応じて入れるようにする。 ○他者との対話を通して自分の立場が変わった場合は、随時、ミニネームプレートを移動してよいものとする。

展開2	○学級全体で意見を交流し、より多角的視点から、社会的事象について考えるようにする。	○どんなことを今の日本の課題として捉えているか、日本の未来についてどのように考えているかという事と結びつけながら、子どもたちの発言を黒板に整理するようにする。 ○学級での意見交流を通して自分の立場が変わった場合は、随時、ミニネームプレートを移動してよいものとする。 ○立場の変更があった子どもにはその理由を聞くようにする。 ◇他者が調べ考えた事や価値判断した事と結び付けたり、比較したりして、自分の考えや価値判断を進める事ができる。(発言・ワーク)

織田信長	豊臣秀吉	徳川家康
●A君が言っていたのだけれど、関所をなくしたり楽市・楽座をしたりして、誰にでも自由に商売をしてよいようにした人だから、この人を選んだら、未来の日本は経済的が発達すると思います。 ●キリスト教を保護し、南蛮文化を取り入れた人だから、これからの国際交流を上手くしてくれそう。世界平和にもつながりそう。	●土地の面積や収穫量を正しくはかって、検地もして、安定して年貢を集めることができるようにしたから、今の日本の経済面を良くするために秀吉を選びます。 ●Bさんも言っていたのだけれど、刀狩によって、兵農分離をした。今にあてはめたら政治の体制を整えてくれそうだから秀吉を選びます。今は議員数を減らす等の動きもあるし。	●これから約260年間平和な世の中が続く、土台をつくった人だから、家康を選びます。 ●老中や若年寄など江戸幕府の政治体制を整えているから、今の政治の体制も整えてくれそうだから選んだよ ●倹約をしていたという資料を見つけました。今の日本は借金が多いから、この人を選んだら、支出を抑えてくれそう。

終末	○本時の学習をふりかえり、ワークシートに最終的な自分の考えや価値判断・意思決定した事をまとめる。 みんなの意見も聞いてみたら、見方が変わったよ。／Aさんの意見を聞いて、納得したよ。判断がより明確になったよ。／日本の課題や未来についても考えたから、公民の学習にもつながりそうだね。	○どんなことが解決できて、何が課題として残っているかも含めて、本時の感想を意見交流するようにする。◇過去─現在─未来を結び付け、社会的事象について思考を進める事ができる。(発言・ワーク)

出典：安野雄一教諭(2017.9.7)学習指導案より筆者改変

136 第Ⅲ部　理論と実践の往還による融合・統合を 意図した社会科教育学研究

　安野氏は、教員となってからの 8 年間は教科書の知識内容を学習者に理解させる授業を行っていたことを振り返る。そして、理論的研究を深める中で、学習者の社会事象に対する見方や考え方を揺さぶり、主体的に判断していく姿を目標にした。そこで、価値判断や意思決定できる場面を授業過程に取り入れる単元づくりを試み始めた。6 年歴史では、「平清盛と源頼朝、首相にするならどっち」という助言を受け、それが戦国武将を扱う単元にも繋がってきた (**表 11-5**)。知識を解説し理解させることから学習者自身が解釈する授業へ変化し、分野間を繋ぐ数十時間に及ぶ単元構成の作成に至った (**図 11-3**)[4]。

3　PDCA 理論の活用と小学校社会科授業実践研究の課題と方向性

　紙幅の都合上、評価から改善に繋げる具体を示すことができない。そこで今後、授業改善のための PDCA 理論をどのように小学校社会科の授業実践研究に活用し、理論と実践を融合・往還するかについて述べる。PDCA による授業改善の方法論は、単に実際の発問や板書の書き方、話し方など授業技術の改善や、計画段階における学習内容の配列や選択、展開、あるいは「主体的・対話的で深く学ぶ社会科」「ICT を活用した情報活用技能を育てる社会科」など学校目標や研究会の主題から導かれる提案・主張型の理論の検証の改善を否定する。核心は、計画と実践、授業の事実と学習成果の区別をつけることにある。それは学習の事実に基づいて授業改善を行うことであり、授業実践によってどのような資質、能力、学力が身に付いたのかを冷静に評価・分析することにある。例えば、研究授業や授業検討会においては、参観者が部分的・個別的な授業改善を指摘していたり、学校や研究会が主題として掲げる社会科の理想を全体的に述べようとしたりする光景を目にする。検討すべき事柄は、公開授業で授業者は何を目標とし、どのような評価観点から自らの実践を行ったのか、参観者は同じ評価観点から、なぜ「よい」といえるのか、どこを「改善」すべきなのかを議論することである。また、単位時間で見取れる学習の事実と、数時間からなる単元での展開や長期にわたる

図 11-3 単元「わたしたちのくらしと憲法」の構成

出典：安野雄一教諭 (2018.2.11) 学習指導案より筆者改変

期間で測るべきものを区別し、何を証拠とするのかに注意を払うことである。以上を踏まえることで、学校現場で授業を研究的に分析・省察し、同僚等とのコミュニケーションや協働による授業改善を促すことになる。

注・引用文献

1 峯明秀『社会科授業改善の方法論改革研究』風間書房、2011 年。
2 教育実習生：坂本昌之の学習指導案、2006.9.21。
3 安野雄一教諭（大阪教育大学附属平野小学校）の公開授業学習指導案、2017.9.7。
4 安野雄一教諭（大阪教育大学附属平野小学校）の公開授業学習指導案、2018.2.11、安野氏は、社会科の授業づくりにおいて価値判断や意思決定を組み込んだ内容を意図して、単元を関連付けるようになってきたことを振り返る（筆者聞き取り 2019.1.11）。

（大阪教育大学大学院　峯 明秀）

第 12 章　板書の機能を組み込んだ社会科授業研究の理論と実践

1　学校教育と板書、教員養成と板書

　学校教育において、板書はどのように受けとめられているのであろうか。その重要性を指摘されながら、自明のものとされ、授業研究のテーマとなっている事例は少ないのではないだろうか。

　学校教育現場の教員として、指導主事として、大学教員として、参加した研究会において、板書が議論された事例を見せていただいたことがない。教育実習において板書の指導を受けたことがない。初任者研修で授業公開したときも、誤字の指摘はされたものの、板書についての指導はなかった。

　また、大学における教科教育法の講義や演習の中で、板書について取り上げている事例は、少ないであろう。教員養成の場においても、板書は等閑視されている。

　社会科授業において板書は必須条件である。しかし、授業と板書との関わりを大切にして考えられていないので、研究の対象になっていない。

　本稿では、まず、研究者、教育実践者の先行研究を整理し、板書の機能を明らかにする。次に、よりよい板書の在り方を社会科授業構成理論との関連で論じるとともに、社会科授業構成理論との関連を重視した板書の実践事例を分析的に論じる。最後に、社会科授業研究における板書について、事前検討会や事後検討会のあり方の視点から論じる。

2 社会科教育実践と板書、板書の機能

豊嶌啓司は、社会科教育実践と板書について、次のように整理している。

(1) 経験主義社会科の板書　社会科板書の要諦 (その1)「板書には子どもの思考の軌跡をあきらかにせよ」→「子ども」を示す

(2) 構造主義社会科の板書　社会科板書の要諦 (その2)「板書には社会の構造をあきらかにせよ」→「内容」を示す

(3) 構成主義社会科の板書　社会科板書の要諦 (その3)「板書は社会のとらえ方を共有していく様をあきらかにせよ」→「内容」も「子ども」も示す[1]。

とりわけ、(3) について、次のように述べている。

(略) これまでに社会科教育の関連学会で明らかにされている社会科の方法原理 (「問題解決」「理解」「説明」「意思決定」等の類型) について、如何に板書を示すかについて、具体的な手立てを明確にしておく必要があろう[2]。

そして、社会科の方法原理としての板書構成 (レイアウト) を次のように提案し、それぞれに板書レイアウトを示している。

(1) 鍵人物に共感的に学ぶ (理解型)

(2) 学問の成果を用い論理的に学ぶ (説明型)

(3) 現地 / 現物に触れて学ぶ (問題解決型)

(4) 合理的な判断を求めて学ぶ (意思決定型) [3]

豊嶌は、授業構成論の立場から板書の在り方を類型化し、板書レイアウトで示した。本稿では、探究Ⅰ、探究Ⅱの授業構成理論[4]と関連付け、(2) と (4) を中心に論じる。

田淵博宣は、社会科教育学者と社会科教育実践者である、有田和正、谷川彰英、福井延幸、田山修三による板書の機能を、次のように整理している。

(1) 学習課題を確認させる機能

(2) 思考を促す機能

(3) 子どもとともにつくる機能

(4) 学習内容を記憶させる機能

(5) 知識を構造化させる機能[5]

そして、それぞれの効果と課題を抽出している。(2) と (5) を紹介する。

(2) の効果：左右や上下に分けて「板書」することで比較の機能を促す。

(2) の課題：学習過程の思考の具体について、述べられていない。

(5) の効果：「板書」に図解を組み込むことで、子どもに学習内容を記憶させやすくする。

(5) の課題：子どもが「分かる」、つまり、「知識を構造化する」ことと関連付けた内容は述べられていない[6]。

田淵によって整理された板書の機能は、それぞれの研究者が論じている板書の機能を帰納的に抽出して示したものである。

豊嶌の「学問の成果を用い論理的に学ぶ (説明型)」には、子どもの思考が重要な位置を占める。田淵の「(2) 思考を促す機能」に相当する。つまり、説明型は、学問の成果を用い論理的に学ぶ過程で思考を駆使し、知識を習得することになる。このことは、田淵の整理した「(5) 知識を構造化させる機能」に相当する。また、探究Ⅰの授業構成理論にも相当する。

田淵が分析しているように「知識を構造化する」ことと関連付けた内容は述べられていないので、板書による知識の構造化が課題となる。知識の構造化をいかに板書で行うか、社会科教員に課せられた使命である。

また、豊嶌の「(4) 合理的判断を求めて学ぶ (意思決定型)」は、探究Ⅱの授業構成理論に相当する。

本章では、豊嶌の類型化を参考にするとともに、田淵の整理した「(2) 思考を促す機能」と「(5) 知識を構造化させる機能」を中核にして、板書の機能を生かした授業実践事例を分析的に論じる。

3　授業構成理論に対応した板書

(1)　探究Ⅰの授業構成理論と板書

(1) 学習問題の把握と板書

学習問題の把握に板書を活用する事例は多くない。学習問題の質によって授業展開の成否が決まる。切実感のある学習問題が学級で共有されることが

大切である。その方法の一つは、子どもの既習知識と新たな資料とを比較させることで「矛盾」を生み出し、子どもにとって切実性のある「なぜ疑問」を把握させることである。このことを板書に表現した典型事例を**図 12-1** に示す。松浪軌道は次の学習過程をたどらせ、学習問題の把握を板書に表現している[7]。

① 既習事項「スーパーマーケットの販売や集客の工夫」を確認する。

② 新たな資料を提示する。資料「スーパーマーケットとコンビニの店舗数とその移り変わり」から、「スーパーマーケットの店舗数の増加は停滞している。コンビニの店舗数は増加している。」の2点を読み取らせる。スーパーマーケットの学習でその利点を学習しているので、既習事項と新たな資料と比較させることで、「矛盾」が生じる。

③ 「なぜ、スーパーマーケットよりコンビニの方が店の数が多く、今も増え続けているのだろう。」の学習問題を把握する。

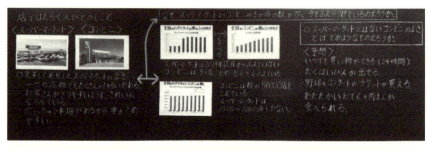

図 12-1　学習問題の把握段階を工夫した板書
出典：松浪軌道の板書を筆者が撮影したものである。

本時では、思考の中核である「比較」をチョークの矢印で可視化している。

(2) 予想・仮説の設定、資料選択と板書

学習問題の把握と同様に、予想・仮説の設定、資料選択を板書に表現することは少ない。発見された結果としての学習問題を板書することが多い。それと同様に、予想や仮説は確定したものだけを板書することが一般的である。資料選択にいたっては、資料は掲示されるものの、子どもとともに資料を選択した足跡が板書に表現されることはまずない。

このような課題を克服した典型事例を**図 12-2** に示す。植田真夕子は、板書にある二つの資料から読み取った情報の比較により相違点を見つけさせている[8]。この方法は松浪と同様である。そして、「なぜ、人口は増加しているのに、漁獲量は減っているのだろう。」という、松浪と同様の複文型の学習問題を設定している。

植田は、次のように予想を仮説に高めさせている。

① 個人思考の予想をカードに書き込ませる。この際、カードには一つだけ予想を書くというルールがある。

② グループで集まった個人のカードを分類させる。子どもには共通点、相違点の思考操作（分類、比較）からはじめさせる。その後、高次の分類指標を考える思考操作をさせる。

③ 複数の色チョークで、丸で囲んだり下線を引いたりして、分類、比較させ、予想を仮説に高めさせる。

次に、設定された仮説に対応した資料選択を行う。

「どのような資料があれば、これらの仮説は確かめられそうですか。」と問い、子どもから「働く人の数の変化が分かるグラフがほしい。」「日本人が魚を食べる量の変化のグラフがほしい。」「水産資源の変化が分かる資料がほしい。」などと発言させている。植田は子どもの意見をもとに、黒板に一つ一つ資料を提示しながら、資料を選択させる。時には、ダミーの資料を提示し、子どもを揺さぶる。板書には、仮説に対応して選択された資料が、矢印を使って構造化されている。本時における子どもの思考の中核は、「比較」と「関連付け」である。このような子どもに鍛えるには、日頃から資料選択についてのスキルを段階的に身に付けさせる営みが不可欠となる。

図 12-2 予想・仮説の設定、資料選択の段階を工夫した板書
出典：植田真夕子の板書を筆者が撮影したものである。

(3) 知識の構造化を意図した板書

学習指導案に学習問題と知識の構造図を単元計画とともに明示することを主張してきた。ともに研究した社会科の研究会では、そのことが実現している。しかし、知識を構造化する過程が板書から読み取れる事例は少ない。

子どもによる知識の構造化を板書で成功させている典型事例を**図12-3**に示す。田淵博宣は「なぜ、長野県では六月から九月にかけてレタスを東京に出荷しているのだろう。」を探究させている[9]。子どもが立てた仮説は次のとおりである。

① 長野県の気候がレタスづくりに合っているからではないか。

② レタスをはやく運べるからではないか。

③ レタスをつくるともうかるからではないか。

植田と同様に、子どもに資料の選択をさせている。田淵は予想を確かめるための資料の条件を考えさせ、次のように整理している。このことは、子どもに資料を選択しやすくする手立てとして有効に機能している。

① 長野県の気候、レタスの生育条件

② レタスの輸送方法

③ 農家のもうけ

次に、資料から読み取った情報を関連付けて分析的知識を導き出している。

① 長野県の気候はレタスづくりにあっている。

② 高速道路を使って低温トラックで運ばれている。

授業の終末では、二つの分析的知識と気温やレタスの値動きを計算によって確かめることで、次の説明的知識を習得させている。

① 野辺山原は、土地が高く6月から9月の気温が20度より低いので、レタスづくりに合っている。

② 6月から9月は他の地域が出荷していない時期に、レタスを新鮮なうちに低温トラックで高速道路を使って運んでもうけることができる。

探究Ⅰの授業構成理論では、説明的知識の習得が最終目標となっている。説明的知識の注入ではなく、知識の構造化を図ることによって習得となる。その過程が板書に示されている。まさに、子どもと創る板書の好例である。

第12章　板書の機能を組み込んだ社会科授業研究の理論と実践　　145

図 12-3　知識の構造化を図る板書
出典：田淵博宣の板書を筆者が撮影したものである。

(4) 概念の習得と板書構想ノート

植田真夕子は、A4方眼罫のノートを板書構想ノートとしている[10]。上には板書の構想を下には本時の目標、目標達成のための授業仮説、本時で使用するための資料を書く。方眼罫を利用して、資料や子どもの意見を提示する位置を決めている。このノートの必須条件は、①学習問題（なぜ疑問）とその解　②仮説検証時の資料の比較、関連　③解の構成の過程の3点である（**図 12-4**）。

図 12-4　板書構想ノート
出典：植田真夕子の板書構想ノートを筆者が撮影したものである。

植田のノートでは、「同じ中部地方なのに、なぜ、地域ごとに異なる農業が発達しているのだろう。」の学習問題で板書を構想している。中部地方の三つの農産物を複線型で探究させ、三つの農産物の特色（生育条件）と三つの地域の特色（土地の条件）を発表させる構成となっている。この二つの視点を対比しやすいように板書を構想し、農業概念の習得を目指している。

(2) 探究Ⅱの授業構成理論と板書

合理的な意志決定を行うためには、「事実の分析的検討」を行い、意志決定の根拠を明示することが重要となる。事実の分析的検討とは、これまでの学習で活用した資料や習得した知識と新たに提示された資料を活用して、意志決定の根拠となる知識を吟味することである。

意志決定のプロセスを板書で表現された事例は少ない。その中で、政策提案の議論を表現した典型事例を図12-5に示す。植田真夕子は、公民的分野「地方の自治と政治」における「よりよい町づくりをめざし、市議会にどのような提案をするとよいか」の議論のプロセスを、板書で表現している。[11]

図12-5　政策提案型授業の板書

出典：植田真夕子の板書を筆者が撮影したものである。

この板書は、地域が抱える課題を共通認識する板書と「公共性」「重要性」の視点で地域が抱える課題について検討する板書で構成されている。それぞれのグループが発表した地域の課題をキーワードにして、活用する資料の上に記述することで、地域が抱える課題の全貌が把握できる工夫をしている。

また、それぞれの課題を改善するための政策提案については、活用する資料の下に記述する構成になっている。

政策提案型の授業では、「公共性」「重要性」の視点に立って、事実の分析的検討をさせることが大切である。この過程をたどることで、もっと調べなくてはならないことが見えてくる。このことから、新たな視点で事実の分析的検討をすることになる。

4　社会科授業研究における板書

学部生や教職大学院のストレートの院生が実習授業でぶつかる壁は、学習指導案が書けないことである。附属の学部実習では、メンターからせめて学習指導案を書けるようにして送り出してほしいと言われる。このような時、板書案を先に書かせる指導をしている。板書に組み込むべき要件は、習得させたい知識や技能が表現され、授業のプロセスが分かることである。板書を見れば、授業展開が分かるのである。実習授業のあと、デジカメで写した実際の板書と板書案を比較、検討し、そこから理想の学習指導案を作成させる。このことを繰り返すことで、実習授業に対応した学習指導案の質が変わる。

それでは、学校教育現場における社会科の研究会ではどのようにすればよいのであろうか。板書を中核に据えた事前検討会と事後検討会を実施することである。事前検討会では、検討すべき学習指導案に必ず板書案を示すことである。あるいは授業者に板書を書かせてもよい。事後検討会では、実際の板書と学習指導案に示された板書案、授業記録とを比較、検討する。したがって、事後検討会は授業を行った教室で開催することが望ましい。

また、学習指導案には、本時の目標を達成するための授業仮説と、研究課題を達成するための授業仮説を明示する。事後検討会では、これらの授業仮説の達成度について、次のように代案を含めて議論する。

(1) 学習指導案に明示された本時の目標と、それを達成するための授業仮説の有効性について議論する。また、授業仮説を反証できる新たな授業仮説

を提案し、議論する。

(2) 学習指導案に明示された研究課題と、それを達成するための授業仮説の有効性について議論する。また、授業仮説を反証できる新たな授業仮説を提案し、議論する。

授業者は、事後検討会での議論を踏まえ、改善された学習指導案と改善された板書案を作成する。このことが、授業力を上げる近道となる。これは学校教育現場での営みだけでなく、学部生や教職大学院の院生の指導においても同様である。卒業論文や教職大学院の報告書には、事前検討会から事後検討会までとその後の改善案について、研究成果の中に位置付けて論じることが大切になる。

注・引用文献

1　豊嶌啓司「社会科教育実践としての指導方法研究——社会科授業における板書考察」『福岡教育大学紀要』第 59 号第二分冊社会科編、2009 年、pp.11-13。

2　豊嶌前掲書　p.13。

3　豊嶌前掲書　pp.15-16。

4　米田豊編著『「習得・活用・探究」の社会科授業＆評価問題プラン　小学校編』明治図書、2011 年。

5　田淵博宣「小学校社会科授業における「板書」による知識の構造化　—第 5 学年「自然と社会の条件と人々のくらし」の実践をとおして」兵庫教育大学大学院学校教育研究科授業実践開発コース『特定の課題についての学修の成果』2016 年、p.102。

6　田淵前掲書　p.105。

7　米田豊「『実物写真』でよくわかる！板書でみる社会科授業」連載 1『社会科教育』明治図書、No.684、2016 年、pp.118-119。

8　米田豊「『実物写真』でよくわかる！板書でみる社会科授業」連載 2『社会科教育』明治図書、No.685、2016 年、pp.118-119。

9　米田豊「『実物写真』でよくわかる！板書でみる社会科授業」連載 5『社会科教育』明治図書、No.688、2016 年、pp.118-119。

10　米田豊「『実物写真』でよくわかる！板書でみる社会科授業」連載 12『社会科教育』明治図書、No.695、2017 年、pp.118-119。

11　米田豊「『実物写真』でよくわかる！板書でみる社会科授業」連載 9『社会科教育』明治図書、No.692、2016 年、pp.120-121。

(兵庫教育大学大学院　米田 豊)

第IV部

理論と実践の融合・往還を意図した
社会科授業実践

第13章　小学校の社会科授業実践研究

1　愛知教育大学附属岡崎小学校の実践

(1)　社会形成力の育成を図る中学年社会科の授業構想

（1）問題の所在

　国家、市町村、身近なコミュニティなど、私たちは複雑にシステム化された様々な社会に属して生活している。そのような社会を形成・創造していく上で、西村は「さまざまな重層構造をもつ多次元的公民性にかかわるアイデンティティを個人の中でバランスよく追求し、それぞれの公的空間における『公共性』を追求し社会形成者としての資質・能力を形成していかなければならない」と、現代社会において多次元的公民性の育成の重要性を述べている[1]。私も西村の主張に同感で、持続可能な社会の形成・創造が求められている今だからこそ、多次元的公民性の育成につながる時代を見据えた公共性の構築は欠かせない要素と考える。さらに、社会科が始まったばかりの中学年に、どのように公共的な見方や考え方を育んでいくべきか、どのような「公共的な事柄」を題材に授業を行っていくべきかは、社会科教育研究上、まだ研究途上と考える。そこで、「公共的な事柄」を題材に、子供たちの公共意識・地域社会への参画意識の醸成を図っていく中学年社会科の授業について研究的に実践していきたいと考えた。

（2）子供の意識を見通した問題解決学習の授業構想

　愛知教育大学附属岡崎小学校では、問題解決学習の展開を授業研究の原理に据え、子供の意識に沿った問題解決過程の授業構想を図り、子供の見方や考え方の深化・拡充を目指した授業づくりを推進している[2]。その授業構想

では、①座席表の活用（子供の実態把握と思考整理）、②子供の生活意識を利用した教材との出会い（切実感を抱かせる導入の工夫）、③一人一人の問題意識に応じたひとり調べ（子供の追究を支える調べ学習の保障）、④ひとり調べとかかわり合いを往復する学習展開（個人追究と話し合いによる協同学習を繰り返す単元構想）、⑤子供の考えのズレを見通した授業構想（切実性とズレの理論[3]）を授業方法論として、現在でも実践研究に取り組んでいる。

　社会科研究室では、その研究理論に従い、今を生きる子供たちがどのような社会的事象に出会うと確かな問題意識をもって粘り強く追究を行い、社会的な見方や考え方の深化・拡充を図っていくことができるか、さらに身の周りの社会の様相を見つめ直し、よりよい社会の形成・創造を願い、働きかけていくことができるか、授業を通して社会の改善や発展に主体的、創造的にかかわっていこうとする子供の育成を目指して実践を積み重ねている。

　(3) 社会形成力の育成を図る中学年社会科の授業づくりの視点

　西村は、社会形成力の育成を図る発信型授業論として、公共性のある社会的問題を教材とし、自己表現力を高める個別学習、論理的思考力を高める協同学習、意思決定力を高める問題解決のための意思決定場面やその考えを生活場面で生かす場を、単元構成や学習過程に位置付けた授業構想を提唱している[4]。その授業構想を参考に、附属岡崎小学校の授業づくりに照らし合わせて、中学年社会科の授業づくりの視点を次のように整理した。

視点1　公共性のある社会的問題を踏まえた教材による問題解決学習の展開

　小学生の子供が初めは生活レベルで考え、地域社会を見つめていくことができる、地域社会の中に見られる公共性のある社会的問題を教材とし、子供の意識を見通して問題解決過程を踏まえた単元構想を図る。

視点2　重層的な社会の様々な視点・立場に立てる調べ学習の展開

　市町村の行政の視点や生活者の視点など、行政としての公共機関、その町で生活する様々な立場の人への聞き取りができるように、子供の意識に応じた調べ学習を展開する。

視点3　価値判断や意思決定を図る場の設定と地域社会に提案・発信する場の位置付け

152 第Ⅳ部 理論と実践の融合・往還を意図した社会科授業実践

追究過程で生じた問題について、価値判断や意思決定を図るかかわり合いの場を仕組む。また、子供の考えや活動したいという意識に応じて、地域社会に自分の考えを提案したり、発信したりする場を位置付けていく。

⑵ 研究実践の単元構想

3年「まちと人の心をつなぐ『まちバス』のひみつを探れ！」の実践[5]

（1） 単元について

岡崎市の公共交通機関である「まちバス」は、公共施設をつなぐコミュニティバスである。商店街を走行している東西ルートと、附属小近くの住宅街を走行している南北ルートがある。「まちなかにぎわいバス」という名称からも、近年衰退化しつつある岡崎市中心部の商店街活性化の目的で作られたバスである。そのために、商店街がサービス券を出すなど利用者に様々なサービスを施した岡崎市独特のコミュニティバスとしての性格をもつ。

附属小の子供たちにとって、バスは日常の交通手段である。しかし、「まちバス」を利用している子供はほとんどいない。平日の「まちバス」は、乗客もあまり見かけない状況である。「まちバス」は、岡崎市の福祉政策、中心市街地活性化政策の目的で走行しているが、実際の運用には様々な難しさをはらんでいる。このような「まちバス」の現状は、多くの市町村が運営しているコミュニティバスの課題であり、公共性のある社会的問題である。

「まちバス」を調べることで岡崎市の地域認識を図り、岡崎市が取り組む公共政策について考えさせていくことができる。そして、その公共交通の抱える公的問題に対して様々な立場の人にふれながらその解決策を追究していくことで、市民と地域のつながりを考えて運行の工夫がなされている公共交通に対する見方や考え方を拡げさせていきたいと考えた。

（2） 単元目標と単元構想図

① 単元目標

　　・「まちバス」が市の公共施設をつなぎ、市民と地域のつながりを考えて運行の工夫がされているということを理解し、公共交通に対する見

第13章　小学校の社会科授業実践研究　153

方や考え方を拡げていくことができる子供にしたい。
・「まちバス」の必要性を考えていくなかで、岡崎市が市民生活や町の発展を考えていることに気づき、これからの公共交通やコミュニティバスのあり方について考えを深めていくことができる子供にしたい。

② 単元構想図

【単元前の子供の意識】
バスは大きな乗り物で、自宅と学校をつなぐ移動手段である。市の公共施設についてはあまり知らない。事象に対して観察・調査を行い、事実を丁寧にとらえることができる。事象に対する社会との関係やその理由まで考えることができない。

過程	学習活動と子供の意識の流れ	時数	教師支援
教材との出会い かかわり合いを生む	社会的事象への意識化と気付きの表出 1「まちバス」を使ってげんき館に行こう。 ・小さいバスだな　・30分に1本しかない ・市役所を通ったよ　・優先席があるよ	2	・「まちバス」を使って、げんき館に見学に行く。小さな「まちバス」に出会わせ、その不便さを体験する。
かかわり合いを生む	問題意識の醸成（社会的事象への追究視点の確立） 2「まちバス」について思ったことを話し合おう。 ・お年寄りが乗るためのバスなのかな ・名鉄バスの方がたくさん走っていて便利だよ 　どうして岡崎市は、小さな「まちバス」を走らせているのかな	1	・「まちバス」に乗車して得た気付きを出す中で、名鉄バスとの違いや、その不便さを切り口にして、「まちバス」を岡崎市が走らせている理由について問いを生むようにする。
個人追究 ひとり調べ1	各自の追究視点に応じた調査活動の展開 3「まちバス」について調べよう。 ○お年寄りバス○施設に行くバス○にぎわいバス ・高齢者が多い・市の施設に行く・買い物に利用 ・段差がない・図書館停留所　・にぎやかな店 ・手すりがある・市役所が起点　・無料券がある	4	・「まちバス」のルートや乗車運賃など、バス停調べやパンフレットなどから調べ学習を進める。また、乗車体験をして、「まちバス」のルートについて調査する。
かかわり合い 追究を見直す	追究1の共有化と新たな問題意識の醸成 4「まちバス」の走行理由について話し合おう。 ・高齢者のために作ったバスだよ ・岡崎市の施設をつなぎ市民に便利なバスだよ ・商店街が無料券まで出して何か秘密があるよ 　なぜ「まちバス」は無料券まで出しているのかな。「まちバス」を市民は使っているのかな	1 ※Ⅰ	・1日200円で乗り放題なのにさらに無料券を商店街が配っている事実について学級で取り上げ、どうして岡崎市はそのように決めているのか、商店街とのつながりから新たな考えに迫っていくようにする。
個人追究 ひとり調べ2	各自の追究視点に応じた調査活動の展開 5「まちバス」の必要性について調べよう。 ○利用客　　○市交通局職員　○商店街の店主 ・病院に利用・みんなのバス　・サービス ・買い物に利用・町がにぎやかに・来客が増えて ・近隣は助かる・附小近隣は坂　　もうかる	4 ※Ⅱ	・実際の乗客や岡崎市の交通政策室の職員、「まちバス」の無料券を配っている商店街の人に聞きとりを行い、「まちバス」の必要性について調べ学習を進める。

	追究2の共有化と新たな問題意識の醸成 6「まちバス」の必要性について話し合おう。 ・中心部に住む高齢者や商店街の人々の暮らしを考えて走っているな ・みんなが乗りやすい工夫がされている ・南北ルートはこのままでいいのかな 「まちバス」を多くの人が使ってほしいな。ルートについてもっと考えていく必要があるな	1 ※Ⅲ	・「まちバス」のルートに疑問を抱いている子供の考えを取り上げ、「まちバス」の必要性について価値判断を促す。乗客や商店街の人、岡崎市の考えを踏まえながら、これからの「まちバス」のあり方や可能性について自分の考えを深めていく。
	追究のまとめの作成(提案作成と実践化) 7「まちバス」のルートについて考えよう。 ○市の考え　○バスがない地域○他の地域バス ・計画はある　・市にはあるよ　・福祉バス一般 ・お金がかかる・バスが必要だよ・岡崎と比較	1 総合 ※Ⅳ	・「まちバス」の必要性やあり方について自分の考えをまとめる。他の地域のコミュニティバスとの比較も踏まえ、これからの「まちバス」についてまとめる。

【単元後の子供の意識】
「まちバス」は、岡崎市の公共施設を結び、多くの市民に乗ってもらえるように使いやすさや便利さに工夫があるバスだね。岡崎市は高齢者の方や地元の人の気持ちを考えて、伝馬通り商店街に元気を与えようと「まちバス」を走らせているんだね。市民のくらしを豊かにする「まちバス」を、これからも多くの人たちが使っていくといいな。

(3) 実践の考察
―― 子供の社会的な見方や考え方の変容と授業分析を踏まえて ――

(1) 視点の違う軸になる子供を取り上げ、かかわり合いを深める【※Ⅰ】
　子供たちは「まちバス」の走行理由に問題意識をもち、ひとり調べを進めた。多くの子供たちは高齢者の乗客が多い事実から、お年寄りのためのバスと考えた。追究を見直すかかわり合いでは、商店街との関係を見つけてきた子供の考えを取り上げ、岡崎市が無料券まで出している意味を考えることで、「まちバス」の走行理由について考えを深めていけるだろうと考えた。

　授業構想通り、C1の発言後に、T1で学級に問い返した。この発問に、C4は、岡崎市が広報目的として行っていると考えた。C6は、無料券の効果を考えて発言した。このように、M子の考えを取り上げたことで、「まちバス」の走行理由について、乗客を中心に考えていた子供たちが、商店街との関係に目を向けて考えるようになっていった。かかわり合い後の授業感想に、A子は、『『お店』も『まちバス』もいいことがあるから」と、岡崎市の公共

C 1 (M子)	私は、みんなのバスだと思います。なぜかというと、おばあさんやおじいさんが、お買い物に行くとしたら、少し遠いお店で、遠かったらまちバスの方が、少しお得なのでまちバスに乗ろうって言って、お店では無料で乗れるまちバスの券を配ってるし、そこでまたもらって、もし若い人でも、それをもらったら、またまちバスに乗ろうかなって思って、それをしてるから、みんなのバスだと思いました。 ―中略―
T 1	1日無料だけでも名鉄とは違うのに、なんで岡崎市はお店に無料券まで出してもらって、さっきM子さんが言ってくれた、そんなお得なことをしているかな。
C 2	えっと、あのお、お年寄りの人は、たぶん貧乏だから。
C 3	貧乏は失礼。
C 4	ぼくは、貧乏だからじゃなくて、バスを知ってもらいたいのではないかなと思いました。シビコとかそういうとこに行って、シビコにはそういうのが書いてあるし、みんなまちバスって、いいやつ、いいバスって知ってもらいたいからだと思います。
C 5	お年寄りがいても、あんまり乗ってないから、もっと乗ってほしいんだと思います。
C 6	何か買い物をし終わって、そういう紙をあげて、帰りに乗ってほしいと思います。 ―〈略〉―

(追究を見直すかかわり合い　授業記録)

政策としての「まちバス」のよさについて考えるようになった。しかし、「だしているんじゃないかな」と確信がもてないように、公共交通としてある「まちバス」に対して見方や考え方を拡げながら、新たな問題意識を抱いた。

岡崎市は、どうしてお店に無料券まで出してもらっているのかで思ったことは、お店も「まちバス」もいいことがあるからだと思います。まずお店は、お客さんが物をたくさん買ってくれることです。次に、「まちバス」は、たくさんの人が乗ってバスの中がにぎわうことです。それで2つの場所がいいことがあるから、岡崎市は無料券までだしているんじゃないかな。
〈追究を見直すかかわり合い後のA子の授業感想〉

(2) 様々な立場によるひとり調べの展開【※Ⅱ】

　追究を見直すかかわり合い後、子供たちは、本当に乗客は商店街に行くのに利用しているのか、商店街の店の人はどう思っているか、岡崎市はどうしてそのようなルートにしたのかなど、「まちバス」にかかわる人の思いについて考え、さらなる追究に動き始めた。そこで、子供の問題意識に応じて、それぞれの立場の人に聞き取り調査を行った。

　A子は、商店街の買い物に利用している乗客に聞き取りをした。「名鉄バスと違って少し待ってくれる」など、「まちバス」ならではのよさを実感し、「ま

156　第Ⅳ部　理論と実践の融合・往還を意図した社会科授業実践

> お客さんは、「たくさんバス停があって、名鉄バスと違って少し待ってくれる」とか、「これからもたくさんお世話になると思うからなくなってほしくないねえ」と言っていたので、まちバスは絶対必要だと思いました。
> 〈乗客への聞き取り調査後のA子の授業感想〉
>
> ぼくは車を持ってない人やみんなが施設やお店に行けるように走らせているんだと思いました。お店の人にインタビューをしてお店の人が車がない人でも来てほしいから無料券を出しているって言っていたので。
> 〈商店街の店の人への聞き取り調査後のB男の授業感想〉
>
> 尾﨑さん（市職員）が言っていたことで、お金が目的ではなくまちをにぎやかにするために、にぎやかじゃない今の細い道をにぎやかにするために小さくコンパクトなげんきのでるデザインでまちを走らせている。昔の岡崎のようになるようにと、尾﨑さんは考えている。
> 〈岡崎市の交通政策室の職員への聞き取り調査後のC子の授業感想〉

ちバス」の必要性について思いを高めた。商店街の店の人へ聞き取りにいったB男は、「車がない人でも来てほしいから」無料券を出して集客を考えていると、商店街活性化の目的を理解して「まちバス」の走行理由をまとめている。また、岡崎市の交通政策室の職員に質問に行ったC子は、「お金が目的ではなくまちをにぎやかにするため」と、町づくりとしての「まちバス」の目的を感じ取り、コミュニティバスとしての意義を考えとしてまとめている。子供たちは、「まちバス」への思いやその意義を受けとめ、それぞれの立場から「まちバス」の走行理由について意味づけていた。

（3）　価値判断や意思決定を図る場の設定及び地域社会に提案・発信する場の位置付け【※Ⅲ、※Ⅳ】

　店の人の情報から「まちバス」の今後の必要性に疑問を抱いている子供がいた。その子供の考えを取り上げ、乗客があまり乗らない南北ルートに意識を向け、その必要性について価値判断を促し、話し合いを通してこれからの「まちバス」のあり方や可能性について考えを深めていきたいと考えた。

　多くの子供たちは、C1やC2、C4のように乗客がいないことより高齢者などの利用を考え、福祉バスの必要性を理由に、南北ルートはこのままでよいと考えていた。さらに、C3「昔みたいににぎやかに戻してみたい」、C5「もうかるのが目的じゃなく」と、交通政策室の職員から聞いた「まちバス」の中心市街地活性化を理由にして、岡崎市の立場から町づくりとしての必要性を理由にして述べる子供がいた。この価値判断の場を通して、3年生の子供なりにつかんできた事実をもとに理由づけ、コミュニティバスとしての「まち

第 13 章　小学校の社会科授業実践研究　157

C	1	ぼくが思ってるんだけど、この南北ルートは家があって、こっちが伝馬通りとかだったから、うんとシビコ北とかで買い物した後で、ちょっとここで乗り換えたら、りぶら（図書館交流プラザ）とかにも行けるから、こっちが家の方で、こっちが買い物とかする方で、乗り換え地点も市役所もりぶらも近いし、遠くはないからとても便利だし、ここら辺の伝馬から岡崎公園の間はたくさんお店もあるし、りぶらから岡崎公園前までは近いから、ぼくはこのルートのままでいいと思います。
		―中略―
T	1	みんなも言っていたけど、ほとんど乗ってないなあって言っていたよね。M子さんH男君は、名鉄バスがあるからまちバスはいいって言ってるけど、じゃあみんなは、お客さんが乗らない南北ルートはこのままでいいかな？　みんなはどう思いますか。
		―中略―
C	2	ぼくもY子ちゃんにかかわってこのままでいいと思います。南北ルートは住宅地で密集していて、とうてい大きい名鉄バスが入ろうとすると住宅が密集してるところで、カーブが、直角とかのカーブとかあると、塀とかにぶつかって傷をつけちゃうから、小さなまちバスを走らせてると思います。
C	3	私は、まちバスはこれからも必要だと思います。なぜかと言うと、まちなかにぎわいバスだから、昔みたいににぎやかに戻してみたいと尾崎さんは思ってるし、また尾崎さんたちはまちバスへの新しい工夫を考えてると思うからです。
C	4	私は、まだいると思います。少しのお客さんしかいないけど、そこはお客さんがいるから、少しのお客さんが年をとってるおばあさんたちだから、このままでいいと思います。
		―中略―
T	2	もうからないって、南北ルートはもうからないまんまでもいいのかな？
C	5	さっきも言ったことだけど、尾崎さんはもうかるのが目的じゃなくて、にぎやかにすることが目的で、お金のことを考えていると、目的を忘れてしまうって言っていた。目的はお金じゃない。
		―〈略〉―

（核心に迫るかかわり合い　授業記録）

バス」の必要性を判断し、自分の考えを深めていくことができた。

　A子は、「困っている人や歯医者に行く人や広い道路に出るまでに時間のかかる人を助けてあげてほしい」と、これからの「まちバス」に福祉政策の充実を期待している。そして、少しでも助けたいという思いでルートの「少し変更」を提案文としてまとめた。学習の初めは、名鉄バスがあるから必要ないと言い切っていたA子であったが、この学習を通して様々な人のことを考える福祉政策や町づくりの大切さに気付き、公共的な見方や考え方を拡げていくことができたと考える。

　南北ルートもそのままでいいけど、やっぱりそのままだと人が少なくなってしまうから、また新しくて細い道を探して困っている人や歯医者に行く人や広い道路に出るまでに時間のかかる人を助けてあげてほしいし、ルートも少し変更した方が人も少しは増えるかなと思います。
―以下略―

（学習のまとめとして書いたA子の「まちバス」提案文の一部）

⑷ 社会形成力の育成を図る中学年社会科の授業改善の方向性

授業づくりの視点に基づいて、授業改善の方向性を整理したい。視点1として、子供の意識を大事にして追究を進めたので、子供なりの問題意識をもって「まちバス」について認識を深めていくことができた。しかし、コミュニティバス運営の課題という社会的問題について、行政レベルの視点で考えていくまでに時間を費やした。問題解決学習の展開の難しさであるが、中学年でも行政レベルの構造的な問題にいち早く目を向けていけるような教材の切り口や導入の工夫についてさらに考えていく必要がある。

視点2について、本実践では、すべての子供が岡崎市の交通政策室の職員に聞き取り調査をしたわけではない。そのために話し合いは、乗客や店の主人など、生活者に寄り添った理由づけの考えが多かった。公共的な見方や考え方を高めていくことを考える時、行政の視点と生活者の視点のどちらも追究し、それぞれの立場を踏まえて考えいく必要がある。その上で、「みんなのため」という言葉の背景にある子供の考えの枠組みをその子なりに整理し、深めていくことができるような追究過程の工夫が重要である。

視点3について、実践のなかで地域社会に提案・発信することが十分にできなかった。それは、「まちバス」運営の課題について、子供自身が強い切実感を抱くまでに至らなかったからである。社会科が始まったばかりの中学年に、公共意識を高める、参画意識の醸成を図っていくことを考えると、パフォーマンス評価として意図的な活動を単元末に仕組んでいくことも、地域社会の一員としての態度形成には大きな意味があるのではないかと考える。

注・引用文献

1　唐木清志・西村公孝・藤原孝章、『社会参画と社会科教育の創造』、学文社、2010年、p.56。
2　酒井宏明・愛知教育大学附属岡崎小学校社会科研究室編、『新学習指導要領を見通した岡崎附属小の社会科・生活科の授業』、黎明書房、2011年。
3　倉本哲男は、教師が子供同士の考えのズレをとらえ、話し合いの中でそのズレを活かして子供の考えの深まりを図っていく授業方法を「切実性とズレの理論」と呼んでいる。倉本哲男「附属岡崎小（三河）の伝統的実践とは？」『愛知教育大学附属岡崎小学校研究発表会講演資料』2018年。

4 同上書 1、pp.68-70。
5 本実践は、筆者が愛知教育大学附属岡崎小学校に勤務していた 2012 年の実践である。

（愛知県岡崎市立宮崎小学校　尾崎 智佳）

160　第IV部　理論と実践の融合・往還を意図した社会科授業実践

2　徳島県徳島市の公立小学校の実践

(1)　「理論と実践の融合・往還」について

　宇佐美寛氏は、言う。

　「理論は存在するものを写しとるのではなく、存在するとみなしたものについて構想する観念的産物である。フィクションである。」（「授業の理論をどう作るか」明治図書 p.32）

　我々現場教師の中では、理論が軽視される風潮がある。それは、宇佐美氏の言う通り、それがフィクションだからである。しかし、フィクションでないものにしていくのが、我々現場教師の仕事であり、それが「理論と実践の融合・往還」ということである。

　そういった前提のもと、筆者が影響を受けた主な理論・実践家は、①岩田一彦氏、②向山洋一氏、③谷和樹氏の三者である。本節で述べること、実践例は、全てこの三者から学んだことをもとにしている。

(2)　社会科における知識分類と教科書を使った教材研究

　岩田一彦氏は、次のことを「社会科固有の授業理論5」として述べている。

> 構造化された単元設計・授業設計には、知識分類の視点が不可欠である。

（岩田, 2001, p.45）

　社会科における知識分類は、次の5つである。

> ①記述的知識　②分析的知識　③説明的知識　④概念的知識　⑤規範的知識

　社会科は、知識内容の学問である。同掲書では、内容知と方法知の比は、8：2であるとも書かれてある。この5つの知識分類が、新学習指導要領（H29告示）では、「社会的な見方・考え方」と表現されており、「概念などによる知識を獲得する」ということも述べられている。

　岩田一彦氏の理論をふまえた谷和樹氏による教科書の教材研究方法を示す。

　まず、教科書見開き2ページを概観し、上記①〜⑤の知識に分類する。次に、分類した知識が、それぞれどのように繋がっているのかを線で結ぶ。知

識の繋がりを見るわけである。

図 13-2-1　教科書の教材研究方法
(谷和樹氏が講座で示したスライドより筆者抜粋)

　このような教材研究をすることで、どの知識を、どのような順番で教え、最も重要な概念知識へと子供達を導くのかという「構造化された単元設計・授業設計」ができるのである。
　筆者は、単元の設計や一単位時間の授業を設計する際には、こういった作業を行ってから普段の授業をしている。

(3) **教科書で授業する場合の展開例**
　谷和樹氏は、「現場の教師は、毎日毎日授業をする。小学校では社会科だけを教えているわけにはいかない。全教科の教材研究をした上に、様々な校務がある。(筆者中略) 若い先生にとって、1年間全ての社会科の単元を自力で構成するのは至難の業であることも事実である。」(谷, 2007, pp.14-15) と述べた上で、教科書で授業する場合の展開例として、次の6つを挙げている。

162　第Ⅳ部　理論と実践の融合・往還を意図した社会科授業実践

> ①図表・グラフから入る。②絵や写真から入る。
> ③学習問題から入る。④教科書で自学する方法を教える。
> ⑤教科書記述から因果関係を問う。⑥教科書の資料を批判させる。

（谷,2007 より筆者抜粋）

（2）で述べた「知識分類をもとにした教科書の教材研究」を行った上で、具体的には、どのように授業を行うのか実践例を 2 つ述べる。

①図表・グラフから入る場合

（2）で示した教科書（「新編新しい社会 5 下」東京書籍 pp.10-11）左下のグラフ「日本の乗用車生産台数の変化」を例にする。

基本発問は、向山洋一氏が述べている通りに行う。最初に次の 3 つを問う。

ア：タイトル→日本の乗用車生産台数の変化
イ：出典→日本の自動車工業 2013 年版ほか
ウ：年度→2013 年

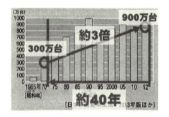

図 13-2-2　日本の自動車生産台数
（左下グラフをもとに筆者作成）

次に 2 つのことを聞く。

エ：縦軸→乗用車生産台数、単位は「万台」。
オ：横軸→年

最後の 5 つは、「グラフの傾向」である。

カ：あがっている。キ：下がっている。ク：急激にあがっている。ケ：急激に下がっている。コ：変化なし（サ：あがって下がる、シ：下がって上がる場合もある）。

これらのことを児童とやりとりしながら、書き込ませる作業指示をすると左のようになる。

この作業を通して、児童は「日本の乗用車生産台数は、この約 40 年で 3 倍近くに増えている」という分析的知識を得ることができる。

さらに次のように問う。

> 生産台数が、40 年間で 3 倍になった原因を予想しなさい。

児童は、様々に予想する。例えば、「お金をたくさん稼ぐことができるようになり、自動車を買う人が増えたから」、「道路が整備されたから」等々である。この後、予想を調べる方法を教え、調べ学習を展開する。そのようにして分析的知識から、説明的知識、概念的知識を獲得させていく。

②絵や写真から入る場合

向山洋一氏の有名な指示がある。

> 写真を見て、「分かったこと」、「気づいたこと」、「思ったこと」をノートに、できるだけたくさん箇条書きにしなさい。

極めて効果的な指示である。大切なのは、この順序でこの通り指示することである。「分かったこと」とは、社会事象の因果関係である。知識の分類で言うと、「分析的知識」や「説明的知識」に相当する。「気づいたこと」とは、社会事象に気づくということである。「白い壁の家がある」「屋上に白いタンクがある」等々、気づきさえすれば何でもよい。それでも書けない子が学級には存在する。最後の「思ったこと」なら書くことができる。このように「ありったけ」の多様な意見を出させることに意味がある。

次に6年生「江戸時代の文化」で行った例を述べる。

安政年間の市村座を描いた絵、三代歌川豊国の「踊形容江戸絵栄」（文化デジタルライブラリー https://www2.ntj.jac.go.jp/dglib/　2019.10.22確認）をA3に拡大コピーしたものを配付して、上記の指示をした。鉛筆を動かす手がなかなか止まらず、30分弱作業を続けた結果、27人合わせて283種類の意見が出された。この数を授業名人と呼ばれた有田和正氏の学級（有田, 2002, pp.58-65）と比べてみる。氏の学級では、「長篠合戦図屏風」をもとに500種類もの意見が出されたというから驚きである。それには、到底及ばないが、それでも300種類近くの意見が出たことには大きな意味がある。

出された意見の中から、価値が高いと筆者が判断したものを取りあげ、それぞれについて調べさせたり、別資料を提示して教えたりした。取りあげた主な意見を次に示す。

> ア：観客は、どのような身分の人なのだろうか。
> イ：観客席によって、身分や代金の差はあるのか。
> ウ：役者は、男ばかりなのか。女はいないのか。
> エ：全国各地でやっていたのか。
> オ：幕の模様が「おにぎりせんべい」の袋の模様に似ている。
> カ：観客が食べているものは、何か。
> キ：歌舞伎のメイクが今と変わっていない。

（筆者作成）

「知識の分類」を意識した教材研究をした上で、児童に「ありったけ」の意見を出させる。そうすることで、主体的に学ばせつつ、獲得させたい「説明的知識」や「概念的知識」に導くことができる意見を抽出して授業できる。

(4) 学習過程のメタ認知とノート指導

岩田一彦氏は、「社会科固有の授業理論24」として述べている。

> 社会科学習で自分の学習過程をメタ認知させ、その結果を表現させれば、探求能力を育てることができる。

（岩田, 2001, p.132）

さらに述べる。

> 特に、最近の傾向として、ノート指導がほとんど行われていない実状からすると、学習過程のメタ認知的活動はほとんど行われていないと推察できる。

（岩田, 2001, p.133）

引用著書の発行年は、2001年である。よって、「最近の傾向」として「ノート指導がほとんど行われていない」実状が現在も続いているのかどうかは、

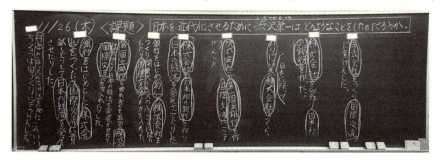

図 13-2-3　児童による授業の板書

（筆者撮影）

筆者には分からない。しかし、ノート指導をすることで、学習過程をメタ認知させることができること、その結果探求能力を育てることができるということには賛成である。

授業の究極の目的は、それ（＝授業）を必要としない人間を育てることである。自ら課題を見付け、自ら学び、自ら考え、主体的に判断し、行動し、よりよく問題解決する資質や能力を育てるために、ノート指導は欠かせない。

そのためには、前述した谷和樹氏が提案する「教科書で授業する展開例」の「④教科書で自学する方法を教える」が重要である。

筆者の場合は、探求能力を育てるために、学習過程を毎時間、次のように固定して「自学する方法」を教えている。

> 「課題」→「予想」→「教科書や資料をもとに調べる」・「自分の考えを書く」→「板書・発表・話し合い」→「結論を書く」

1年間一貫してこの展開で授業を行うことで、学習過程が「型」として身についていく。2学期には、自分たちだけで授業を展開することができるようになってくる。下のノートは、筆者が不在で自習時のものである。

「日本を近代化させるために渋沢栄一はどのようなことをしたのだろうか」という課題に対して、自分たちで調べ学習等を行い、結論を次のように書いている。

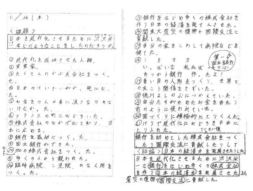

図13-2-4　児童のノート
（筆者作成）

「日本を近代化させるために渋沢栄一は、銀行をはじめ多くの株式会社を作り、日本の経済力を発展させた。また、震災の復興や国際交流に貢献した。」

この日の学習で黒板に書かれた結論は9つ。結論まで早くたどり着いた児童が、時間調整とまだ考えている友達への参考のために書いた。それぞれ自分が選んだキーワードを囲んでいる。

166 第IV部 理論と実践の融合・往還を意図した社会科授業実践

社会科は、内容の学問である。しかし、このような学習の方法も学ばせる必要がある。それには、「毎時間同じ展開で学習すること」と「教科書や資料集で自学する方法を教える」ことが重要である。

⑸ 主体的・対話的で深い学び＝討論の授業

前述した「自ら学ぶ授業」の最終形は、討論の授業である。
向山洋一氏は、言う。

> すべての授業は討論の形になることをあこがれる。

(向山, 2003, p.113)

授業中の教師の発言を極力減らして、児童だけで討論する。これこそ「主体的・対話的で深い学び」である。筆者も何度も挑戦した。しかし、「話し合い」の域を出たことはない。

以下、「話し合い」レベルの拙い実践ではあるが、討論に至るまでの過程として実践例を示す。

6年生「国際社会を生きる日本人として」

＜課題＞ 国際社会で日本の立場をどのように主張していくべきか。

①授業展開

授業冒頭で7分間の動画を見せた。内容は，広島に原爆を投下した飛行機に科学観測員として同乗したアメリカのハロルド・アグニュー博士と，二人の被爆者との対談である。アグニュー博士が被爆者へ語った言葉を抜粋する。

> 誰かを非難したいのなら，日本軍を非難すべきだ。
> 私には，真珠湾が決定的だった。あまりにも多くの友人を失った。
> 私は（貴方達に）謝らない。真珠湾を忘れるな（Remember PearlHarbor.）。

動画視聴後に感想を書かせ，発表させた。

その後，「自分ならどのように日本の立場を主張するか」についてノートに書かせ，発表し，話し合いを行った。最後に結論を書かせて終了。

第 13 章　小学校の社会科授業実践研究　167

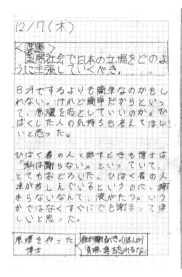
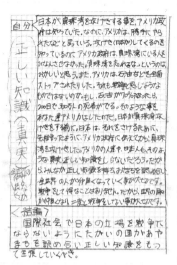

図 13-2-5　児童のノート
(筆者作成)

②話し合いで出された意見（抜粋）

ア：自分の考えを言うのも大切だが，相手の考えも聞かなければならない。
イ：お互いに「事実」と「正しい知識」が必要だと思う。
ウ：謝るべきは，戦争時の大統領等で，戦後すぐに謝るべきであった。
エ：真珠湾攻撃は，やむを得ない事だった。
オ：意見の食い違いがもとで，また核兵器を使う時がくると思う。
カ：「真珠湾攻撃を忘れるな」と言うならば「原爆投下」も忘れるな。
キ：国際社会での日本の立場を事実と受けとめ，正しいことを主張すべき。
ク：現在，北朝鮮に対し，日本・アメリカ・中国が圧力をかけている。下手をすればまた戦争になるかもしれない。丁寧な口調で主張すべき。
ケ：どちらも被害者。原爆投下，真珠湾攻撃，どちらも忘れてはいけない。

⑹　普段の授業で「理論と実践の融合・往還」を
　まとまりのない実践をバラバラと述べてきた。まとまった１つの単元を

168　第Ⅳ部　理論と実践の融合・往還を意図した社会科授業実践

研究的に実践すること、それを発表することは、もちろん重要である。しかし、筆者はこうも考える。普段の授業の中で「理論と実践の融合・往還」を目指すことの方が重要なのではないのか、と。70 ～ 105 時間ある社会科授業の質を向上させたいという思いから、あえてバラバラとまとまりのない実践を紹介するに至ったことをご理解いただきたい。

　今後も理論と実践の融合・往還を目指していく。

引用・参考文献

・有田和正『調べる力・考える力を鍛えるワーク』、明治図書、2002 年。
・岩田一彦『社会科固有の授業理論 30 の提言』、明治図書、2001 年。
・岩田一彦『小学校社会科の授業設計』、東京書籍、1991 年。
・宇佐美寛『授業の理論をどう作るか』、明治図書、1983 年。
・宇佐美寛『授業にとって「理論」とは何か』、明治図書、1978 年。
・谷和樹『教材研究にこだわる社会科授業の組み立て方』、明治図書、2007 年。
・谷和樹『子どもを社会科好きにする授業』、学芸みらい社、2011 年。
・谷和樹『主体的・対話的で深い学び」授業づくり入門』、学芸みらい社、2018 年。
・藤井 厳喜・稲村 公望・茂木 弘道・加瀬 英明『日米戦争を起こしたのは誰か――ルーズベルトの罪状・フーバー大統領回顧録を論ず』、勉誠出版、2016 年。
・向山洋一『発問 1 つで始まる「指名なし討論」』(全集 47)、明治図書、2003 年。
・George H. Nash, *Freedom Betrayed: Herbert Hoover's Secret History of the Second World War and Its Aftermath*, Hoover Institution Press Publication, 2011. ジョージ・H. ナッシュ著・渡辺 惣樹訳『裏切られた自由――フーバー大統領が語る第二次世界大戦の隠された歴史とその後遺症』、草思社、2017 年。

（徳島県徳島市八万南小学校　秋田 泰宏）

3　徳島県勝浦郡勝浦町の小学校の実践

よりよい社会の形成に参画する資質・能力を育てる授業の創造
〜ARCSモデルの視点を取り入れた「災害からくらしを守る」の実践〜

(1) 主題について

「よりよい社会の形成に参画する資質・能力を育てる授業の創造」は徳島県小学校社会科部会の研究主題である。29年度はこの主題に迫るために「認識」と「判断する力」を同時的に育む授業を研究の中心に据えていた。

そこで授業を進めていくにあたって**図13-3-1**のようなモデルを考えた。文部科学省の澤井陽介氏は「認識する部分と、その認識を使って判断する部分との割合は9対1くらいではないか」と述べている。判断させる授業の場面(1割)で子どもの認識が深まっていくためには土台となる社会認識を学ぶ授業(9割)も大

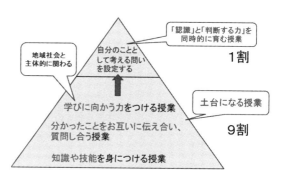

図13-3-1　授業のモデル
(筆者作成)

切にしなければならない。そのためどのように社会認識を身につけさせるかということにも焦点を当て研究を行うことにした。

中学年の子どもたちにとっての社会とは、身近な地域である。よりよい社会の形成に参画する資質や能力を育てるためには、地域社会や人々と主体的に関わり、地域の課題を自分たちの課題としてとらえさせることが必要であると考える。このような授業を実現するために、ARCSモデルの視点を取り入れることが有効であると考えた。ARCSモデルとは学習者が意欲を高めるための方法を、A(注意)R(関連性)C(自信)S(満足感)の4つの側面に分類し

て整理した指導者のためのモデルである。授業の中にこれらの視点を取り入れることで、子どもたちは、より主体的に学ぶようになる。このような授業を継続して行うことで、地域社会への愛情や誇りをもたせることができ、ひいては、よりよい社会の形成に参画しようという意欲も育てることができるのではないかと考えた。

(2) 単元構想
(1) 知識の構造図を活用した単元づくり
下図は単元「災害からくらしを守る」の学習で作成した知識の構造図であ

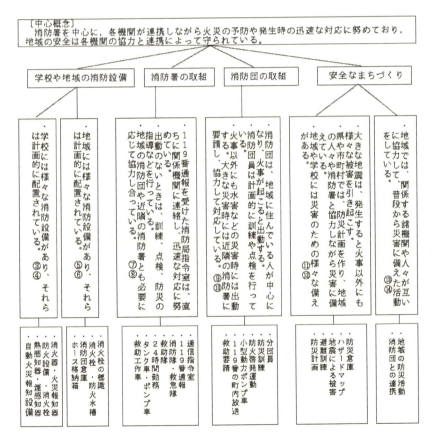

図13-3-2 「災害からくらしを守る」の学習で作成した知識の構造図
(筆者作成)

る。作成することで、単元全体を見通すことができ習得すべき用語や語句、押さえておきたい具体的知識を明らかにして指導を進めることが出来た。また、勝浦町には消防署がない（全国でも消防署がないのは29市町村だけ）ため、消防署よりも消防団に焦点を当てた授業を展開するということや「消防署がない」ということを、子どもたちが立ち止まって考える問いに出来るのではないかという考えも、この知識の構造図を作成するうちに浮かんできた。

（2）展開の概要（14時間）

学習過程	学　習　内　容		
問題をつかむ①	火事現場の画像や火事件数のグラフ等の資料から、火事について考え、学習問題をつくる。	教科書の例は静岡県だけど私たちの県やまちの火事の件数はどうかな。	
	わたしたちのまちは火事（災害）からどのようにして守られているのだろう。		
予想を立て、調べ方を決める②	学習に対する予想を立て調べる計画を立てる。	【予想】すぐに火事現場にかけつける仕組があるのだろう。学校や地域にも火事を防ぐ施設があるのだろう。	
ひとりで調べ、確かめる③〜⑫	【学校や地域の消防設備】 ・学校や地域には火事に備えて様々な消防設備が計画的に、目立つように配置されている。 ・設備は、主に消防団が使う。	【消防署の取組や工夫】 ・119番通報は消防署の通信司令室につながり各機関に連絡される。 ・消防士は訓練をし素早い出動に備えている。 ・24時間交替で勤務する。	【消防団の取組や工夫】 ・勝浦町の119番通報は役場につながり町内放送で一斉に知らせる。 ・普段はそれぞれ仕事があり、火事の放送で出動する。 ・災害時にも出動する。
みんなで確かめる⑬	消防署がなくても、勝浦のまちは、安全と言えるだろうか。		
	【安全である】 ・119番通報で一斉に町内放送をするので消防団の人はすぐ出動できるから。 ・消防団の人は、訓練や点検を計画的に行って火事に備えているから。 ・地域の人も防災訓練をして火事に備えているから。	【安全とは言えない】 ・消防団の人は普段仕事をしているので、すぐに出動できないと思うから。 ・消防団には、タンク車やはしご車のような設備がないから。 ・山火事のような大きな火事のときは、協力をお願いするのに時間がかかるから。	
広げ深める⑭	災害に強い安全なまちにするために、私たちにできることを考えよう。 ・分かったこと、考えたことを新聞にまとめよう。 ・ポスターを作って知らせよう。　　・地域の防災訓練にも参加しよう。 ・将来は、消防団に入って活躍しよう。		

172　第Ⅳ部　理論と実践の融合・往還を意図した社会科授業実践

⑶　授業の実際

> 社会認識を学ぶ授業（9割）と認識を深め判断する力をつける授業（1割）
> のそれぞれの場面での実践や、評価について、ARCS モデルの視点か
> ら述べる。

（1）社会認識を学ぶ授業

① A（注意）の側面・・・知覚的喚起、探究心の喚起、変化性

・授業開始 3 分間のフラッシュカード（リズムとテンポ・活動のある授業）

　4 年生で確実に身につけておきたい都道府県の名称と所在地などの必要な知識は、フラッシュカードで楽しく唱えながら学習している。導入から一気に子どもたちを引きつけ、無理なく楽しく必要な知識を身につけることが出来ている。

・ICT を活用する（視覚資料で探究心喚起）

　知識を広げ、考えを深めるために、ICT の活用も有効である。勝浦町の 10 カ所の消防団がそれぞれどこにあるかを調べたときは，それぞれの場所をグーグルアースで確認した。校区が広いので、実際に見に行けなくても、画面で確認することができた。また 10 の消防団を俯瞰して見ることが出来、消防団は町に存在し、南側の山間部には存在しないことが視覚的に捉えられた。

② R（関連性）の側面・・・目的指向性、動機との一致、親しみやすさ

・資料活用能力を鍛える（やりがいがあると思わせる課題設定、学習のゲーム化）

（ア）地図帳を使った地名探し

　隙間時間に行っている。教師が出題した地名を地図の中から探す。一番に見つけた子どもが、次の問題を出題する。楽しみながら探すうちに、索引のページや地図のページに記されたグリッド記号の活用法を身につけることができている。

（イ）写真を使った地名当て

　次頁のような写真を提示し「何県何市でしょう」と問う。子どもたちは地

図帳や資料を使って答えを見つける。初め一人で探しその後グループで候補を3つまで選ぶ。第1候補で正解したら100点、第2候補なら50点、第3候補なら30点などと点数を決めておくと活発な話し合いになった。その後班ごとに答えとそう決定した理由を発表しあった。右の写真では、海に囲まれた火山ということで「桜島」を地図帳から見つけたが、どちら側から撮影したのかで意見が分かれた。手前に市街地があることから地図帳の記号を頼りに正解にたどりついた子どもがたくさんいた。

図 13-3-3　桜島
出典：「社会科資料集5年」（正進社 2018年）

③ C（自信）の側面・・・学習要求、成功の機会
・写真の読み取り能力を鍛える（やればできそうな目標を提示）

1枚の写真から、分かったこと気づいたこと、思ったことを出来るだけたくさん書き、発表し合う。「〇個書けたら〇年生」など、数値目標を提示する。始めは「～がある」、「～がいる」のように、目についたものを列挙するだけだった子どもたちだが、「色んな制服を着ている人がいるけどそれぞれどんな仕事をしているのだろう」といった疑問や、「時間はいつ頃か」「場所はどこか」といった時間的・空間的なことにふれた意見もふえてきた。それらの子どもたちの意見をもとに考えの深まる問いを投げかけるようにしている。意見が分かれ、活発な話し合いになることもしばしばだった。

・グラフの読み取り能力を鍛える（スモールステップで成功体験）

グラフを見るとまず、タイトル（表題）、出典、年度、縦軸、横軸が表しているものを確認し、グラフがどのように変化しているかに注目させるようにしている。その上で、どうしてそのように変化したのか、理由を教科書や資料から見つけさせるようにしている。

④ S（満足感）の側面・・・対話や学び合い、肯定的な結果
・分かった事をお互い伝え合い、質問し合う「集合知の授業」

教科書などから分かったことをまとめるときは、山口県の河田孝文氏の推奨する「集合知」の授業をしている。次の手順で進めている。

①教科書や資料を読んで分かったこと、気づいたことなどをノートに箇条書きする。
②それぞれ意見を黒板に書く。
③書かれたものを見て、意見や質問を言い合う。

資料を読んで分かったつもりになっていることや、気が付かなかったことなどが、友達と意見を言い合うことで、考えを深め、知識を広げることができ、単に「知っている」から「分かった」という深い学びへつながった。

図13-3-4　意見を黒板に書く
(筆者撮影)

(2) 認識を深め、判断する力をつける授業
単元名「災害からくらしを守る」
①単元の目標
(ア) 災害からくらしを守るための諸活動や施設について調べることを通して、地域において消防署等の関係機関が地域の人々と協力して火災の防止に努めていることや、それらが互いに連携して緊急に対応する体制をとっていることを理解できるようにする。
(イ) 学校や地域の消防設備を調べたり、消防署の見学をしたりする活動を通して、消防署等の関係機関と地域の人々との協力・連携についてその意味や役割、自分たちにできること等を考え、適切に表現することができるようにする。
②見学や体験を通して主体的に地域社会とかかわらせる手立て
(ア) 見学には、課題意識をもたせる・・・Aの側面 (探究心の喚起)
小松島消防本部の見学の際には、子どもたちが、「これを知りたい」という課題意識をもたなければ主体的な学習にはならないと考えた。そこで、事

前に意見を出し合った中から、「出動するとき水は持っていくのか」「勝浦で火事が起こったときは出動するのか」という2点について予想し、討論した。討論では、「水は持っていかない」「勝浦の火事にも出動してくれる」という意見が多数派になり、答えは見学の折に消防士さんに尋ねようということになった。見学ではどの子どもも積極的に学ぶことができた。多くの子どもたちの予想に反し、水はタンク車が持っていく、勝浦の火事には出動しないという答えだった。消防士が「出動しません」と答えたとき、子どもたちが「ええっ」と、一斉に息をのむ様子が伝わってきた。

（イ）一番身近な方をゲストティーチャーに・・・Rの側面（親しみやすさ）

消防署見学で、「勝浦の町は大丈夫だろうか」という思いをもった子どもたち。そこで、消防団員の保護者の方にゲストティーチャーをお願いしたところ、快く引き受けてくださった。消防団の方から、使命感をもって任務にあたっているという話を間近で聞いたり、消防車に触らせてもらって、使い方を説明してもらったりすることが出来た。普段目にしたことのない父親の姿を目にし、学習後の感想では、「お父さん、かっこいい。」という声や、「自分も大人になったら消防団に入りたい」という声が多く聞かれた。

③子どもたちが自分のこととして考える問いを設定する

「認識を深めるとともに、判断する力を高める場面」を設定するには子どもたちが自分のこととして考える問いを投げかけることが必要だと考えた。子どもの内に問いが芽生えることによって主体的に友達の考えを聞きたくなり、対話的な学びになっていく。Rの側面（やりがいがありそうと思わせる課題）。

他の市町村には、一部の例外を除き消防署が設置されているのに、勝浦町にはないという、「えっ？」「何で？」という子どもの思いを、

消防署がなくても勝浦のまちは安全といえるだろうかという問いにした。調べたことや資料を活用して発言できるよう消防署と消防団を比較し、表にまとめる学習をした。比較する項目は初めは教師が提示し、その後は自由にまとめさせた。討論の際これらの資料が役立った。討論は指名なし発言で進めていくよう4月から取り組んでいる。教師が指名しないことで、話し合いに無駄がなくなり、子どもたちだけで話し合いを深めていくことができる。

Sの側面（対話や学び合いのある授業）

右の手順で毎回行っている。

消防署の見学の時には、安全ではないという意見が多数派だったが消防団の保護者の方の使命感にあふれた話を聞き、勝浦は安全であるという意見が増えた。安全派11名、安全とは言えない派が4名だった。人数に偏りはあったが活発な話し合いになった（図13-3-5）。

> 1 自分の考えをノートに書く。
> 2 同じ考えの子同士で話し合う。
> 3 全体で討論する。

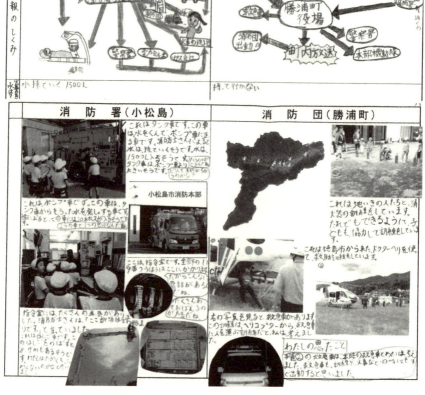

図13-3-5　消防署と消防団の比較まとめ
（筆者作成）

(3) 学んだことを表出できる学習評価　Sの側面（満足感・やってよかった）

①毎時間の自己評価

（授業の途中の評価）ノートに箇条書きした数を「○個書けたら○年生」など数値目標を提示して評価する。

（授業の終末の評価）自分から進んで発表した人、A、友達の意見を聞いて、考えが変わった人、A・・など、子どもが自分で評価できる観点を提示し、ノートにAを書かせている。たくさんAを書けることが子どもたちの意欲につながっている。

②単元終末のノートまとめや新聞

子どもがその単元での学びを実感できるように、単元の終わりには、新聞を作ったりノート見開き2ページにまとめたりする学習をしている（**図 13-3-6**）。

③授業の様子や感想を知らせる学級通信

図 13-3-6　まとめの新聞づくり
（筆者作成）

(4) 今後の課題

島根大学の加藤寿朗教授は、講演「社会に対する認識と判断を深める子どもの育成」（平成 28 年 8 月 10 日）の中で、「地域にこだわった教材開発」を挙げている。「この町が大好きな子が 18 歳になったときに、この日本のことを真剣に考える子になるのではないか」という言葉は心に響いた。今回の実践で子どもたちは、自分の地域に愛着をもち、地域の一員としての自覚をもつことができた。授業の中に ARCS モデルの視点を取り入れたことが主体的な学びにつながり、この成果につながったと感じている。これからも積極的に取り入れていきたい。社会科は人がよりよい社会をもとめて工夫・努力する姿を子どもたちに主体的に学ばせる教科であると考える。これからは地域に

こだわった教材開発に加えて、人を大切にした教材研究にも務めていきたい。これからも、社会科が大好き、この町が大好き、という子どもを育てることを目指して真摯に取り組んでいきたい。

参考文献

・J・M・ケラー『学習意欲をデザインする―ARCS モデルによるインタラクショナルデザイン』北大路書房、2010 年。
・『社会科 N0.106』徳島県小学校教育研究会社会部会、2017 年。
・『社会科教育』編集部編『学習指導要領改訂のポイント』明治図書、2017 年。
・河田孝文『勉強嫌いな子も熱中する楽しい社会科授業づくりの筋道』明治図書、2006 年。
・谷和樹『子どもを社会科好きにする授業』明治図書、2011 年。
・松藤司『情報活用能力を向上させる学習システム』明治図書、2002 年。
・吉田高志『新社会科への対応 3 グラフや統計資料の読み取りの授業』明治図書、2010 年。

（徳島県小松島市和田島小学校　横山 利恵）

第14章　中学校の社会科授業実践研究

1　千葉大学教育学部附属中学校の実践

(1)　なぜ、この授業実践がベストか

　千葉大学教育学部附属中学校社会科部会では、「社会認識の深化を目指す社会科学習の在り方」を長年研究主題に設定し、単元開発を通して社会科学習の在り方を考えてきた。現代社会は急激な変化を続けており、今後このような社会を生きていく子ども達は、自分を取り巻く社会情勢を読み解き、判断を求められるような場面に直面する機会が増える。このような社会の変化に対応するためには、単に知識を覚えているよりも、情報や知識をまとめて新しい考えを生み出す力が必要である。国立教育政策研究所からも「何を知っているか」だけではなく、それを使って「何ができるか」「いかに問題を解決出来るか」が重要となるとしている。今後は単純な社会事象についての個別的知識を持っているだけではなく、一般性を持った理論や法則を得る必要性がある。また判断を求められるような場面も増えるため、事実的認識に基づいて、価値的認識を深化・変容させていく必要性もある。そこで本校社会科部会では、森分孝治の社会認識論を参考に、社会認識過程を踏まえた単元開発が必要であるという立場に立って、社会科学習の在り方を考えてきた。

　今回紹介する授業実践は、当時の学校全体の研究主題である「自ら問い続ける生徒の育成」と関連させて、社会認識形成に関する単元開発を行ったものである。生徒自らが「問い続ける」ためには、教員が生徒の興味を引き出すことのできる教材を研究し、その効果的な配列を考えながら単元を構成することが必要である。この点を重視し、資料の選択・活用方法などを重視し

た単元構成を歴史的分野において行った。単元名は「発見！ニッポン商品史
～失われた20年における企業の生産活動から～」とし、子どもたちが生き
る現代という時代の特色を、バブル崩壊を挟んでの大きな社会の変化とそこ
に見られる特徴からとらえさせたいと考えた。現代は、社会の構造が複雑で、
容易には理解しがたい面も多く、また、経済的側面から見れば長引く不況な
ど「失われた20年」と呼ばれるような停滞感のある不安が募る社会とも言え
る。しかし、これからの未来を生きる子どもたちには、自分たちの生きる社
会に希望を持たせたい。見方を変えれば、不況の中でもIT産業などの新し
い産業の発展や、働き方も含めた多様な生き方の選択肢が広がっている点か
ら、「価値観の多様化」が認められ、「個々の生活の自由度に広がりのある」時
代でもあるということをとらえさせたいと考えた。そこで単元の題材として、
バブル崩壊後のある企業の生産活動に着目し、子どもにとって身近なインス
タント食品を取り上げ、その発売の変遷を切り口として現代の時代的特色を
とらえさせていった。どのような教材を取り上げ、どのような配列で単元を
構成するか、そして単元の学習終了後に子どもにどのような社会認識体制を
付けさせたいのかがはっきり分かる実践として、今回はこの事例を紹介した
い。

⑵　単元構想について

（1）単元名

発見！ニッポン商品史～失われた20年における企業の生産活動から～

（2）単元の目標

・現代という時代に感心を持ち、意欲的に取り組むことができる。

・資料から、各年代における企業の生産活動についての事実を読み取るこ
　とができる。

・企業の生産活動の特徴から現代の時代の特色を考察し、説明することが
　できる。

（3）単元の展開

第1時：高度経済成長期の日本

第2時：新たな生活のスタイル
第3時：バブル後の失われた20年
第4・5時：企業の生産活動の変化と時代背景
第6時：現代とはどのような時代か

　単元構成の核の部分は、「不況下では経済が停滞する」という元々子どもが持っているであろう認識をひっくり返す事例として「バブル崩壊後、発売品目が多様化しているカップヌードル」を提示し、子どもに「なぜ？」という思いを持たせることにある。その「なぜ？」を検証するため仮説（予想）を立てさせ、その仮説の検証を行っていく中で、現代という時代の特色に迫るという課題解決的な学習を取り入れた。以下、単元の具体的な展開を述べる。まず第1・2時において、高度経済成長期の日本について取り上げ、経済発展

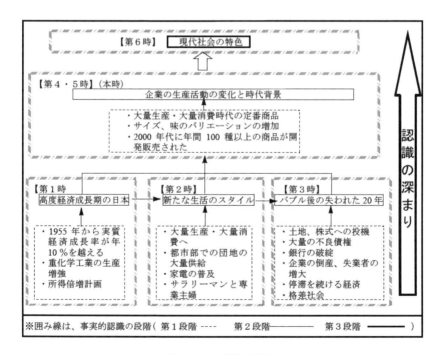

図14-1-1　単元の流れ
(筆者作成)

182 第Ⅳ部　理論と実践の融合・往還を意図した社会科授業実践

に伴って生まれた新しい生活スタイルについて目を向けさせる。画一的な生活スタイルが生まれた背景としての、大量生産・大量消費の構図、それを支えた流通の発展、CM や雑誌などのマスメディアの発達などにも触れる。第3時では、バブル崩壊から現在に至るまで日本の経済史を見ていく。バブル崩壊による企業の倒産、生産活動の縮小、経済成長率のマイナス成長など日本の経済の停滞の状況を取り上げる。またその状況からもたらされた失業者や非正規労働者の増加など、社会に与えた影響を確認する。第4時では、日清食品の製品を例に取りながら、いつ、どのような商品が発売されたかを経済史をまとめた年表と照らし合わせながら予想させる。なぜ不況の時期であるのにたくさんの新製品が生まれているのかについて疑問を持たせ、その理由を予想し、グループごとにその予想の根拠となる資料を探し意見をまとめていく。第5時は、第4時に引き続き、予想の根拠となる資料を探し、意見をまとめていく。これらの調べ活動の中で、現代社会の特色に気付かせたい。そして第6時において、前時までにとらえた社会の特色が「ポスト工業化社会」へと移行したことで見られることを確認する。これらのことから現代は見方を変えれば「価値観の多様化」が認められ、「個々の生活の自由度に広がり」のある時代でもあるということをとらえさせたい。現代の社会の特色をつかみ、より深い社会認識へとつなげていきたい（**図 14-1-1**）。

(3)　授業の様子

(1) 学習指導案略案

ここでは、本単元の核となる部分の第4時の学習指導案の略案を提示する。

時配	学習内容と生徒の活動	留意点（○）および評価（◇）
導入 5分	●カップヌードル（「しょうゆ味」「シーフード味」「カレー味」）はどの順に登場したか予想させる ●現在発売されている様々な種類のカップヌードルを紹介する	○ 1971 年にしょうゆ味が発売された。展開時の最新商品も紹介する ○サイズ、味の違うカップヌードルを準備する
展開1	●経済史をまとめた年表と照らし合わしながら、いつ頃、どのようなカップヌードルが発売されたか、各班で予想する ●各班の予想を発表する ●カップヌードルの品目が多く発売されている時期を確認する	○ 1971 年の発売開始から、現在に至るまでの商品名のカードと年表を配付する ○生活体験からのみの考察とならないように、「経済成長率」「失業率」などのこれまでの授業での配付資料も活用するように促す

		○年表と対比させながら、発売品目が増えている時期が「失われた20年」と呼ばれる時期と重なりがあることに着目させる
	「失われた20年」という不景気の時期に、多くの商品が生み出されたのはなぜだろう	
展開2	●なぜ、「失われた20年」の時期に多くの商品が生み出されたのか、予想を立て、その理由を班ごとでまとめる ●資料や理由をPowerPointにまとめる	○種類にも着目させる (味・サイズのバリエーションなど) ○高度経済成長期の生活スタイルと異なる点はあるか ◇時代背景についての予想をたて、理由について意欲的に追究しているか (観察ワークシート)
まとめ	●調べ学習の経過確認をし、次時にまとめることを予告する	

(2) 授業の様子

授業の導入では、まず日清食品のカップヌードルを切り口に用いた。定番とも言える「しょうゆ味」「シーフード味」「カレー味」がそれぞれいつごろ登場したのかを予想させた。その発売は1971年であり、そこから約45年以上たった今なお多くの種類が発売されていることを示すために、様々なカップヌードルを教卓に並べ、子ども達の興味を引き出した(図14-1-2)。

図14-1-2　様々なカップヌードル
(同校社会科教員撮影)

その後、経済史をまとめた年表と、カップヌードルの商品名カードを配付し、どの時期にどのような商品が発売されたのかを予想させた(図14-1-3)。

年表は5年区切りとし、それに対応して、商品名カードも短冊にして配付し、どの時期に当てはまるのかを予想させた。各班で予想し、その予想結果をタブレットで送信させ、クラス全体で共有した。子ども達は商品名にある「四川」や「カリビアン」「イタリアン」などの文言から、外国の人がたくさん日本にやってくるイベントのあるときに発売したのではないか？ヒット商品を生み出したくて、多くの種類を発売したのではないか？バブル経済の時

184 第IV部 理論と実践の融合・往還を意図した社会科授業実践

カップヌードル (しょうゆ)	カップヌードル (天そば)	カップヌードル (カレー)			
チキンヌードル	チリトマトヌードル	ポークチャウダーヌードル	シーフードヌードル	カップヌードル (しょうゆ) ミニ	カップヌードル (カレー) ミニ
ベジタブルヌードル	シーフードヌードル ミニ	ビーフヌードル			
カップヌードル ビアンコ	カップヌードル チャイナ芙蓉蟹麺	カップヌードル チャイナ回鍋肉麺	REDZONE 赤いシーフード		
カップヌードル (しょうゆ) ビッグ	カップヌードル (カレー) ビッグ	シーフードヌードル ビッグ	ブタホタテドリ	ローストしょゆ味	バレル forバレンタイン
カップヌードル (ドラえもん)	カップヌードル (MISO)	Mt.VALENTINE SET	カップヌードル (MISO) ミニ	マグヌードル (カレー)	カップヌードル (Jリーグ)
カップヌードル (ジュラシックパーク)	Jカップヌードル	マグヌードル (うどん)	ブートン ヤキブタしょうゆとんこつ味	イカトン ヤキイカ五目とんこつ味	スパイシーカレー
カップヌードル エアラインパッケージ	カップヌードル アジア大会記念	カップヌードル トンコツ	カップヌードル (Jリーグ'95)	NEW Jカップヌードル	カップヌードル サマーヌードル
カップヌードル ユニバーシアード	カップヌードル (麻婆)	カップヌードル (五目)			

西暦	元号	新発売されたカップヌードルの種類	経済の動き・世の中の動き	
1951	(昭和26)			サンフランシスコ講和会議、平和条約の
1952	(昭和27)			
1953	(昭和28)			テレビ放送開始
1954	(昭和29)			丸の内線営業開始
1955	(昭和30)			
1956	(昭和31)		経済白書「もはや戦後ではない」	経済白書「もはや戦後ではない」
1957	(昭和32)		神武景気	ソ連人類初の人工衛星打ち上げ
1958	(昭和33)		1万円札発行	1万円札発行
1959	(昭和34)			皇太子殿下ご成婚
1960	(昭和35)		国民所得倍増計画	カラーテレビ放送開始
1961	(昭和36)		岩戸景気	
1962	(昭和37)		首都高速開業	初の国産旅客機YS-11試験飛行成功
1963	(昭和38)		日本の鉄鋼業、アメリカを抜き世界1位に	
1964	(昭和39)		オリンピック景気・IMF8条国に移行	東京オリンピック・東海道新幹線営業開始
1965	(昭和40)			

図 14-1-3　商品名カードと経済史年表の一部

出典：日清食品グループ社史「商品開発年表」(P.P.148-161) を参考に筆者作成

期は、購買力も高いから多くの実験的な商品を発売できたのではないか？景気が悪い時は、新商品を生み出す体力がないのでは？逆にヒット商品を出さないと会社がつぶれるから、色々な「あたり」を付けるために多く商品を出したのではないか？など、これまでの学習とも絡めながら、予想を進めていた。その後、正解を発表し、なぜ不況の時期であるのに、たくさんの新製品

が生まれているのかを学習課題として提示し、グループでの学習活動に入った。

図 14-1-4　発売時期を予想する様子
(筆者撮影)

　なぜ不景気の時期に多くの商品が生み出されたのか、その理由を予想し、グループごとにその予想の根拠となる資料を探し意見をまとめていくこととした。生徒から出た予想は、次の5つであった。①色々な味を販売し多くの人に感心を持ってもらって購入してもらうため、②原料費などのコストが下がったから、大量生産しやすくなったから、③消費者の購買意欲が下がったから、会社は低価格の製品に力を入れたから、④親の共働きが増えたため、⑤外国の人が来る機会が増えたから、という予想であった。この中から、自分の考えに近いものを選び、同じものを選んだ人で班をつくり、検証をしていくこととした。授業者として出るだろうと考えていたものに加え、親の共働きなど子ども達の生活から導かれるものも出てきた。しかし、どの予想に立っても、検証を進めていく中で、子どもに単元を通してとらえてほしい現代の時代的特色に至ることができると考え、子ども達から挙がった5つの予想で、そのまま授業内で班を作らせた。各班の検証結果を発表する中で、「少子高齢化」による日本の市場の縮小、「グローバル化」を見据えた動き、「情報化の進展」など現代社会の特色にまで行き着くと考えたからだ。また、①や④からは、細分化されたニーズに応えるという点を導き、「個々の生活の自由度の広がり」という点にも触れさせることができるのではないかと考えた。

186　第Ⅳ部　理論と実践の融合・往還を意図した社会科授業実践

(3) 生徒の記述から

　図14-1-5 は、①の予想に基づい
て調べた生徒のメモである。多くの
人に感心を持ってもらうという点で
調べていった結果、日清食品のマー
ケティングに着目した。その中で、
ニーズの把握とそれに照準を合わせ
た販促・営業を行っている、という
事実に行き着いた。また図14-1-6
は、⑤の予想に基づいたメモである。

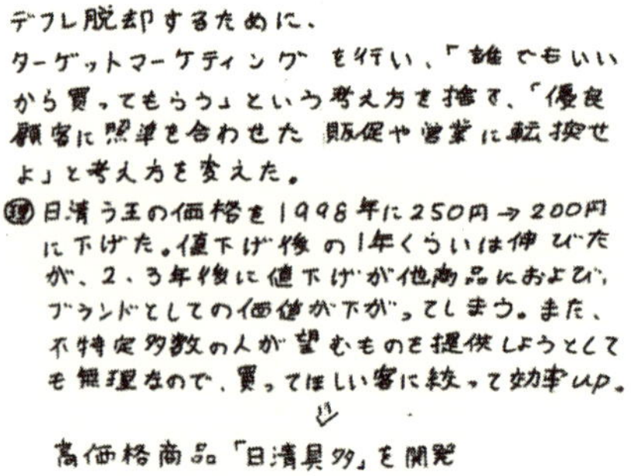

デフレ脱却するために、
ターゲットマーケティングを行い、「誰でもいい
から買ってもらう」という考え方を捨て、「優良
顧客に照準を合わせた販促や営業に転換せ
よ」と考え方を変えた。
⑧日清う王の価格を1998年に250円→200円
に下げた。値下げ後の1年くらいは伸びた
が、2、3年後に値下げが他商品を、
ブランドとしての価値が下がってしまう。また、
不特定多数の人が望むものを提供しようとして
も無理なので、買ってほしい客に絞って効率UP。

高価格商品「日清具多」を開発

図14-1-5　生徒Aのワークシートの一部
(筆者作成)

日清の海外進出のタイミングが、日本国内の不景気の時期と重なっているこ
と、進出先にあった商品を発表していること、また逆に日本への外国人の来
日の様子なども踏まえ、考察をしている様子が分かる。また図14-1-7 の生
徒は、カップ麺の種類が増えている時期と、生産個数の増加の時期が重なっ
ていることに着目し、ニーズに応えるという点に触れている。また、消費者
に与えるインパクトとしての CM の働きにも目を向けており、メディアが
消費行動に与える影響についても、これまでの学習を踏まえている。また味

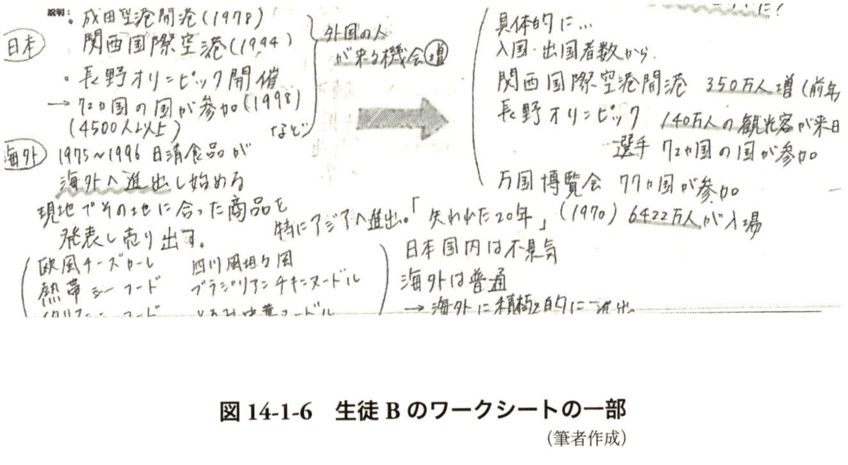

図14-1-6　生徒Bのワークシートの一部
(筆者作成)

の多彩さについても企業の海外進出と結びつけて考えられていた。

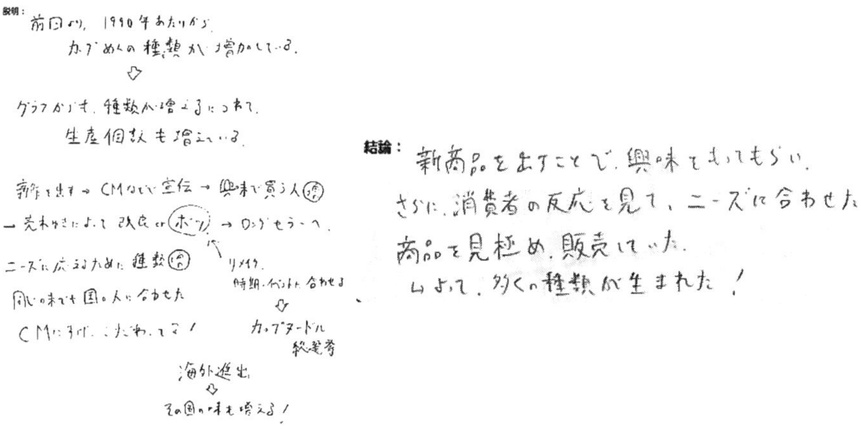

図 14-1-7　生徒 C のワークシートの一部

(筆者作成)

⑷　実践をふりかえって

　これらの予想の結果をもとに、議論を進めた結果、現代という時代は、「失われた」という言葉で表現されるような不景気による閉塞感だけではなく、見方を変えれば、「価値観の多様化」や画一された生活だけではない「個人の選択の自由度の広がり」などの前向きな社会の枠組の変化もあるということに気づくことができた。経済的側面から見たときの現代という時代と、社会的な側面から見たときの現代という時代のとらえ、社会の枠組の変化にも触れられたのではないだろうか。

　しかし、課題としては、授業を進める中で積み上げてきた事実を、どう結びつけるかという点がまだまだであったように思う。単元を構成する上で、最終的に持たせたい社会認識のゴールをしっかりと持った上で、教材研究をしっかりと行い、子どもが考えたくなるような単元構成をしていきたい。どう子どもの社会認識を引き上げていくのか。そのためには、教材と発問の吟味が必要であると改めて実感した。今後も、研鑽を重ねていきたい。

188 第Ⅳ部 理論と実践の融合・往還を意図した社会科授業実践

参考文献
・社会認識教育学会編『新社会科教育学ハンドブック』明治図書出版、2012 年。
・全国社会科教育学会編『社会科教育実践ハンドブック』明治図書出版、2011 年。
・千葉大学教育学部附属中学校『第 49 回〜 53 回中学校教育研究会会誌』、2013 〜 2017 年。
・森分孝治『現代社会科授業理論』明治図書出版、1984 年。
・森分孝治「市民的資質育成における社会科教育 ── 合理的意思決定 ──」『社会系教科教育学研究』第 13 号、pp.43-50、2001 年。
・文部科学省『次期学習指導要領等に向けたこれまでの審議のまとめについて（報告）』、平成 28 年 12 月。
・文部科学省『中学校学習指導要領解説社会編』、平成 30 年 6 月。

（千葉大学附属中学校　鹿瀬 みさ）

2 未来を拓く力を育てる社会科学習——全国中学校社会科教育研究大会の授業実践における理論と実践の往還——

(1) 実践の目的

2018（平成30）年、11月8日と9日の2日間において、第51回全国中学校社会科教育研究大会徳島大会（以下、研究大会）が開催された。徳島県中学校教育研究社会部会（以下、徳中社とする）においては、平成6年に行われた徳島大会から数え24年ぶりの開催となり、数年前から研究委員を中心に授業を構想し実践を行い、研究を積み重ねてきた。本大会の主題は「未来を拓く力を育てる社会科学習～目標・指導・評価を一体化させた社会的認識力・判断力の育成～」である。2017年（平成29）年3月31日に告示された新学習指導要領における育成を目ざす資質・能力をふまえ、徳中社の研究理論における先行的な研究実践を発表することで、指導要領全面実施に向けての参考や一助になることも目的とした。新学習指導要領の内容と徳中社の研究との関係を次の**表14-2-1**に示す。

徳中社では、地理的分野の学習においては、「社会的事象の地理的な見方・考え方を用いて、地理に関わる事象の意味や意義、特色や相互の関連を多面的・多角的に考察する力」を「社会的認識力」とし、さらに、「地理的な課題を把握して、解決に向けて学習したことを基に複数の立場や意見を踏まえて選択・判断できる力」を「社会的判断力」とした。社会的認識力と社会的判断力

表14-2-1　新学習指導要領の内容と徳中社の研究との関係

新学習指導要領（「学びの地図」）	徳中社
①「何ができるようになるか」 （育成を目指す資質・能力）	○「社会的認識力」と「社会判断力」の定義づけと意味づけ ○「社会的認識力」と「社会判断力」を育成する授業構想と実践
②「どのように学ぶか」 （各教科等の指導計画の作成と実施、学習・指導の改善・充実）	○質と内容に応じた知識の分類 ○分類された知識が生徒に獲得される過程の明確化 ○育成できる能力に応じた授業の類型化 ○授業類型を位置づけた年間計画と単元計画の作成
③「何が身に付いたか」 （学習評価の充実）	○授業における形成的評価の意義 ○社会科授業の構想（単元構造図）と評価計画の位置づけ ○授業類型に応じたワークシートの作成

（筆者作成）

190 第Ⅳ部　理論と実践の融合・往還を意図した社会科授業実践

の育成が具現化された生徒の姿を研究・実践で明らかにするために、研究仮説を次のように設定した。

> 〈研究仮説〉学習課題に対して生徒が思考（判断）した結果として獲得される知識を構造的に捉えた単元を設定し、計画的・系統的に社会科授業の実践と評価を重ねることで、社会的認識力と社会的判断力を育成することができるだろう。

⑵　研究仮説を検証するための研究内容

研究仮説を検証するために、以下の三つについて研究することとした。

（1）社会科授業における構造的な知識の捉え

社会科授業において生徒が獲得する知識は、その質と内容の違いに応じ分類することができる。それぞれの知識の分類や意味付けを行った（**表14-2-2**）。

表14-2-2　社会科授業において生徒が獲得する知識の分類

記述的知識	社会的事象（資料）に関する事実を判断し（読み取り）、その結果を記述した知識。
説明的知識	社会的事象（資料の読み取り）に関する事実を、事象間の原因・結果、条件・結果の関係に基づき解釈・推論し、社会的事象の意味や意義を説明した知識。
概念的知識	社会的事象の特質を解釈・推論し、地域・時代・社会の本質を説明した知識。
価値的知識	社会的事象や政策を、妥当性のある根拠に基づいて価値的・評価的に判断し、その結果を論述した知識。

（研究大会「研究紀要」から筆者作成）

表14-2-3　「問い」と「思考」と「知識」との関係

問い	思考	知識
いつ、どこで、誰が、何を、どのような	事実判断	記述的知識
なぜ〜か、（その結果）どうなるか		説明的知識
なぜ〜か、どのような〜か、（地域・時代・社会の本質は）何か		概念的知識
〜はよいか（悪いか）、いかに〜すべきか、〜は望ましいか（望ましくないか）	価値判断・意思決定	価値的知識

（研究大会「研究紀要」から筆者作成）

また、社会科授業は「問い」と「思考」と「知識」が一体化されて組み立てられ、

生徒の知識の獲得が実現する。そのためには、どのような問いを立てるべきかを、知識ごとに整理し明確にした（**表14-2-3**）。

(2) 能力の育成と授業類型との関連

　変化の激しい様々な課題がある社会を生き抜く生徒には、社会的事象を多面的・多角的に考察し捉える力や、社会の課題を把握し、習得した知識をもとに、複数の立場の意見から選択・判断できる力が必要である。新学習指導要領にも同様の記載がある。そのことをふまえ、徳中社では、「社会的認識力」や「社会的判断力」という育成する能力に応じ、授業を二つに類型化した。

【Ⅰ型　社会的認識力育成型授業】…事実判断により獲得された記述的知識を基盤として、社会事象間の関係や意義、地域・時代・社会の本質を解釈・推論した結果としての説明的知識や概念的知識の獲得を目指して実践することで、社会的認識力を育成する社会科授業。

【Ⅱ型　社会的判断力育成型授業】…論争問題や論争場面において、記述的知識・説明的知識・概念的知識を根拠に複数の政策・行為の選択肢を評価し選択した結果としての価値的知識の獲得を目指して実践することで、社会的判断力を育成する社会科授業。

(3) 能力を評価するための方略

　単元目標を達成させるためには、単位時間の生徒の理解度や達成度の状況を把握し、授業者の指導改善にいかされる評価、さらに、単元終了後には年間計画や単元計画を含む教育課程の改善につながる評価でなければならない。そこで、今回の実践では形成的評価に注目し、授業づくりと評価活動の関連を整理して授業実践を行った。

　表14-2-4、**表14-2-5**で示した形成的評価を行った上で、評価と授業改善をどのようにつなげていかすべきか、その関連を**図14-2-1**に示す。

表14-2-4　授業における形成的評価の考え方

	評価結果を踏まえた課題の把握	課題把握の教育活動への転用
形成的評価	生徒個人の学習状況の把握 （生徒個人の特徴の把握）	生徒個人・学級全体への補充学習、学習方法の矯正
	授業者の指導改善点の把握 （授業者共通の特徴の把握）	生徒個人・学級全体への補充学習、指導方法の矯正
	教育課程の問題点の把握 （教育課程共通の特徴の把握）	教育課程の改善

（研究大会「研究紀要」から筆者作成）

表14-2-5　評価活動を関連させた授業づくり

↓ 授業づくりの流れ　　　　　　　　　　　　　　　　　　↑ 評価の分析結果に基づく授業改善の方向

能力の育成を視点とした授業づくりの手順	授業改善の内容
能力の育成に向けた授業の計画性と系統性の吟味 （年間・単元を範囲として生徒に育成すべき能力を確定）	学習指導要領（社会科）の目標の分析と解釈
単元に位置づけられた本時の授業構想の立案 （知識の構造化による授業過程の明確化）	各学年や各分野の年間計画と単元計画における授業の位置づけ
評価資料としてのワークシートの作成 （「問い」と評価基準の確定）	「問い」と「思考」と「獲得される知識」との関連の吟味
評価資料（ワークシートの記述）の分析 （評価結果と分析手順の検討）	分析結果に基づく授業改善のための手法の吟味

出典：徳中社の研究より

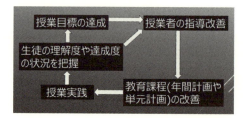

図14-2-1　授業実践と評価活動の関連
（筆者作成）

(2) 単元について

　研究大会では、地理的分野第2学年―日本の諸地域―「中国・四国地方」の単元を取り扱った。交通網の整備と人々の生活や産業における変化について、生徒に身近な徳島県の事例と中国・四国地方の県の事例を比較させることにより、中国・四国地方とはどのような地域かという認識を深め、習得した知識を活用して交通網の整備についての価値判断を行うという構成になっている。

【単元計画と評価計画】
第一次　中国・四国地方の自然環境 ……………………………………………… 1 時間
第二次　交通網の整備と中国地方の人々の生活の変化 ……………… 1 時間
第三次　交通網の整備と中国地方の農業 ……………………………… 1 時間
第四次　交通網の整備と中国地方の工業 ……………………………… 1 時間
第五次　交通網の整備と中国地方の観光業 …………………………… 1 時間
第六次　交通網の整備によりうまれたメリットとデメリット ………… 1 時間
第七次　交通網の整備による他地域との結び付きから考える中国・四国地方の将来…… 2 時間

　また、全国大会で行う授業で深い地域認識や価値判断が行えるようにするため、従来の教科書の単元配列から、地域を捉える視点を意識し、その単元で習得した知識や概念が次の単元の学習へと活かされるよう、単元配列の組み替えを行った（**表 14-2-6**）。

表14-2-6　教科書の単元配列と本実践で組み替えた配列及び単元を地域をとらえる視点

	教科書の配列	本実践の配列	地域を捉える視点
①	九州地方	九州地方	自然環境
②	中国・四国地方	中部地方	産業
③	近畿地方	関東地方	人口
④	中部地方	中国・四国地方	自然環境・産業・他地域との結び付き・人口
⑤	関東地方	近畿地方	環境保全
⑥	東北地方	東北地方	生活・文化とその変化
⑦	北海道地方	北海道地方	歴史的背景

(筆者作成)

(1) 単元構造図 (**図 14-2-2**)

　単元で習得すべき記述的知識、説明的知識、概念的知識、Ⅱ型の授業においては価値的知識もすべて示した。次頁の図は、Ⅰ型の授業における単元構造図、右側はⅡ型の授業における単元構造図である。A は単元の初めの課題把握の位置づけとなる授業、B は単元を貫く問い、C は各授業で習得する知識となる。Ⅱ型の授業では、図のように、習得した知識が対立する構造がある。この C 段階で地域認識がきちんとできていることとなり、そして、それらをふまえ D の価値的知識が獲得できるようにした。本単元では、「交通網の整備を通して見た中国・四国地方はどのような地域だろうか」という単

元を貫く問いを立て、第二次から第六次まで記述的知識・説明的知識・概念的知識を習得させ、第七次の授業で価値的知識を獲得させるようにした。

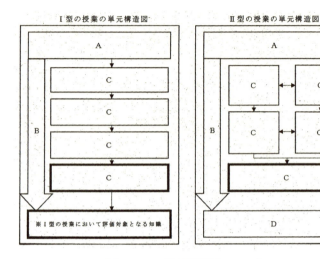

図 14-2-2　単元構造図のモデル

（筆者作成）

(2) ワークシートの工夫（**図 14-2-3**）（**図 14-2-4**）

単元の第 1 次から第 6 次のワークシートの最後の部分には、学習課題に対する生徒の考えやまとめを記述させ、その内容を見取り、形成的評価を行った。また、第 7 次のワークシートにはトゥールミンモデルを取り入れた。トゥールミンモデルは、事実（資料から読み取った事実）、理由付け（資料から

○交通網の整備は，中国・四国地方の農業にどのような変化をもたらしたのだろう。

徳島県は温暖な気候と自然環境を活かし、関西の台所と呼ばれるほど関西へ野菜を出荷している。愛媛県は一年中かんきつ類を栽培するようにし、高速道路を利用して日本各地に出荷している。高知県は出荷する時期をずらし、遠くの地方へ出荷している。3県ともトラックを用いている。近郊農業を行い、新鮮な野菜を大都市へ出荷。

施設園芸農業。シェアを拡大，高速道路−自動車→移動時間（減）

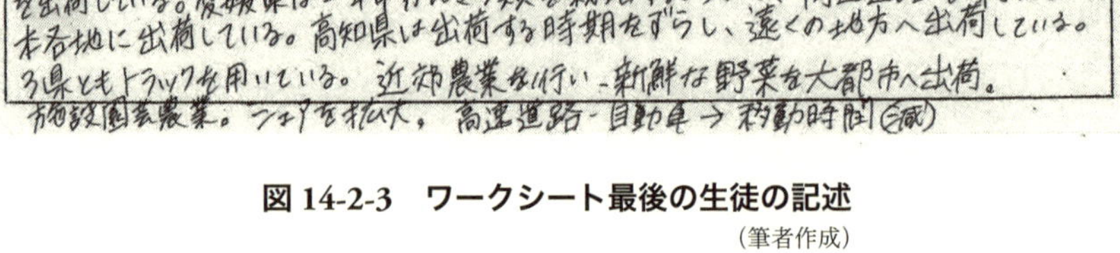

図 14-2-3　ワークシート最後の生徒の記述

（筆者作成）

単元構造図　（全８時間）　○：記述的知識　■：説明的知識　※：概念的知識　□：価値的知識

```
単元名　　中国・四国地方　－他地域との結び付きに注目して－
```

第一次　中国・四国地方の自然環境（１時間）
中国・四国地方は、なぜ山陰・瀬戸内・南四国の三つの地域に分けられるのだろう。
- ○中国地方にはなだらかな山並みの中国山地が、四国地方には険しい山並みの四国山地が通る。
- ○中国山地より北を山陰、（南を山陽）、中国山地と四国山地にはさまれた地域を瀬戸内、四国山地より南の地域を南四国という。
- ○山陰では北西から吹く冬の季節風の影響で、雪が多く降る。
- ○瀬戸内は年間を通じて降水量が少なく温暖である。
- ○南四国は日本海流（黒潮）の影響を受け、一年を通じて温暖で多くの雨が降る。
- ○瀬戸内では、一年間を通じて降水量が少ないため、ため池をつくって水を確保してきた。
- ■中国・四国地方三つの地域に分けられるのは、それぞれの地域に気候や自然環境、生活の様子に違いが見られるからである。この自然環境を活かしたり、克服したりしながら、人々はこれまで産業を発展させてきた。

第二次　交通網の整備と中国・四国地方の人々の生活の変化（１時間）
本州四国連絡橋や高速道路の整備により、人々の生活はどのように変化したのだろう。
- ○本州四国連絡橋の三つのルートの開通により、本州と四国が陸上交通で結ばれた。
- ○本州四国連絡橋の開通により、移動時間が短縮され、仕事や観光で訪れる人が大幅に増えた。
- ○瀬戸大橋・しまなみ海道の開通により、瀬戸内海を利用した通勤・通学をする人も大幅に増えた。
- ○自動車道の開通により、山陰と瀬戸内との移動時間も短縮された。
- ○大鳴門橋・明石海峡大橋の開通により、京阪神へ買い物や観光で出かける人が増え、ストロー現象がおこった。
- ■本州四国連絡橋や高速道路は、産業や通勤・通学など多様な目的で利用され、中国・四国地方や他地域を結ぶ大きな役割を担うようになった。橋や道路の整備により、人々の生活に左右されない物流の広域化などのメリットが生まれた。一方、都市部への人口の流出（ストロー現象）、フェリーの廃止などのデメリットも生じた。

【単元を貫く問い】
交通網の整備を通して見た中国・四国地方はどのような地域だろうか。

第三次　交通網の整備と中国・四国地方の農業（１時間）
交通網の整備は、中国・四国地方の農業にどのような変化をもたらしたのだろう。
- －なぜ徳島県は「関西の台所」と呼ばれているのだろう－
- 徳島県
- ○徳島県では、主に吉野川や那賀川沿いに米や野菜の栽培が行われ、山地では果物の栽培も行われている。
- ○徳島県は大都市圏大橋を利用し農作物を出荷し、近郊農業を行っている。
- ○徳島県で栽培された野菜や果実の約半数は京阪神市場に出荷されている。
- 中国・四国地方
- ○愛媛県では、一年を通じてさまざまな種類の柑橘類を生産している。
- ○高知県では野菜の促成栽培を行い、出荷時期を他地域とずらして販売している。
- ○交通網を利用し、トラックを中心とした貨物輸送で全国に出荷している。
- ○外国や他産地との競争の中で、出荷量を増やすためのPRや工夫をしている。
- ■徳島県が、本州四国連絡橋や高速道路の整備により、栽培した農作物が短時間で市場へ出荷できるようになった。大都市周辺の近郊農業をはじめ、農作物の重要な出荷先となり、栽培された農作物の約半数は京阪神で消費されていることから「関西の台所」と呼ばれている。愛媛県や高知県でも交通網を利用し柑橘類や野菜をトラック輸送で全国に向けて出荷できるようになった。外国や他産地との競争の中で出荷増のために、PRにも取り組んでいる。

第四次　交通網の整備と中国・四国地方の工業（１時間）
交通網の整備が、瀬戸内工業地域や徳島県の工業にどのような変化をもたらしたのだろう。
- －なぜ他県の企業は、徳島県に工場を建設したり移転したりしているのだろう－
- 徳島県
- ○徳島県は、医薬品、発光ダイオード、リチウム電池、家具などの生産がさかんである。
- ○特殊な技術をもち、国内各地に製品を出荷し、高いシェアをもつ中小企業が多い。
- ○徳島県は、本州へのアクセスという交通網の利点から、積極的に県外の企業を誘致している。
- 中国・四国地方
- ○瀬戸内工業地域では、化学工業や金属、機械類の生産がさかんである。
- ○石油や鉄鉱石などの原料を輸入し加工して鉄鋼や石油製品を輸出している。
- ○高速道路や本州四国連絡橋の整備により、陸送から空輸や、出荷量が変化した。
- ○高速道路沿いに部品などを製造する工業団地がつくられるようになった。
- ○他地域で製造された製品との競争が厳しくなり、販売戦略を工夫を行っている。
- ■徳島県は、本州四国連絡橋や高速道路の整備により、製品を短時間で全国に向けて出荷できるようになった。工場に必要となる人材や水が得られるなどの地理的な利点から、県外の大阪などから工業団地を建設し県外の企業の誘致を進めている。瀬戸内工業地域でも高速道路の整備により、陸送での出荷先や出荷量が増えた。

第五次　交通網の整備と中国・四国地方の観光業（１時間）
交通網の整備は、徳島県や山陰地方の観光業にどのような影響や変化をもたらしたのだろう。
- －なぜ徳島県の宿泊者数は、全国で最下位なのだろう－
- 徳島県
- ○徳島県には多くの観光地があり、本州四国連絡橋の開通により、観光客が増加した。
- ○徳島駅周辺にビジネスホテルが次々と建設された。
- ○本州への移動時間の短縮により、県内で宿泊しない観光客が増加した。
- 中国・四国地方
- ○石見銀山や出雲大社、鳥取砂丘など山陰地方には多くの観光地がある。
- ○山陰地方は地域活性化の取組として観光に力を入れている。
- ○中国自動車道に加え、米子自動車道や浜田自動車道の高速道路や山陰各地の空港を利用する観光客が増加した。
- ○高速道路や空港などのアクセスの良さから、遠距離からの宿泊客が増加した。
- ■本州四国連絡橋や高速道路の整備により本州からも観光地に訪れやすくなり、宿泊しなくても観光できるようになったことで、日帰り客が増加し、宿泊客が減少した。山陰の島根県は、交通網の整備により高速道路や空港、観光資源を利用し、県内や海外からの観光客や宿泊者が増加した。

第六次　交通網の整備による、産業や人々の生活への変化や影響
交通網の整備による中国・四国地方や徳島県のメリットとデメリットを、さまざまな人の立場で整理しよう。（１時間）

〈例〉商業関係者の立場では
（交通網の整備によるメリット）
- ○商品を安定して入荷できるようになり、入荷コストも削減された。
- ○流通に要する時間が短縮され、幹線道路沿いにコンビニエンスストアが増加し、郊外に大型ショッピングセンターも進出し、利益をあげている。

（交通網の整備によるデメリット）
- ○駅周辺の商店街は、郊外の大型ショッピングセンターなどに買い物客を取られ、小売の販売額が減少し、経営が難しくなった。
- ○ストロー現象により都市部に買い物客が流出し、駅周辺の商店街の販売額が減り、多くの店が閉店し、シャッター街になったことで、町が衰退した。

■中国・四国地方では、交通網の整備によって商品の輸送などにおいて商品の輸送などにかかる時間の短縮、入荷コストの削減などが可能になるなどのメリットが生まれ、コンビニエンスストアの増加や大型ショッピングセンターの進出も見られるようになった。一方、ストロー現象による駅周辺の商店街の販売額の減少、商店街の衰退などのデメリットも生まれた。

- ┄中国・四国地方は、それぞれの地域で特色のある生活を営んでいる。地域によって産業にも違いがあり、歴史的な背景や地理的な条件をいかして発達してきた。かつては、他地域との結び付きを海上交通にたよっていたが、近年、交通網が整備され陸上交通が主となり、人々の営みや、農業・工業・商業・観光業などにおいて様々な変化が生まれている。

- ┄※交通網の整備による他地域との結び付きは、人やものの動き方、動く量や範囲に大きな変化をもたらす。その変化は地域に大きな影響を及ぼし、その影響・メリット・デメリットは、農業・工業・商業関係者・観光業者・地域住民（消費者）などの立場により異なる。交通網の整備により生まれた他地域との新たな結び付きは、地域は変容していくものである。

第七次　交通網の整備による他地域との結び付きから考える中国・四国地方の将来（２時間）
「四国新幹線」の開通によって、中国・四国地方の産業は発展するだろうか。（本時2/2）

- □新幹線は中国・四国地方内外の人の動きを増やし活発化するため、それとともない様々な産業も利益があがることにもつながるため、産業は発展する。
- □新幹線開通による変化は、中国・四国地方全体の人々に恩恵をもたらすことにはつながらないため、産業は発展しない。

図14-2-4　「中国・四国地方」単元構造図
（筆者作成）

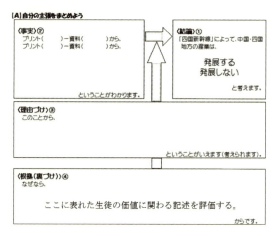

図14-2-5　ワークシートのトゥールミンモデル
(筆者作成)

読み取った事象を関連づけてまとめた結論を支える理由)、結論(価値判断した結果としての自分の判断)から構成される議論のためのモデルである。本実践ではこれらの構成に加え、根拠(裏付け)(理由付けを支える根拠)を設けた。この記述に生徒がどこに価値をおいて結論を導いたのかが表出されるとし、この部分を見取れば、生徒の価値判断が評価できると考えた。

(3) 本時の授業展開
1　本時の振り返りをする。
2　学習課題を把握する。
>「四国新幹線」の開通によって、中国・四国地方の産業は発展するのだろうか。

3　学習課題についての班で意見を交換する。
4　ゲストティーチャーの話を聴く。
5　班での話し合いをもとに、自分の意見をまとめる。

研究大会では単元「中国・四国地方」の最後となる第七次の授業を行った。学習課題「四国新幹線」の開通によって中国・四国地方の産業は発展するだ

ろうかについて、九州新幹線や北陸新幹線の事例、中国・四国地方の産業に関する様々な資料に基づいて、トゥールミンモデルを用いて発展するか、発展しないかを論理的に説明するという授業内容である。授業の途中では、意見の異なる他者との意見交換や、新たな資料やゲストティーチャーの話から、価値を揺さぶることも意図的に行った。最終判断については文章で記述させた（図14-2-5）（図14-2-6）。

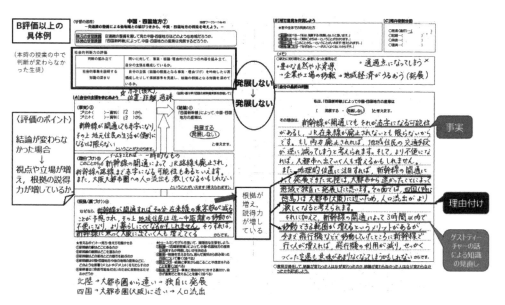

図14-2-6　評価した生徒のワークシート
(筆者作成)

　結論が変わった場合と結論が変わらなかった場合の評価のポイントを明確にし、事実・理由づけなどにおける記述内容に、視点の広がりや質の高まりが見られるかを見取り評価した。

〈成果〉	○目標・指導・評価を一体化させて単元構成を行うことで、単元構造が明確となり、生徒に獲得させる知識、各時間の授業の位置づけや単元全体を意識して授業を実践することができた。 ○生徒が地理的な見方・考え方に基づく知識を活用することが可能となり、概念的知識を獲得した上での社会的な判断ができる力を育成することができた。 ○地理的分野の学習においても、Ⅱ型の授業を行うことにより、生徒に社会的判断力を育成することができ、そのことが地域認識の深まりにもつながった。
〈課題〉	○単元を構想し授業を進めていく上で、歴史的分野や公民的分野からの視点が、社会的事象の認識を深める上でも必要となる場合があるため、他分野との関連を図っていくことが求められる。 ○形成的評価では、生徒の記述の内容や変容を適切かつ効率的に見取る手立てや工夫が必要である。 ○総括的評価についての研究を継続しさらに進めていく必要がある。

(4) 実践の成果と課題

　徳中社の今回の実践では上記のような成果と課題が明らかになった。しかし、筆者自身にはこれらに加え、二つの課題が生まれた。一つは、単元を貫く問いの設定である。今回の実践では社会認識を土台とした価値判断をさせるため、単元を貫く問いも社会認識を意図した内容にした。しかし、第六次と第七次の流れが途切れ、単元全体も静態地誌のようになってしまった。理論と実践の往還を考えると、この単元を貫く問いを四国新幹線に関する内容にし、四国新幹線を通して地域認識を行っていくという授業を構想したい。もう一つは、トゥールミンモデルの理由づけの部分の記述内容である。資料は正しく読み取れているが、正しい事実認識に基づかない記述も見られた。一度、教師が生徒の記述を読み、資料から得た情報による正しい事実認識につながるよう、指導した後、裏付けを考えさせるなどの手立てを行い改善していく。数年後には有権者として一票を投じることとなる生徒たちの正しい判断や選択につながるよう、今後もよりよい価値判断の場面を設定した授業を構想・実践したい。

参考文献
・全国中学校社会科教育研究会『第51回全国中学校社会科教育研究大会徳島大会　研究紀要』2018年。
・原田智仁『新学習指導要領の展開　社会』明治図書、2017年。

（鳴門教育大学附属中学校　大谷 啓子）

第14章 中学校の社会科授業実践研究 199

3 愛知県春日井市立東部中学校の実践

⑴ 活用した理論

　戦後、日本の教育は「経験主義と系統主義」「ゆとりと詰め込み」といった二項対立で語られてきた。社会科教育においても同様の経緯が存在する。経験主義は「這い回る経験主義」と揶揄された。一方の系統主義は「社会科は暗記科目」と児童生徒が認識する戦犯として批判をされた。この二項は、時代や政策の変化とともに振り子のように揺れ動いてきた。

　市川伸一氏は、この二項対立の原因について「本来なら全ての児童生徒に習得させたい基礎・基本を、探究型のやり方で獲得させようとしすぎたことにある」と述べ、その理念を実現する授業理論として「教えて考えさせる授業」を提唱している[1]。「教えて考えさせる授業」は、授業全体を「教える段階」と「考えさせる段階」に大別し、基礎的・基本的な知識や技能を身に着けさせ、それらを使って思考させることで、学習内容を確実に身に着けさせようとする考え方である。この授業理論は、現行の学習指導要領で示された「習得」と「活用」の考え方とも符合している[2]。2014年度にこの授業理論を用いて実践を行った。その結果、以下のような成果が得られた。その一方で、社会認識が各単位時間で途切れてしまう傾向があり、単元を通した社会認識の深まりが十分でないとの課題意識をもった。

　○　学力低位の生徒も含め、全体的に学習意欲が向上した。

　○　グループやペアで話し合う頻度が増え、話す・聞く力が高まった。

　○　知識を問う単元小テストの結果が向上した。

　西岡加名恵氏は、WigginsやMcTigheの研究成果を整理し、深い理解を保障するためのカリキュラム設計理論として「逆向き設計論」を提唱している[3]。逆向き設計論では、深い理解を保障するために「大人になって知識やスキルの詳細を忘れて去ったとしてもなお残っているべき重要な『理解』」とされる「永続的理解」と、それに対応した「本質的問い」や「パフォーマンス

課題」を設定することを前提としている。また、「永続的理解」の下部構造として、「転移可能な概念」や「事実的知識」「個別的スキル」等を位置づけた「知の構造（図14-3-1）」も重要視している。このような「逆向き設計論」を取り入れることで、課題としていた「単元レベルでの社会認識の深まり」を実現し「確実な習得」と「深い理解」を両立できるのではないかと考えた。そこで、

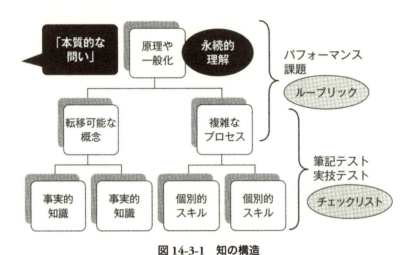

図14-3-1　知の構造

出典：西岡加名恵訳『理解をもたらすカリキュラム設計――「逆向き設計」の理論と方法』日本標準、2012

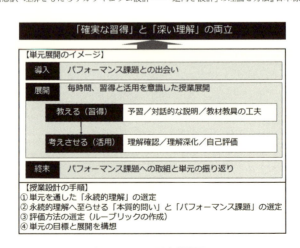

図14-3-2　研究構想図

出典：市川・西岡理論を参考に筆者作成

2017年度に中学3年生公民的分野において、**図14-3-2**のように「教えて考えさせる授業」と「逆向き設計論」の両理論を融合させ、実践を行った。

⑵　単元構想

（1）単元

中学3年公民的分野「基本的人権の尊重」

（2）本単元における知の構造とパフォーマンス課題

本単元における知の構造を**図14-3-3**のように定め、それを基にパフォーマンス課題を以下のように設定した。

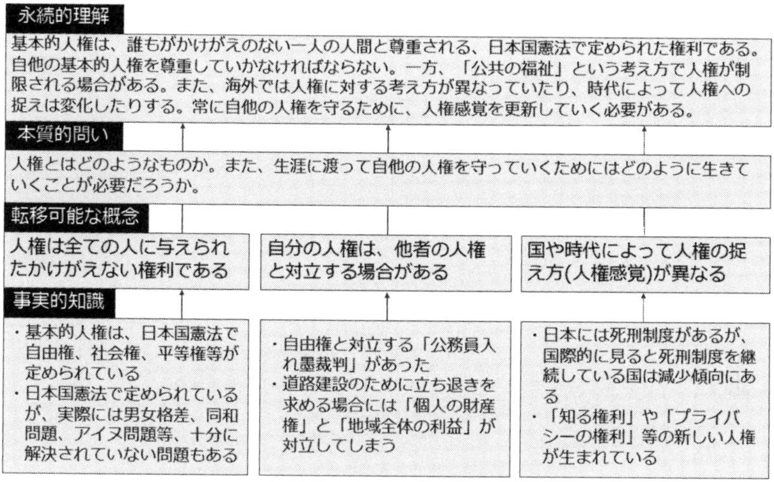

永続的理解
基本的人権は、誰もがかけがえのない一人の人間と尊重される、日本国憲法で定められた権利である。自他の基本的人権を尊重していかなければならない。一方、「公共の福祉」という考え方で人権が制限される場合がある。また、海外では人権に対する考え方が異なっていたり、時代によって人権への捉えは変化したりする。常に自他の人権を守るために、人権感覚を更新していく必要がある。

本質的問い
人権とはどのようなものか。また、生涯に渡って自他の人権を守っていくためにはどのように生きていくことが必要だろうか。

転移可能な概念

人権は全ての人に与えられたかけがえない権利である	自分の人権は、他者の人権と対立する場合がある	国や時代によって人権の捉え方(人権感覚)が異なる
事実的知識		
・基本的人権は、日本国憲法で自由権、社会権、平等権等が定められている ・日本国憲法で定められているが、実際には男女格差、同和問題、アイヌ問題等、十分に解決されていない問題もある	・自由権と対立する「公務員入れ墨裁判」があった ・道路建設のために立ち退きを求める場合には「個人の財産権」と「地域全体の利益」が対立してしまう	・日本には死刑制度があるが、国際的に見ると死刑制度を継続している国は減少傾向にある ・「知る権利」や「プライバシーの権利」等の新しい人権が生まれている

図14-3-3　本単元における知の構造

出典：西岡の「知の構造」をもとに筆者作成

（3）単元の目標

○　基本的人権に対して感心をもち、進んで自他の人権を尊重しようとする意識を高めることができる。　　　　　　　　　　（学びに向かう力・人間性）

○　憲法の条文や類似の判例、諸資料を比較、関連付けを通して、人権や人権とのかかわり方について多面的・多角的に考察したことを表現することができる。　　　　　　　　　　　　　　　　　　（思考力・判断力・表現力）

202　第Ⅳ部　理論と実践の融合・往還を意図した社会科授業実践

○　身近な事例をもとに、基本的人権の性質や種類、今後の課題に関する
　知識を身につけることができる。　　　　　　　　　　　　　（知識・技能）

(4) 単元の評価

以下の方法を用いて、観点別に評価を行う。

学びに向かう力・人間性	振り返りの記述や授業観察を通して主体的に学ぶ態度を評価
知識・技能	ペーパーテストにより、事実的知識の理解の程度を評価
思考力・判断力・表現力	下記ルーブリックによるパフォーマンス評価

5	レベル4を満たし、事例や資料を列挙しながら記述することができている。
4	レベル3を満たし、永続的な理解で示された点が概ね十分である。
3	主張、説得力、相手意識は概ね十分である。
2	主張はあるが、説得力や相手意識において不十分な点がある。
1	未完成である。主張がない。

(5) 単元の展開

時間	単元計画と予想される生徒の主な考え
第1時	◎基本的人権の尊重とはどのような考えか理解しよう。 ○パフォーマンス課題に出会う。 「人権とはどのようなものか」また、「生涯に渡って自他の人権を守っていくにはどう生きていけばよいか」が小学5年生にも分かりやすく、説得力をもって伝わるような発表原稿を書きましょう。
第2時	◎平等権と障害者差別を理解し、男女平等な社会の在り方について考えよう。 課題　より男女平等な社会にするためには、どのような取組が必要だろう。 ・行政は、子育て世代への減税や給付、待機児童対策に務めることが大切だよ ・企業や家庭では、男女平等に仕事や家事をする文化を更につくっていくべき
第3時	◎アイヌや同和問題を理解し、在日外国人との関わり方について考えよう。 課題　日本に長期滞在する在日外国人にも選挙権を与えるべきである。 ・賛成：納税者であれば与えるべき。在日外国人差別と言われても仕方がない。 ・反対：選挙権は国のあり方にもかかわる問題。内政干渉になる恐れもある。
第4時	◎自由権について理解しよう。 課題　公務員の入れ墨禁止令に賛成？反対？（2012年大阪市での裁判より） ・賛成：人には表現の自由があり、自分の体でどう表現しようが自由 ・反対：人に自由権はあるが、税金で働く公務員が住民に恐怖心を与えてはいけない。
第5時	◎社会権について理解しよう。 課題　「生活保護を受けている人はギャンブル禁止」に賛成？反対？（2013年兵庫県小野市の条例より） ・賛成：ギャンブルは、「健康で文化的な最低限度の生活」にはあたらない。 ・反対：税金をギャンブルに当ててはいけない。かえって生活が困窮する元になる。
第6時	◎人権を保証するための権利について理解しよう。 課題　春日井市に必要な条例を考え、請願をしよう ・夜間騒音防止条例（バイクの騒音）
第7時	◎公共の福祉と国民の義務について理解しよう。 課題　バイパス建設のために立ち退きを求めるなら、どのような条件が適切だろう。 （教科書「チャレンジ」より） ・立ち退き後の住居と一定期間の生活の保障　・土地の面積に応じた補償額

第8時	◎環境権と自己決定権を理解し、インフォームド・コンセントについて考えよう。 　課題　自分がもしも「余命半年の命」だったとしたら、医師からの余命宣告を求めるか。 　・求める：自己決定権を全うしたい。余命がわかれば、有意義に過ごせる。 　・求めない：もうすぐ死ぬかもしれないとわかった状態では心穏やかに過ごせない。
第9時	◎知る権利を理解し、プライバシーの権利について考えを深めよう 　課題　春日井市も公園や駅、道路、学校、住宅街などに防犯カメラをたくさん設置す 　　　るべきである。 　・賛成：他地域で実際に犯罪は減っている。カメラの向き等、条件を決めればプラ 　　　　イバシーの権利は保障される。 　・反対：プライバシーの権利が脅かされる。映像がどう利用されるかも心配。
第10時	◎世界では人権問題にどのように取り組んでいるか理解しよう。 　課題　日本は今後も死刑制度を続けていくべきである 　・賛成：死刑制度は犯罪の抑止力となっている。被害者や遺族のためにも存続を。 　・反対：国が国民の命を奪うことはあってはならない。苦役にあたり、憲法違反。
第11時	◎単元のまとめとしてパフォーマンス課題に取り組む

⑶　授業展開の実際

本単元のうち、単元の導入、展開の第 10 時、終末について紹介する。

(1) 単元の導入

単元の導入として、人権について知っていること、知りたいことを話し合った。生徒からは、「よく聞く言葉だけど、よく分からない」という率直な意見が出た。また、「毎年 12 月に人権週間があるよ」という意見も出された。そのような意見と関連づけながら、単元を貫くパフォーマンス課題を生徒に示した。

(2) 単元の展開【第 10 時】

①本時の目標

○死刑制度の賛否について、他国の考え方や犯罪率等のデータ、遺族や死刑囚の気持ち、冤罪のリスク、国際社会における日本の立場等、多面的・多角的に考察し、より多くの人が納得できる最適解を見出すことができる。

②本時の展開 (**図 14-3-4**)

③本時の様子

指導案導入部から 2 (3) までを「教える段階」と位置づけた。導入部では、人種差別や児童労働、人身取引等の国際社会で話題となっている人権問題に関する写真資料を提示し、どのような人権問題があるかを話し合った。生徒は、「サッカーの試合で、人種差別で退場になった選手がいる」等、既得知識

204　第Ⅳ部　理論と実践の融合・往還を意図した社会科授業実践

	学習活動	指導上の留意点
教える段階	1　本時の目標をつかむ （1）既得知識をもとに、国際社会で話題となっている人権問題について話し合う。 （2）本時の学習目標を知る	○ICTで関連写真4枚をまとめて提示し、話し合いの参考にさせる。
教える段階	世界では、人権問題の解決に向けてどのように取り組んでいるか理解しよう	
教える段階	2　世界の取組について理解する。 （1）国際社会全体での取組を調べる。 （2）個人で活動している人物の取組を調べる。 （3）NGO・NPOの取組を調べる。	○教科書や資料集を使って調べさせる。 ○戦後から現代にかけて、どのような条約等が結ばれたか、年表を使って調べさせる。 ○マララ氏を取り上げる。 ○アムネスティ・インターナショナルの取組から、本時のテーマへと生徒の思考をつなげる。
考えさせる段階	（4）ペアで理解確認をする。 3　死刑制度について考えを深める。 （1）本時の学習課題（テーマ）を知る。	
考えさせる段階	日本は今後も死刑制度を続けていくべきである	
考えさせる段階	（2）賛成か反対か、個人で考える。 （3）考えをグループで話し合う。 （4）グループでの話し合いを経て修正した考えを全体の場で発表する。	○資料集の特集ページや教師の自作資料で調べさせる。 ○「考える技」「伝える技」「リアクションの技」を意識させる。 ○参考になった意見を2名に発表させる。
考えさせる段階	4　本時のまとめをし、次時の学習内容を知る。	○本時に学んだことを短く書かせる。 ○「話し合いの振り返り」を書かせる。

図14-3-4　本時の展開

と関連付けながら発表をした。「児童労働問題対策として、子どもの権利条約ができた」との、歴史学習と関連付けた生徒の発言を受け、本時の学習課題を設定した。

　展開部では、人権問題の解決に向けた取組について資料集や教科書を使って調べた。国際社会全体での取組については、年表を使って世界人権宣言や国際人権規約が結ばれた事実やその背景を確認した。個人での取組については、17歳でノーベル平和賞を受賞したマララ・ユサフザイ氏について調べた。紹介動画を見て分かったことや考えたことを話し合う活動を通して、マララ氏の取組の理解にとどまらず、信念をもって行動することの素晴らしさに気付く生徒もいた。NGO・NPOの取組については、国境なき医師団やアムネスティ・インターナショナルの取組について調べた。アムネスティ・インターナショナルのホームページから取組を読み取るなかで、「死刑制度に反対」という組織の方針に気付く生徒がいた。ここで一度「理解確認」とし

て、ここまでに学んだことを振り返り国際社会、諸団体、個人での取組についてペアで説明し合う活動を行った。

　指導案2(4)以降が「考えさせる段階」である。学級全体で更に追究すると、現在、世界全体では死刑制度を採用していない国の方が採用している国よりも多いことが分かった。死刑制度が世界共通の制度ではなかったことに多くの生徒が驚くなか、ある生徒が「日本は死刑制度があるから犯罪が少ないのではないかな」とつぶやいた。そこで、「日本は今後も死刑制度を続けていくべきである」という「理解深化」の課題を設定し、この課題について話し合うことで考えを深めていくことにした。

　まず、個人思考の時間をとった。生徒は、資料集の特集ページや教師の自作資料をもとに、賛成か反対か、そしてその理由について学習プリントに記述した。次に、考えをグループで交流した（**図14-3-4**）。話し合いが始まると、グラフや遺族の言葉等の

図14-3-4　グループで話し合う様子
(筆者撮影)

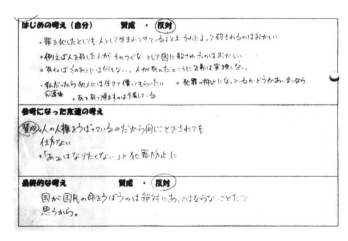

図14-3-5　ワークシートへの生徒の記述例
(筆者作成)

資料を示しながら伝える生徒や、話し手に対して質問を述べたり良かった点について感想を述べたりする生徒の姿が見られた。全グループが話し合いを終えた後、1分程度考えを修正する時間を確保した。今回で9回目の話し合いということもあり、ほぼすべてのグループで建設的な話し合いが行われていた。グループでの話し合いの後、全体での話し合いを行った。生徒は賛成、反対意見を述べた後、積極的に質問や意見を伝えた。**図 14-3-5** は、ワークシートへの生徒の記述例である。また、本時の板書を**図 14-3-6** に示す。

最後に振り返りと自己評価を行い、授業を締めくくった。

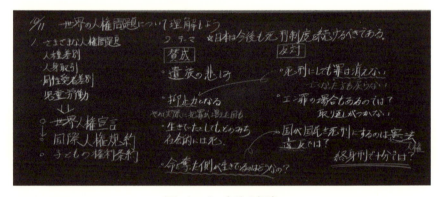

図 14-3-6　本時の板書
(筆者作成)

(3) 単元の終末

単元の最後に、これまで学んできたことを総合し、パフォーマンス課題に取り組ませた。以下が生徒の記述例である。

> 小学5年生のみなさん、こんにちは。12月4日から10日は何の日か知っていますか。この1週間は、「人権週間」と呼ばれ、人権についていろいろ考える週間になっています。
> 人権とは何でしょうか。漢字で人の権利と書きます。みなさんで考えると、「いじめられない」「勉強ができる」「安心して生活できる」そういう、全員に生まれつき与えられている権利、それが人権です。大切

なのは、自分だけではなくて友達全員にも人権があるということです。自分には人権があるから…というのではなく、相手の人権を大切にしようとすることも大切です。それから、人権は外国に行けば変わります。例えば、日本では入れ墨がある人は温泉に入れません。入れ墨を怖いと思う人の人権を守るためです。でも、外国ではそんなことはありません。それから、新しい人権もどんどんできています。そういう風に、相手の文化や新しい人権について知ることや、相手の人権を大切にしようとする気持ちを大切に生活をしてください。

⑷　実践を振り返って

　「教えて考えさせる授業」と「逆向き設計論」の両理論の融合を目指して本実践を行った。授業設計の段階で永続的理解や事実的知識をつなぎ、知の構造を明確にして実践を行ったことで、本単元で掴ませたい社会認識を生徒に育むことができたという手応えを得た。その一方で、個人思考の段階で十分に思考できない生徒が見られた。森分孝治氏は思考力を高めるためには知識・技能と思考技能が必要であると述べている[4]。思考する場や課題に加え、生徒個々の思考技能も鍛える方策を今後は模索していきたい。

参考文献
1　市川伸一『教えて考えさせる授業 小学校』図書文化、2009 年。
2　文部科学省『中学校学習指導要領解説 社会科編』、2008 年。
3　西岡加名恵『教科と総合学習のカリキュラム設計』図書文化、2016 年。
4　森分孝治「社会科における思考力育成の基礎原則」『社会科研究』第 47 号、1997 年。

（愛知県春日井市立春日井東中学校　石原 浩一）

第15章　高等学校の公民科授業実践研究

1　兵庫県立尼崎高等学校での実践——生徒の「当事者意識」を高めるための授業実践——

(1)　教材設定の理由と背景

　本校はまもなく創立100周年を迎える県立の普通科高校である。明るく人懐こい生徒が多く、「県尼」の呼称で親しまれている。しかしながら、進学率は8割を超えているとはいえ、生徒全体の基礎学力はやや不足している。

　地理歴史科・公民科の学習に関しては「暗記ものが多いので苦手」というイメージを持つ生徒が少なからずいるのが実情である。ただ、以前にも困難校に勤務した経験から、生徒の実情に応じた授業とは、どのような進め方がベストなのかは常に考えることが必要であった。

　そのような中、授業を行う際に心がけていることがいくつかある。例えば、生徒にとって身近な時事問題を取り上げて、当事者意識を持たせることがその一つである。また、単なる二者択一ではなく、「現代社会」の教科書や資料集には関連するものの、そこから一歩踏み込んだ内容で、なおかつ生徒自身にジレンマを起こさせることによって、今までに習得した知識をフルに活用しなければならない環境を作りだすこともあげられる。

　また、教師が用意したドキュメンタリー番組などの視聴覚教材、公的メディアである新聞、生徒が所持しているスマートフォン等の端末機器（以下；スマートフォン）などの活用による学習を行うことによって、情報の取得・選択・活用（いわゆる情報リテラシー）を視野に入れた授業を行った。

　本稿で取り上げるものは、あえて1つの単元だけではなく、どのように

すれば年間を通して生徒にとってベストな授業になりうるのかを、試行錯誤しながら実践したものである。また、紙幅の関係上、生徒の授業の感想等は一部のものにとどめた。

⑵　2018年度の「時事問題」の実践

本校では3年生で「現代社会」を履修することになっているため、時間数的にも教科書の内容をすべて終えることは困難である。一方、公民科の学校設定科目である「時事問題（週2時間）」は選択科目でもあり、意欲的に取り組む生徒が多く、内容も柔軟なものを設定しやすい。これらのことから、本稿では「時事問題」での実践を紹介する。

（1）年間を通した授業全体において留意した点

① 当事者意識の喚起

（ア）生徒にとって身近な内容であること。

（イ）生徒が問題を考える際にジレンマを起こさせる内容であること。

（ウ）既習の知識を出来るだけ活用できること。

② 情報リテラシー（取得・選択・活用）の向上

（ア）教師が準備した視聴覚教材で問題の概要を理解できること。

（イ）公的メディア（新聞等）で比較すること。

（ウ）生徒自身による情報端末での活用（情報取得など）ができること。

（2）授業の進め方

年度の最初に、授業の導入として10分程度、東京証券取引所の「株式学習ゲーム」を行うことを伝えた。詳細は割愛するが、ゲームのルールにのっとり各自が選んだ株価の動きを、スマートフォンを使って調べることによって、社会の動きが経済とも連動していることを意識させるようにした。

また、授業の展開で扱う内容として、①最近の日本社会の問題、②生と死および生徒の身近な社会にある問題という2つの大きなテーマを設定した。これらについては、2〜4時間程度の単元で、講義、ビデオ教材の活用、討論、発表、プリント学習を中心に授業を展開した。

210 第Ⅳ部 理論と実践の融合・往還を意図した社会科授業実践

①最近の日本社会の問題点

「時事問題」は３年生の選択授業であることから、生徒がこれから出ていく社会とはどのようなものかについて、以下の（ア）から（キ）の内容で考察させた。

（ア）メディアとの接し方

「時事問題」を学ぶにあたって、メディアリテラシーの重要性について考察させた。そこで、近年話題になることが多く、生徒も関心があると思われる北朝鮮について、複数のメディアの取り上げ方を比較し、対照的な伝え方があることに気づかせることをねらいとした。

（イ）日本の労働者問題

私たちはこれからどのような社会で働くのかということを知るために単元を設定した。サラリーマンだけでなく、医師や教師の長時間労働になっている現状や、安倍内閣が推進している「働き方改革」の目玉である、「高度プロフェッショナル制度」について、ビデオ教材を参考に考察させた。

（ウ）外国人労働者問題

私たちはこれからどのような人たちとともに働くのかということと、これらの人たちが抱えている問題について考察するために単元を設定した。

内容としては、いわゆる「Made in Japan」の製品が、外国人技能実習生の手によって国内で作られていることがあることを取り上げ、過酷な労働条件の下で働かされている実態について考察させた。

一方で農家や中小企業が外国人技能実習制度を活用することで、技術を習得させ、後継者の育成や進出先の現地企業で雇用することによって、Win―Win の関係を築いていくことを模索していることについて考察させた。

【授業後の生徒の感想】

生徒Ａ：「若い外国人の人たちが、お金を稼ぐのに日本に来て、がんばって働いて自分の国に仕送りなどをしているのに、日本人（雇用主）が長時間働いてくれているのに、それに相当するお金を渡さない人がいるというのは理

解できない。」

　生徒B：「外国から、研修やお金を稼ぐために来ているのに、自国にはない環境で働かせられたり（原文ママ）、賃金の未払いなどの悪い条件で働いている人がいるので、日本のためにもその人たちのためにも、法律をはやく作ったほうがいいと思った。」

【省察】

　生徒A・生徒Bとも、外国人技能実習生の苦労に同情的な記述がみられるものの、具体的な改善のアイデアは、きまりや法律を作ればよいという抽象的なものにとどまっている。この点については、授業での取り上げ方に深みが不足していたことも原因として考えられる。興味・関心の喚起だけでなく、こうした重要な問題については、じっくりと考えさせる必要があり、今後の反省材料としていきたい。

　(エ) 日本の貧困問題

　家庭事情により高校に進学できず一人で家計を支える16歳の少女、奨学金と学費の支払いのために地方から東京に出稼ぎアルバイトにくる大学生、資格講座を受講しているシングルマザーの生活が主な内容であるビデオ教材を参考に授業を行った。若い女性たちの相対的貧困が進行していることから、貧困問題が遠い国の話ではなく当事者として起こりうることを認識させることをねらいとした。

　(オ) 学びの貧困

　日本は識字率がほぼ100%と言われてきたが、近年、家庭事情から義務教育を受けられずにいたため、成人してからもひらがなが書けない人がいる。「学びの貧困」という問題を扱ったビデオ教材から、自分たちにとって学びとは何か、について考察させた。

　(カ) ゲーム障害

　近年、WHOによって疾患の一つであるとされたことから、生徒と同年代で、スマホゲームにのめり込むことによって、経済的な負担が大きくなっただけでなく、「ひきこもり」状態になった人の生活から、最近の社会問題の

傾向が変化していることについて考察させた。

（キ）AI（人工知能）とこれからの社会

NHK『ハーバード白熱教室』を視聴させ、人工知能と将来の社会のあり方について考察させた。「AIは最適な恋人をさがせるか？」、「自分が手術を受けるなら人間の医師か、AIか？」、「信号無視したベビーカーの親子が目の前を渡ってきたとき、親子を避けるべきか、ハンドルを切ることによって自分が死ぬことになる、どちらのプログラミングを行うべきか？」の内容を中心に討論を行った。

②生と死および生徒の身近な社会にある問題

ここでは、生と死に関連するいわゆる生命倫理の問題および、一生のうちに起こる、生徒にとって身近な社会の問題について、生から死という大きな時間的な流れを意識させることをねらいとし、次の（ア）から（エ）の内容を扱った。

（ア）出生前診断

出生前診断によって、障害をもつ子（「ダウン症」・「二分脊椎症」）が生まれることがわかった家族の出産に際しての葛藤を扱ったビデオ教材から、現在の自分の存在と「命」とは何か、について考察させた。

（イ）赤ちゃんポスト

自分で育てることができなくなった赤ちゃんを、匿名で施設（赤ちゃんポスト）に託すことの是非を考えさせた。母親の事情、赤ちゃんポストを設置した病院、認可した市側の主張についてそれぞれの立場になって考えさせた。

【問と生徒の考え】

Q6：「あなたが親だとしたら、赤ちゃんポストに子どもを託すことができるだろうか？」

生徒A：「産んで育てられないってなったら、赤ちゃんが死んでしまうより、違うところで幸せになってほしいから、赤ちゃんポストを利用すると思う。」

生徒B：（「赤ちゃんポスト」があることは）「ありがたいと思うけれど、一生もやもやしてしまいそうだ。」

第15章　高等学校の公民科授業実践研究　213

「赤ちゃんポスト」学習指導案（略案）

	教師の動き	生徒の動き
導入	・本時の説明を行う。	大まかな内容を理解する。
展開	・プリントを配布する。 ・DVDを見てプリントの空欄に語句、内容を記入するように指示する。 Q1:「赤ちゃんポスト」の概要は？ Q2:「赤ちゃんポスト」の利用を考えた女性はどのような心境であったかを書きなさい。 Q3:「赤ちゃんポスト」で育った子どもはどのような心境だったかを書きなさい。 Q4: 赤ちゃんを預けるとき、匿名であることについて、病院側と市側の意見のちがいは何か書きなさい。 Q5: 母親が「赤ちゃんポスト」を利用した主な理由を記入しなさい。 Q6:「あなたが親だとしたら、赤ちゃんポストに子どもを託すことができるだろうか？」 Q7:「あなたが子どもだとしたら、親を知りたいと思うだろうか？」 Q8:「あなたが市長だったら赤ちゃんポストを認可しますか？」	DVD（「僕の生みの親はどこに？～10年後の赤ちゃんポスト～」（NHK　クローズアップ現代））を視聴する（20分程度）。 ・DVDを見て教師が用意したプリントのQ1の空欄（病院名、病院が名付けた赤ちゃんポストの名称、設置された年、受け入れた子どもの人数、赤ちゃんポストのシステムなど）に適する語句、内容を記入する。 Q2～Q8: プリントに記入した後、発表する。お互いの意見をもとに話し合いを行い、他者の意見をプリントに記入する。
まとめ	授業の感想を記入するよう指示する。	授業の感想を記入する。

Q7:「あなたが子どもだとしたら、親を知りたいと思うだろうか？」

生徒A:「やっぱり自分の本当の親だから知りたい。」

生徒B:「顔ぐらいは見てもいいかもしれない。」

Q8:「あなたが市長だったら赤ちゃんポストを認可しますか？」

生徒A:「せっかく生まれてきて、これからの人生があるから（中略；品川）赤ちゃんがこれから幸せに暮らすには設置しておいたほうがいい。」

生徒B:「命は助けた方がいいから（認可する）。」

【省察】

Q6について生徒Aと生徒Bは、預けることに対して一定の理解がある一方で、生徒Bは葛藤があることが見てとれる。Q7については、生徒Aと生徒Bは、本当の親を知りたいと思う度合いが異なっていることが見てとれる。

Q8 については、生徒 A と生徒 B はほぼ同じ考えを持っていると考えられる。

これらのことから、当事者意識をもって（自分の身に置き換えたとき）、葛藤がより大きくなると考えられる。これからの授業のためには、この当事者意識と葛藤がより大きなものになるように工夫する必要があった。

（ウ）高齢者施設（介護ホーム）の問題点

高齢化が進む中、高齢者を受け入れる施策が実態に追いついていないことや、高額な入所費の施設や入所倍率の高い施設がある一方、行政の認可が受けられない介護ホームの存在意義について考察させた。

（エ）犯罪被害者問題

犯罪被害に巻き込まれ、損害賠償を請求したにもかかわらず加害者が応じない問題について、ノルウェー・スウェーデンの救済制度を参考に考察させた。

⑶ 年間の授業全体について

「時事問題」は、タイムリーな話題を取り上げることは容易ではあるものの、授業準備に追われることになりがちで、系統性を持たせたものになりにくい。また、「時事問題」といえば、新聞を使った実践が多くみられるが、今回のようにあまり見聞きする機会が少ない内容を、視聴覚教材を活用することによって興味・関心をもつきっかけにすることは可能であろう。

実際に生徒から聞き取った授業の感想として、「（時事問題は黒板を使った）普通の授業をすると思っていたので（そうではなかったので）楽しかった」というものがあった。しかしながら、このことは自分の（講義式の）授業に対する反省点として受け止める必要がある。

今後、ベターな授業展開を行うためには、身近な教材、多様な手立て、より精緻な評価法などを確立することが必要である。

参考文献
・「池上彰の未来世紀ジパング」（テレビ大阪）2017 年 10 月 16 日。
・「議論白熱！働き方改革」（NHK　クローズアップ現代）2018 年 5 月 30 日。
・「絶望職場の担い手たち」（テレビ大阪　ガイアの夜明け）2017 年 8 月 1 日。
・「絶望職場を今こそ変える」（テレビ大阪　ガイアの夜明け）2017 年 12 月 12 日。

第 15 章　高等学校の公民科授業実践研究　215

・「女性たちの貧困」(NHK　クローズアップ現代) 2014 年 4 月 27 日。
・「学びの貧困」(NHK　クローズアップ現代) 2017 年 11 月 2 日。
・「ゲーム障害〜私って「病気」ですか?〜」(NHK　ハートネット TV) 2018 年 6 月 6 日。
・「AI は最適な恋人をさがせるか?」(NHK　ハーバード白熱教室) 2018 年 6 月 30 日。
・「出生前診断　その時夫婦は」(NHK　クローズアップ現代) 2012 年 9 月 16 日。
・「僕の生みの親はどこに?〜 10 年後の赤ちゃんポスト〜」(NHK　クローズアップ現代)
　2017 年 6 月 8 日。
・「介護危機〜急増 "無届け" 介護ハウス」(テレビ大阪　NHK スペシャル) 2015 年 12 月 6 日。
・「泣き寝入り〜犯罪被害者と賠償金の行方〜」(NNN ドキュメント) 2018 年 1 月 21 日。

(兵庫県立尼崎高等学校　品川 勝俊)

216　第IV部　理論と実践の融合・往還を意図した社会科授業実践

2　東京工業大学附属科学技術高等学校の実践——経済学習事項との関連を深める単元「金融危機における金融政策」の指導——

⑴　本実践の意義

　経済分野の学習においては、単元の学習を経済全体と関連付けて教えることが望ましい。また、生徒の学習事項への認識の変化は、自由回答を分析することで明らかになると考える。そこで本実践では、単元指導を通じて経済における学習事項との関連を理解させつつ、テキストマイニングという統計手法により自由回答分析を行い、生徒の認識の変化を考察した。本研究においては、自動抽出した語を用いて、恣意的になりうる操作を極力避けつつ、データの状況を探ることとする。そのために、KH Coder ver. 2.00f-f(Copyright © 2001-2016 樋口耕一) を用いて、テキスト型 (文章型) データを統計的に分析する[1]。本実践においては、経済全体と関連が深い「金融危機における金融政策」を扱うこととした。「金融危機における金融政策」については賛否が分かれており、正解を教える形の指導では困難であると考え[2]、Problem-based Learning (PBL: 問題基盤型学習、問題発見解決型学習) と協同学習[3]を用いて学習指導を行った。

　金融に関する先行研究としては、山根栄次 (2006)、加藤寿明 (2007) の小学校社会科第 3 学年単元「地域の商店や商店街」による社会認識の発達を促進する社会科授業の開発研究など、多くの先行研究がある。しかし、「金融危機に関する金融政策」を対象とした学習指導は、全国社会科教育学会の学会誌『社会科研究』(第 1 号～第 87 号) と年報『社会科教育論叢』(第 1 号～第 50 号)、日本社会科教育学会学会誌『社会科研究』(第 1 号～第 130 号)、日本公民教育学会誌『公民教育研究』(第 1 号～第 26 号) を調査した限りでは、最初の単元開発となる。

　単元「金融危機における金融政策」の学習指導の評価は、以下のように行った。事前テスト・事後テストを比較して、事後テストにおいて金融と金融以外の経済分野の学習事項との関連する記述が増えること、金融危機の金融政策として有効だとされるさまざまな事項が増えること、また金融・金融政策・

経済全体に関する事項の記述の関連が強くなったことが自由回答分析により示されれば、生徒の認識が深まったと評価することとする。

この授業実践が優れていると考える理由は、単元の学習指導を通じて経済全体の理解につなげられること、生徒の認識の変化を自由回答分析にテキストマイニングを用いて統計的に可視化したこと、新たな教育実践として「金融危機における金融政策」の単元（高等学校公民科）[4,5]を開発したこと、本実践により「理論と実践の往還」を達成できたこと、である。

⑵　学習指導案

(1) 単元名「金融危機における金融政策」

・実施日時等：2015 年 11 月から 2016 年 2 月にかけて、東京工業大学附属科学技術高等学校の第 2 学年（全 5 クラス）で実施。科目名：現代社会。単元の時間数：4 校時（1 校時 50 分）。

(2) 学習指導計画：単元「金融危機における金融政策」

「第 1 時の学習指導」：金融について、金融市場、金融機関、日本銀行と金融政策、金融危機における金融政策（量的緩和政策、量的・質的緩和政策とその賛否）などを学習させる。学習指導においては、実体（実物）経済と金融経済の区別を明確にして理解させる。日本銀行の金融政策は、以下の内容に留意して指導する。

2001 年 3 月以降、日本で世界初の「量的緩和政策」が導入され、金融政策の操作目標を金利から日銀当座預金残高に切り替えられ、長期国債の買い入れなどが実施された。2013 年 4 月に導入された「量的・質的緩和政策」は、操作目標をコールレートからマネタリー・ベースに変え、マネタリー・ベースを 2 年間で 2 倍に拡大し、2% の物価上昇率が安定的に持続するまで継続し（時間軸効果）、「銀行券ルール」を一時停止し、資産買い入れの拡大などを行った[6]。「金融危機における金融政策」について、翁（2015）は、量的・質的緩和は、国債市場を麻痺させて長期金利を下げて財政支出を拡大させ日本銀行の潜在損失が拡大することで、本来は議会が判断すべき財政負担が増加すること、このような金融政策の財政政策化は財政民主主義と矛盾するおそれ

218 第Ⅳ部 理論と実践の融合・往還を意図した社会科授業実践

があること、が問題であると指摘する。

また野口悠紀雄 (2013) は、2001 年から 2006 年までの量的緩和政策は投資需要がないために物価にも投資にも影響を与えず、マネタリーベースを増やしてもマネーストックが増えずに日本経済が活性化しなかったこと、2010 年から日本銀行が導入した包括的金融緩和政策について、マネタリーベースは増加したもののマネーストックにも実体経済にも影響は及んでいない、と論じる。以下の記述において、「量的緩和政策」には「量的・質的緩和政策」を含むものとする。

「第 2 時の学習指導」：金融と経済全体との関係を考える。事前記入用紙 (事前テスト) を配布し、授業の最初に記入させる。「『金融』と関係する事項を思いうかべて書き、それらが「金融」とどのように関係するかを書きなさい」と生徒に指示する。さらに、生徒に、金融と関係ある経済の事項をあげさせて、それらの事項と金融との関係について考えさせる。生徒をチームに分けて、話し合わせる。

「事前テスト・事後テスト」は以下のとおりである。

「1. 景気の良し悪しに影響するものはなにか。団体 (組織)［例：日本銀行など］、政策［金融政策の・・・など］、事項［金利、など］を、なるべくたくさん考えて書きなさい。2. 1. であげた、景気の良し悪しに影響するものについて、それらの関係を書きなさい。なるべく多く事項の、それぞれの関係を書きなさい。3. 上記で自分の書いた 1. 2. から考えて、金融危機のとき、どのような政策をとればよいか、なるべく多く書きなさい。」(**表 15-2-1, 2**)

⑶ 生徒の意識の変化についての考察

(1) 事前テスト・事後テストにおける自由回答記述の分析

生徒の自由回答のデータを自動抽出し、テキストに現れる語の特徴と語と語の結びつきを、統計 (テキストマイニング) により探る。問 1 は、「抽出語・多次元尺度構成法」により、生徒の記述した語と語がどのような関連があるかを、判別された図中の語のようすから考察する。問 2・問 3 は、語と語の関連があれば線で結ぶ「抽出語・共起ネットワーク」により図示して、語と

第 15 章　高等学校の公民科授業実践研究　219

表 15-2-1　「第 3 時の学習指導」

段階	学習内容・学習活動	指導上の留意点（教師の指導・支援）
導入 （10 分）	前回学習したことを確認する。	前回の復習をし、前回提出された記入用紙を返す。
展開 （35 分）	各チームで、発表する（各 3 分程度）。各チームで話し合う。金融と関係あるものを考える。金融危機における金融政策について、量的緩和政策の賛否と望ましい金融政策、金融政策以外の政策を話し合う。	金融、金融と関連する事項のように、経済全体を視野に入れて生徒に考察させる。世界同時不況を説明し、日本に与えた影響を復習させる。量的緩和政策がとられた背景を説明し、金融危機における量的緩和政策には、賛否両論があることを説明する。黒板に模造紙を掲示し、金融に関連する語や概念を生徒に発表させ、つながりを描く。
まとめ （5 分）	次の時間に発表する内容を、チームで確認する。	次の時間で行うチーム発表を説明する。

表 15-2-2　「第 4 時の学習指導」

段階	学習内容・学習活動	指導上の留意点（教師の指導・支援）
導入 （5 分）	発表の準備をする。	発表を準備させる。
展開 （25 分）	各チームで、金融危機における金融政策の是非、その他の政策を発表する。発表する全チームの意見をメモし、チームで話し合う。	発表者以外は、メモを取りながら聞くように指導する。各チームの発表内容をふまえて、各チームにさらに考察を深めさせる。
まとめ （20 分）	事後テストに記入する。	事後テストを回収する。

（筆者作成）

語の関連を考察する。共起ネットワークの図は語と語が線で結ばれていることが重要であり、線は太いほど強い関係があるよう設定した。

　(2) 問 1 事前・事後テストの「抽出語・多次元尺度構成法」による変化

　問 1 においては、事前テスト・事後テスト（**図 15-2-1**）により、生徒の認識は、以下のように変容した。事前テストでは語のまとまり（線で分離した部分）が小さくばらつき語の重なりはないが、事後テスト（図 15-2-1）では語（特に金融に関する語）の円が大きくなり、語と語の配置が近づき、語を示す円の大きさも拡大し、多くの円が重なっているため、これらの語と語の関連をよく認識できるように生徒の認識が変化した。

　(3) 問 2 事前・事後テストの「抽出語・共起ネットワーク」による変化

　問 2 においては、事前テスト・事後テスト（**図 15-2-2**）より、生徒の認識

220 第IV部 理論と実践の融合・往還を意図した社会科授業実践

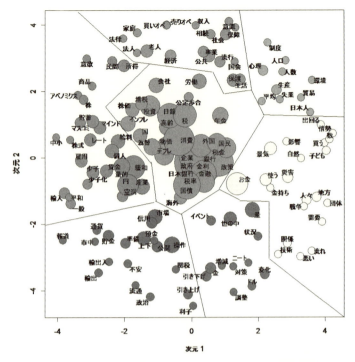

図 15-2-1　問 1 事後テスト（抽出語・多次元尺度構成法）
(筆者作成)

は以下のように変容した。第一に、事前テストでは最大のネットワークは「お金、日本銀行、銀行、景気、金利、企業、政府、消費、国債」などのネットワークで、次に「円、物価、輸出、輸入」の合計 11 のネットワークであるが、事後テスト（図 15-2-2）では、最大のネットワークは「お金、景気、企業、消費、日本銀行、銀行、政府、金利、消費、国債、投資、給料、物価、外国、日本」などの広いネットワークであり、次に「生活、保護、年金、高齢」などの 8 つのネットワークに減っているため、語と語のつながりが拡大している。よって、生徒はこれらの語と語の関連を、深く認識したことが判明した。第二に、事後テスト（図 15-2-2）では「お金」を中心とした最大のネットワークに「生活、保護、年金、高齢」という社会保障に関連する語が新たにつながっているため、

景気の良し悪しに関連する語として、社会保障の語が関係することを、生徒は認識できた。

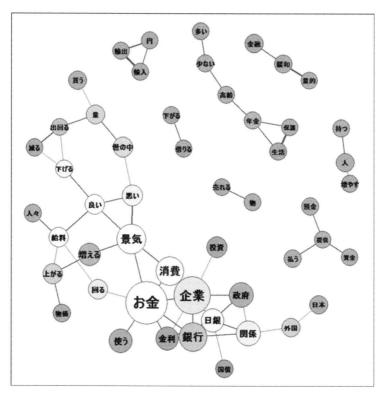

図 15-2-2　問 2 事後テスト（抽出語・共起ネットワーク）
(筆者作成)

(4) 問 3 事前・事後テストの「抽出語・共起ネットワーク」による変化

問 3 においては、事前テスト・事後テストにより、生徒の認識は以下のように変容した。第一に、事前テストでは「お金、世の中、日本銀行、銀行、金利、企業、政府、消費、税、補助」などの語が最大のネットワークだが、事後テスト（**図 15-2-3**）では「お金、金利、銀行、日本銀行、国、給料、企業、消費、雇用、税、貯蓄、投資、預金」などのネットワークに変化した。第二に、事後テスト（図 15-2-3）にのみ「お金」などのネットワークの中に「子ども、支

援」の語が現れる。このことから、金融危機にとるべき政策として、社会保障（金融以外の事項）の語との関連を、生徒が認識できるようになった。第三に、事後テスト（図 15-2-3）にのみ「お金」などのネットワークの中に「雇用」の語が「消費、増やす」という語と結びついており、「金融危機における金融政策」として、「雇用」と「消費、増やす」の語との関連を、生徒が認識できたことが判明した。

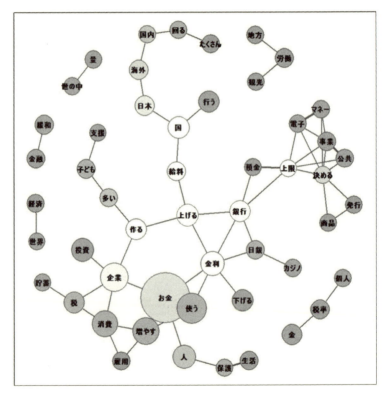

図 15-2-3　問 3 事後テスト（抽出語・共起ネットワーク）

(筆者作成)

(4) 研究の成果と今後の課題

研究の成果としては、以下のとおりである。第一にテキストマイニングによる自由回答分析の結果、「金融危機における金融政策」と経済全体との関連

を認識できたことが判明した。社会科教育・公民科教育においては、学習事項の関連を広範囲に結びつけて理解させる学習が望ましいと考える。第二に、単元「金融危機における金融政策」のように政策の是非が分かれる内容については PBL と協同学習が有効であることが判明した。第三に、現在進行中の政策で学説の評価が定まらない場合であっても、学習の対象として取り扱い、学習を深めることができた。政策についての評価が定まっていない課題であっても、生徒が有権者としての意思決定が必要となるため、生徒が政策について意思決定できることが望ましいと考える。

「理論と実践の往還」を深めるための今後の課題としては、テキストマイニングによる自由回答分析を活用して、生徒の学習過程や認識の変化の研究をさらに推進することである。

注・引用文献

1　Copyright © 2001-2016 樋口耕一。
2　岩田一政 (2014)、翁邦雄 (2015)、野口悠紀雄 (2013)。
3　自由回答文のテキストマイニングによる分析については、以下の先行研究が知られている。量的手法を質的な授業分析に取り入れて量的手法と質的手法を統合する試みとして、柴田好章 (2002) pp.40-67 は、多次元尺度構成法 (MDS) とクラスター分析に基づく授業展開とその特徴を分析している。
4　協同学習の基本要素は、D.W. ジョンソン /R.T. ジョンソン /K.A. スミス (2001) pp.31-33 によれば、①肯定的相互依存、②学生同士が顔を合わせて行う励ましあい、③個人のアカウンタビリティ（自分の行動を説明する責任）、④対人・対集団に関する能力（社会的技能）、⑤協同活動評価、である。
5　文部科学省「高等学校学習指導要領」（平成 21 年 3 月告示）。
6　金融政策については、日本銀行ホームページ (http://www.boj.or.jp/) を参照した。

参考文献

・D.W. ジョンソン /R.T. ジョンソン /K.A. スミス著、関田一彦監訳『学生参加型の大学授業　協同学習への実践ガイド』、玉川大学出版部、2001 年。
・岩田一政・日本経済研究センター編『量的・質的緩和　政策の効果とリスクを検証する』日本経済新聞社、2014 年。
・翁邦雄『経済の大転換と日本銀行』、岩波書店、2015 年。
・加藤寿明『子どもの社会認識の発達と形成に関する実証的研究　経済認識の変容を手がかりとして』、風間書房、2007 年。
・柴田好章『授業分析における量的手法と質的手法の統合に関する研究』、風間書房、2002

224 第IV部 理論と実践の融合・往還を意図した社会科授業実践

年。
・日本銀行ホームページ（http://www.boj.or.jp/）内の文献（注6参照）。
・野口悠紀雄『金融緩和で日本は破綻する』、ダイヤモンド社、2013年。
・樋口耕一『社会調査のための計量テキスト分析　内容分析の継承と発展を目指して』、ナカニシヤ出版、2014年。
・文部科学省『高等学校学習指導要領解説　公民編　平成21年12月（平成26年1月　一部改訂）』、文部科学省、2012年。
・山根栄次『金融教育のマニフェスト』、明治図書出版、2006年。

（東京工業大学附属科学技術高等学校　保立 雅紀）

第 15 章　高等学校の公民科授業実践研究　225

3　愛知県立高等学校での実践 —— 小単元「どうする？エネルギー・原発政策」の開発と実践 ——

⑴　本実践の意義

　本実践は、社会的価値観を形成する授業の構成論に基づいて、小単元を開発し実践したものである。社会的価値観形成は公民教育においてどのような意義を有するのであろうか。公民とは民主的な社会の形成者であり、公民教育の目標は公民に必要とされる資質（公民的資質）の育成に置かれている。社会を形成するためには、先ず社会がわかることが必要である。しかし、社会を形成するためには、社会を知り・わかっているだけでは十分ではない。

　社会的価値判断は、判断対象となるルールや政策についての事実を探究し、この事実の正当性や適切性を社会的価値観にもとづいて判断することにより行われる。つまり、社会的価値観は社会的価値判断の基準であり、社会形成力を構成する社会的判断力の中核であるということができる。したがって、社会的価値観の形成は公民教育において大きな意義をもっているのである。

　本実践では、意思決定を学習方法原理としている。なぜならば、社会的価値判断は価値が対立する社会問題を解決する意思決定過程において行われるからである。本実践では、一人ひとりの学習者が、対立する社会的価値を明確にし、何らかの社会的価値を選択し、自己の社会的価値観とするものである。本実践の特色は、価値を選択する過程で理性だけでなく、感情や情緒などの感性的要素も加えて社会的価値を選択することにある。事実を根拠としながらも理性と感性を交えて主体的・実践的に社会的価値判断を行うことにより、学習者自身が納得して選択しており、自分自身の価値の判断基準として定着する可能性が高い。学習者が明確化された社会的価値を感情・情緒も交えて価値葛藤を経て、選択することにより、主体的に社会的価値観が形成される可能性が高いと考えられるのである。

⑵　単元構想

　（1）　主題設定の理由

東日本大震災の翌年に行われた本実践は、「どうする？エネルギー・原発政策」を主題としている。本単元の主題設定の理由は2つある。第一は、原発政策を中心としてエネルギー政策について認識を深めることは、現代日本社会を認識するうえで重要な課題であるということである。日本社会は今後どのようなエネルギー政策を取ればよいのか。この極めて重要な課題に答えるためには、グローバルな視点に立って戦後日本のエネルギー政策の歴史、特に原子力政策の歴史に対する認識を深めなければならない。この認識の上に、エネルギー政策に対する4つの要素・視点（安全・安定・環境・経済性）から原発政策を分析し、エネルギー・原発政策についての認識を深めなければならないと考えたのである。第二は、この原発を中心とするエネルギー政策問題は、公民として政策決定に参加する機会となるということである。実践当時、民主党政権は、エネルギー政策において、「3つのシナリオ」を設定し、これを国民に提示し、「国民的な討議をもとに」決定するとしていた。決定された政策（社会ルール）を評価・判断することしかできなかった公民が、政策決定過程に参加するということは、極めて大きな意義があり、日程的には間に合わないかもしれないが、生徒たちが「3つのシナリオ」についての意思決定を行い、生徒間で討議をすることは、広い意味で政府のいう「国民的な討議」に含まれるものと考え、このような政策決定への参加が、社会的価値観を形成する上で大きな意義をもつものと考えたのである。

(2)　学習過程

学習過程は、以下の6段階により構成される。

第1段階：社会問題の把握

原子力発電の構造と福島第一原発事故について理解する。事故後、日本のエネルギー・原発政策の根本的見直しが図られていることを、戦後のエネルギー・原発政策の歴史を踏まえて理解する。また、現代日本のエネルギー政策が安定供給・環境保全・経済性・安全性の4つの要素から成り立っていることを理解する。

政府が提案する「3つのシナリオ」について、直感的に意思決定する。

第2段階：問題の対立点の明確化と対立を生み出す要因の分析

原子力発電について、安定供給・環境保全・経済性・安全性の4要素それぞれにおいて推進・反対の立場の主張を明確にし、そのような対立を生み出す要因を探究する。

第3段階：対立する社会的価値の明確化

4つの要素の対立の背景に、経済的豊かさと安全・安心という普遍的価値の対立があることを析出する。

第4段階：問題に対する意思決定

「3つのシナリオ」について、一人ひとりの学習者が第1段階で直感的に行った意思決定を振り返り、吟味・反省する。その上で、心理的要素も含めて社会的価値判断・意思決定をトゥールミン図式に整理し行う。根拠となる事実は重要度に基づいてランク付けをして、できるだけ絞り込むようにする。また、自分のこの問題に対する気持ち、感情を客観的に捉え、吟味・反省する。その上で、社会全体の立場から、この問題に対する価値判断・意思決定を行う。

第5段階：討議と意思決定の反省的吟味と再構成

4人から5人程度のグループを作る。討議は、単に賛成・反対ということで行うのではなく、トゥールミン図式を利用して、判断構造のどの要素でどのように異なるのかを確認し、相互に分析・批判を行う。この時に、無理に調整・合意ということはせずに相違点を明確にすることに重点を置くようにする。異なる主張の価値判断構造を知り、自分の価値判断を吟味・反省し、社会的価値観や価値判断そのものを再構成する。

第6段階：最終意思決定

討議で異なる主張の「根拠」・「裏づけ」・「理由づけ」・「主張」を認識し、自己の価値判断・意思決定を十分に吟味・反省する。その上で、この問題についての最終の価値判断・意思決定を行う。

⑶　小単元「どうするエネルギー・原発政策」学習指導案

本実践は、公民科「政治・経済」の「内容　⑴ 現代の政治　ア　民主政治の基本原理と日本国憲法」において展開した。

228 第IV部 理論と実践の融合・往還を意図した社会科授業実践

(1) 目標

① 知識目標

・戦後日本のエネルギー・原発政策について理解する。(以下略)

② 態度・能力目標

・トゥールミン図式を用いて、価値判断構造を明確にして、公民としての立場から、価値判断・意思決定することができる。(以下略)

(2) 小単元の構成

① 社会的論争問題の把握：「『3つのシナリオ』について考える」

② 問題の対立点の明確化と対立を生み出す要因の分析

③ 対立する社会的価値の明確化：「経済的豊かさと安全・安心」

④ 問題に対する意思決定

⑤ 意思決定の反省的吟味と再構成　　⑥ 最終意思決定

配当時間：4時間

① 　　　・・・・1時間

②・③　　・・・・1時間

④　　　・・・・1時間(本時)

⑤・⑥　　・・・・1時間

(3) 展開過程(次頁)

(4) 実践結果

小単元「どうする？エネルギー・原発政策」は、2012年度、愛知県立中村高等学校第3学年「政治・経済」(37名)で実践した。

① 第1段階：社会的論争問題の把握・直感的意思決定

エネルギー・原発政策が喫緊の社会問題であり、一人ひとりが自分自身の問題として考えなければならないということを認識させた上で、直感的に「3つのシナリオ」ついて意思決定をさせた。

0シナリオ　18名　　　15シナリオ　16名

20〜25シナリオ　3名

② 第4段階：3つのシナリオ対する意思決定

教師の指示・発問・説明	学習活動・資料	理解させたい知識・生徒の反応
・あなたは、原子力発電は電力源として必要・不必要どちらだと判断しますか。その上で、日本のエネルギー・原発政策として「3つのシナリオ」のうちどの案が適切であると判断しますか。自分の感情や気持ちもよく考えて意思決定してください。	・トゥールミン図式を使って**「0シナリオ」、「15シナリオ」**主張を構造化する。 ・トゥールミン図式を使って「20〜25シナリオ」主張を構造化する。	**（予想される主張）** **・根拠となる事実** ＊核燃料サイクルは破綻しており、原発はエネルギーの安定供給を確保できない。（以下略） **社会的価値観（社会的価値判断基準）** ＊国民生活の安全と安心 **・理由づけ（論拠）** ＊原発事故の可能性は0になることはなく、起こってしまえば取り返しがつかない膨大な被害をもたらすことは福島原発事故からも明らかである。社会を支える最も重要な価値は安全とそれに基づく安心である。原発はこの安全・安心という価値を基準として判断した場合、電源としては不適切である。 **・主張** 「0シナリオ」あるいは「15シナリオ」 **・根拠となる事実** ＊原発の発電コストは、社会的費用を加えても、比較優位にある。（以下略） **・社会的価値観（社会的価値判断基準）** ＊経済的豊かさ **・理由づけ（論拠）** ＊社会的費用を加えても、原発のコストは安く、原発に代わるエネルギーとして期待されている再生可能エネルギーはコストが高い、稼働率が低いなど問題が大きく、原発を維持しなければ国民生活、産業に大きな経済負担をかけることになる。 **・主張** 「20〜25シナリオ」

　第2・第3段階で、原子力発電推進・反対の主張を、安定供給・環境保全・経済性・安全性の4つの視点から明らかにした上で、対立の背景に、経済的豊かさと安全・安心という社会的価値の対立があることを析出した。

　第4段階では、一人ひとりの生徒が「3つのシナリオ」についての価値判断・意思決定をトゥールミン図式を使って行った。

230　第IV部　理論と実践の融合・往還を意図した社会科授業実践

＊0シナリオ　生徒A（具体例）

[　根　　拠（事実）　] 　→	[　主　　　張　]
・放射性廃棄物の処理技術が決まっていない。 ・日本には地震・火山が多い。	0シナリオ

↑

[　論　　拠（理由）　]

地震が多いという悪い場所にある日本という国で、原発を使うべきではないと思う。これからも使い続ければ事故もたくさん起こると思うし、福島の事故で原発の危険さもよく知ったのだから0にすべきだと思う。危険な放射性廃棄物の処理方法も決まっていないのに使い続けるべきではない。確かに経済的豊かさも大事なことだと思うが、それは安全・安心の上に成り立っているものだと思う。

↑

[　求められる価値　]

安全・安心を価値基準として選択する。

0シナリオ　26名　　　15シナリオ　10名　　　20〜25シナリオ　1名
となり、第1段階より0シナリオが増え、15、20〜25シナリオが減少した。

③　第5段階・第6段階

4人から5人のグループに分かれて討議を行った後、今一度、自分自身の価値判断・意思決定を吟味・反省して、最終価値判断・意思決定を行った。結果としては、0シナリオ　20名、15シナリオ　16名、20〜25シナリオ1名、社会的価値は、安全28名、経済的豊かさ9名という対比となり、安全が2名減少した。第4段階から第6段階の変化は、明らかに第5段階における討議が要因と考えられる。

④「エネルギー・原発」問題　授業後アンケート結果

[授業を通じて、自分のエネルギー・原発政策に対する考え、態度はどうなりましたか]	
＊エネルギー・原発政策に対する考えや態度がはっきりした。(固まった)	7人
＊エネルギー・原発政策に対する考えや態度が少しはっきりした。(固まった)	22人
＊エネルギー・原発政策に対する考えや態度は以前とは変わらない。	2人
＊エネルギー・原発政策に対する考えや態度がむしろわからなくなった。	1人

第 15 章　高等学校の公民科授業実践研究　231

＊今まで私はニュースを見ても、難しいことばかりを言っていて、危険ということは分かって
　も、具体的にどのように危険なのかが分からなかった。でも、この授業を通して、原発の仕
　組みやどのシナリオを選択するとどのような結果が起こるのかということを学ぶことをでき
　た。難しい授業で完全に理解できていない部分もあるかもしれないが、今の日本で実際に起
　こっていることなので、理解をして、自分の意見をしっかりともっていきたいと思う。
＊原発は安いというイメージがあったが、立地対策コストや莫大なバックエンド費用、もし事
　故が起きたときの被害や損害賠償を考えると原発は決して安いものではないとわかった。ド
　イツのように自然エネルギーを開発すれば経済効果、温室効果ガスの削減など、様々な効果
　を得ることができるのではないかと思った。
＊今までニュースとかで、原発のこととかが流れていても、特に関心もなくて、0％にすると
　かしないとか言ってて、早くやめればいいのにってくらいの考えだった。けど、授業で原発
　の危険性とか、安全対策もきちんとしてあっても大きな事故につながってしまったんだと分
　かって原発は怖いものだと思った。でも、便利なものだということも同時にわかってちょっ
　と複雑だった。やっぱり0になるのは理想的だけど、0にするにもとても難しいことだとわ
　かって原発問題は簡単にはまとまることはないんだろうなと思った。ニュースとかで原発の
　ことがやっているときの、見方や考え方が変わった。
＊みんなで話し合うと自分が思いもしないような意見がどんどん出てくるのですごく勉強にな
　る。相手の意見を聞いて「それは違う！！」と自分の中で自信がつくので意見の出し合いは
　やったほうがいいと思う。いろいろな事を考えさせられるので、よく考えて自分が広くなれ
　る気がする。

⑷　今後の課題

　本実践では、原発政策に関する様々な資料を提供し、その中から生徒一人
ひとりが自己の問題意識に応じて事実・概念を探究するように授業を構成し
た。原発問題に対する、一定程度の理解は進み、そこで得た知見に基づいて
原発政策に対する価値判断・意思決定をトゥールミン図式を用いて行うこと
ができた。討議は活発に行われ、実践過程でも明らかなように、他者の主張・
考えを自己の判断に活かすことができた。最終判断は、多くの生徒が討議を
十分に踏まえ、第4段階までの自己の判断を吟味・反省した上で行うこと
ができた。それは、授業後のアンケートで自分のこの問題に対する考え・態
度が「はっきりした・少しはっきりした」と自己評価する生徒が多数いたこ
とでもわかる。今後、この問題についての事実認識を深め、価値判断・意思
決定を重ねる中で、一人ひとりが自己の社会的価値観を形成していくことが
期待される。

　2018年告示の高等学校学習指導要領「公民科」では、「公共」が新設され、
教科全体としても所謂アクティブ・ラーニングの積極的活用が勧められてい
る。本実践は、そのような趣旨に副うものであり、一つの学習モデルを提示
するものと考える。議論・討議を活発化させ、より高いレベルに収斂させる

ためにトゥールミン図式は有効な方法であるが、どうすれば生徒が主体的に構造化できるかが大きな課題である。

参考文献

・福澤一吉『議論のルール』NHK 出版、2010 年。
・ウアルデマール・キッペス (Kippes,W)『ほんものの自分にチャレンジ　価値観の明確化』サンパウロ、2001 年。
・疋田晴敬『社会的価値観形成の公民教育授業開発研究』第一学習社、2011 年。
・西村公孝『社会形成力育成カリキュラムの研究──社会科・公民科における小中高一貫の政治教育』東信堂、2014 年。

（愛知県立津島東高等学校　疋田 晴敬）

終章　社会科教育研究・実践の未来
——主体的・対話的で深い学びを創造する社会系教科教師への期待——

1　今なぜ、理論と実践の往還なのか

⑴　教育実践学としての理論と実践の往還

　小中高の新学習指導要領（2017、18 年告示）では、少子高齢化、情報化、グローバル化、価値多様化などを教育改革の柱として議論し、その方向性を示した改革の結論として資質・能力育成に舵を切った。2018-2022 年度の第 3 期教育振興基本計画（平成 30 年 6 月 15 日閣議決定）では、「人生 100 年時代」を豊かに生きていくために「人づくり革命」、「生産性革命」を挙げた。その一環として青年期の教育、特に生涯にわたる学習や能力向上が必要であるとの認識から、2040 年を目途に「超スマート社会（Society5.0）」を提案している。「Society5.0」は、狩猟社会、農耕社会、工業社会、情報社会に続く政府の科学技術基本計画が提案した社会像である（日本教育新聞、2018.7.2）。「情報社会」から「Society 5.0」に移行すると、人工知能（AI）等が高度化し、あらゆる産業や社会生活に教育と情報技術が組み合わさると予測されている。

　「情報社会」から「Society 5.0」への移行は、これまでの教育では対応できない変化が予想される。超スマート社会を見通し運営していく人間の資質・能力が、今まで以上に必要となることは明確である。そこで必要とされる人材は「普遍的な知識・理解と汎用的技能を分離横断的に身に付け」、「積極的に社会を支える論理的思考力を持って社会を改善していく」人材だと言う。正に、知識・理解、技能を活用して、社会と未来に向き合い論理的な思考で社会をつくり改善していく人材像は、社会科教育目標として目指してきた能力であり、未来に受け継がれる課題でもある。

234　第Ⅳ部　理論と実践の融合・往還を意図した社会科授業実践

　文部科学省は有識者会議の「報告書」（平成 29 年 8 月）にもとづき、教員養成系大学、教職大学院、附属学校園の在り方に関する改革に乗り出している。そこでは教師の専門性を規定し、養成・研修等で育成していく課題に取り組もうとしている。一般的な教師の専門性は、次の 11 の能力等である。

---

①教職に対する使命感や責任感、②探求心・自律的に学び続ける姿勢、③特別な支援を必要とする児童・生徒への配慮、④教科に関する専門知識、⑤主体的・対話的で深い学びを展開する指導力、⑥特別活動や部活動の指導力、⑦学級経営力、⑧教職として求められる基本知識と教養、⑨同僚教員等とチームで対応する力、⑩保護者や地域住民と連携する力、⑪外部の機関と連携する力

（日本教育大学協会・企画・調査委員会提案参照、2019 年）

　社会科教育の専門性に限定すれば、①〜⑪の全てを土台として④「教科に関する専門的知識」と⑤「主体的・対話的で深い学びを展開する力」の力量が中核となり、今後は⑪「外部機関と連携」も重要な力量となるだろう。

　社会科、地理歴史科、公民科の社会系教科は、社会的事象を学習内容としている。民主主義社会を創造する「普遍的な知識と理解及び汎用的な技能」を身に付け、「社会を改善していく」社会参画能力を育成するための社会科教育研究・実践が求められる。社会科教育研究は、長年の教育実践学の課題である「理論と実践の往還」を新たなステージとして展望することになった。

　そこで、「今なぜ、理論と実践の往還なのか」を修士課程から専門職学位課程（教職大学院重点化）への改革をヒントに考えてみたい。まず、重点化で求められている理論と実践の往還に関する課題を確認しておく。日本教育学会第 76 回大会 (2017) 課題研究Ⅰ「教師教育の改革動向をどう受け止めるか」において、理論と実践の新展開の課題を議論している。次の課題研究の問いに耳を傾けてみよう[1]。下線部が理論と実践の往還の到達点となる。

　本来の対立点は現在のように「学問か学校現場か」ではなく、「教科・教養か教育学か」という学問内部での対立（理論＝大学と実践＝学校現場との対立の）に転換させられてきた重みを受け止めるべきである。
　かつて、教育哲学は、理論／実践の二分法に立ち、理論が実践を、大学が学校現場を正しく表象しうるか否かを問題とした。(中略)「理論が実践を表象し導く」という前提は問い直され、理論そのものが一つの実践と考えられるようになった。　（下線筆者）

終章　社会科教育研究・実践の未来　235

指摘されているように教育実践における理論は、80%実践に役立つ、活用される理論でなければならない。教育学者の研究のための教育理論ではなく、学校現場の授業改善に資する理論が求められる。すなわち往還により理論と実践の融合や統合が図られ、社会科教育の教育実践学が成立する。

そこで、理論と実践の往還に関わる教育実践学について考えてみる。教育学が実践的課題に十分に応えられていない現状が指摘されている[2]。これまでの教育学研究は客観性と体系性を重視した理論研究を展開し、基礎─応用、理論─実践という枠組みから研究者が理論構築を、教師が実践をという役割分担で行われてきた。教育実践学は、この枠組みを融合や統合することにより、教師の実践的行為を理論化する実践的な教科教育学が生まれる。高久清吉は、教育学が理論と実践との統合という基本的、根本的な課題に対して真正面から言及してこなかったことを指摘している[3]。具体的にはヘルバルトが教師の資質として導入した「タクト（臨機の力＝教育実践の中で当面する様々な問題について即座に判断する力）」の概念を紹介し、教育理論が教育実践と結び付き、教員の資質向上に繋がるものでなければならないと言う。

以上のように教育実践学の構築を目指し、教科指導の理論について実践をベースに問い直すことが新たなステージとして求められている。

⑵　教職大学院重点化の中での理論と実践の往還

文部科学省の情報提供（総合政教育策局教育人材政策課、2018）によれば、平成31（2019）年の教職大学院設置状況は国立大学47大学（入学定員1,849人）、私立大学7大学（同定員205人）となり、46都道府県（鳥取県を除く）で設置されることになる。そして、国立の教員養成系大学では、入学定員ベースで修士課程の定員1,848人を上回ることになる。このように、修士課程における教科教育学研究の砦は、教職大学院重点化の改革により目指すべき方向性が明記されたと言ってよいだろう。そのキーワードはフィールドワークを重視した「理論と実践の往還」のキャッチフレーズである。

本学は、修士課程にあった10教科の教科教育学コースを教職大学院に移動させた（2019年4月）。新しいカリキュラムでは、これまで以上に学校教

育現場に近い教科理論を学ぶとともに、学校現場での10単位のフィールド
ワーク科目を課し理論と実践の往還を図り、実践知を生み出すカリキュラム
改革を行った。改組される修士課程社会系コースは、言語・社会系領域に位
置付けられ、社会科教育実践分野として教科領域力を育成するために、下記
の専門科目 (18単位取得) を配置している。

・社会認識教育 (地理歴史) の内容構成演習A、B	・社会認識教育 (公民) の内容構成演習A、B
・社会認識教育 (地理歴史) の教材開発演習A、B	・社会認識教育 (公民) の教材開発演習A、B
・社会認識教育 (地理歴史) の学習指導と授業デザインA、B	・社会認識教育 (公民) の学習指導と授業デザインA、B
・ことば・文化・社会を視点とした教科横断型単元の構成とカリキュラム	・ことば・文化・社会を視点とした教科横断型単元の学習指導と授業デザイン

　地理歴史と公民に分かれて、それぞれ社会認識教育として内容構成、教材
開発、学習指導と授業デザインの各6科目が置かれている。国語科、英語
科と社会科が、言語・社会系教科実践高度化コースとして再編され、「教科
横断型単元開発の構成とカリキュラム」及び「学習指導と授業デザイン」を言
語系と連携して開発・実践することになった。また、これまでの教科内容の
専門教員と教科教育専門教員が協働してチームを組み、担当するところに特
色が見られる。現職と学卒院生が協働して学ぶハイブリッド科目も取り入れ
ている。教科内容学と教科教育学、言語系教科と社会系教科の融合と統合を
目指す特徴により、理論と実践の往還を新たな課題とすることになった。

2　社会科教育研究としての理論と実践の関係を問い直す

(1)　教職大学院を活用した理論と実践の往還
　筆者が直接、間接に指導した社会科教育学ゼミ修了生は58名であり、教
職大学院修了生は34名である。教職大学院修了生の内13名が社会科教育

関係の課題に取り組んだ。現在、他教科の授業改善で実践課題を探究する3人のゼミ生の指導からも、理論と実践の往還の新たな課題が見えている。

　修士課程の修士論文構成と教職大学院の学修成果報告書の内容構成（**表終-1**、**表終-2**参照）を比較してみると、次のような違いが見られる。

表終-1　社会系コース・社会科教育学ゼミ修了生の修士論文目次例

○A教諭の修士論文目次	○B教諭の修士論文目次
「小学校社会科における地域副読本開発の試み ──「地域分析型地域学習」をめざして──」 はじめに 第1章　中学年社会科の様相と地域分析型地域学習 　第1節　学習指導要領の改訂と中学年社会科の様相 　第2節　地域分析型地域学習 第2章　地域副読本活用の現状と課題 　第1節　郷土読本『おかざき』の現状 　第2節　郷土読本『おかざき』の活用の実態 　第3節　郷土読本『おかざき』に基づいた地域学習の授業分析 第3章　地域副読本改善の視点 　第1節　地域学習における地域副読本活用の可能性 　第2節　竹富町小学校3・4年社会科副読本『結びあうしま島』からの示唆 　第3節　地域分析調査機能 第4章　地域分析型地域学習をめざす地域副読本モデルの開発 　第1節　地域分析型地域学習をめざす地域副読本モデルの編成原理 　第2節　単元「学区のお店屋さんは大丈夫」のモデル事例の開発 おわりに 資料、参考文献一覧、あとがき	**「中学校社会科における人権学習の教材開発 ──構築主義的アプローチに着目した「ハンセン病問題」の場合──** 序章　研究の目的と方法 　第1節　問題の所在 　第2節　本研究の特質と意義 　第3節　研究方法と構成 第1章　社会科教育における人権学習 　第1節　学校教育活動における人権教育と社会科教育 　第2節　社会科における人権学習 第2章　先行授業実践の分析 　第1節　事例選択と分析の視点 　第2節　先行授業実践分析 　　第1項　共感的理解型人権学習の場合 　　第2項　社会構造分析型人権学習の場合 　　第3項　判断型人権学習の場合 　　第4項　参加体験型人権学習の場合 　第3節　先行授業実践の課題 第3章　構築主義的アプローチを取り入れた人権学習の教材開発 　第1節　社会認識形成から見た構築主義アプローチを取り入れる意義 　第2節　社会形成から見た構築主義アプローチを取り入れる意義 　第3節　人権教育の視点から見た構築主義アプローチを取り入れる意義 第4章　小単元「ハンセン病問題」の展開 　第1節　教材の捉え方と意義 　第2節　小単元の構成と具体的な展開 終章　成果と課題 資料編、参考文献一覧、あとがき

（A教諭とB教諭の目次を参考に筆者作成）

　①修士論文では先行研究を文献中心で行う。自分の課題を明確にした上で、授業開発の論理を組み立て授業実践を試みる。独創的なモデル授業を開発することを目的とし、実践による検証は他者に委ねる。個人での理論と実践の往還・統合は見られないが、研究者と実践者が役割分担を行い、組織的・協

238　第Ⅳ部　理論と実践の融合・往還を意図した社会科授業実践

表終 -2　教職大学院修了生の研究課題「報告書」目次例

○ C 教諭の報告書目次	○ D 教諭の報告書目次
「基礎的・基本的な知識・技能の習得を目指す授業構成に関する研究〜習得型・活用型社会科学習モデルの開発による授業実践を通して〜」 第一部　課題実習実践編 第1章　実践研究課題と研究構想 　第1節　実践研究課題の設定の理由 　第2節　研究構想 第2章　基礎的・基本的な知識・技能の学力論 　第1節　戦後の学力論の定義と変遷 　第2節　学力の定義と実践研究課題とのつながりに関する考察 　第3節　本研究における社会科の基礎的・基本的な知識・技能の定義 　第4節　本研究主題における社会科の基礎的・基本的な知識・技能の定着 第3章　習得型・活用型による社会科授業論 　第1節　実習校における知識・技能の習得・活用に関する実態と課題 　第2節　習得型・活用型学習の社会科授業論 　第3節　教室環境づくりによる活用場面の設定 第4章　前期課題分析実習の報告 　第1節　前期課題分析実習の内容 　第2節　前期課題分析実習の成果と課題 第5章　後期課題解決実習の報告 　第1節　後期課題分析実習の内容 　第2節　後期課題分析実習の成果と課題 第6章　実践研究課題のまとめ 　第1節　本研究の成果と課題についての再考察 　第2節　研究の実習校への広がりについての再考察 第二部　省察編 第7章　教職大学院入学前の自己省察 　第1節　教員としての初期キャリア段階(1-5年目の省察) 　第2節　教員としての中期キャリア段階(10年前後の省察) 　第3節　教員としての中期キャリア段階(15年目以降)の省察 　第4節　教職大学院の志望理由 第8章　教職大学院2年間の自己省察 　第1節　教育的人間力における学びと成果について 　第2節　授業実践力における学びと成果について 　第3節　学校改善指導力における学びと成果について 　第4節　学校視察と学会への参加について 　第5節　省察のまとめとこれからの教職生活について おわりに 資料、参考文献一覧、あとがき	「中学校社会科における生徒の思考力・判断力・表現力を育てる授業づくり──学び合いを手だてとして──」 第1章　実践研究課題と研究構想 　第1節　実践研究課題の設定の理由 　第2節　研究構想 第2章　先行研究及び先行事例の分析 　第1節　社会科における思考力・判断力・表現力と学び合いとのかかわり 1 社会科における思考力・判断力・表現力 2 思考力・判断力・表現力の育成を図る学び合い 3 学び合いにおける言語活動の在り方 4 学び合いで育つと考えられる学力 　第2節　学び合いの先行実践事例研究 1 兵庫県西宮市立西宮浜小学校の実践分析 2 大阪府東大阪市金岡中学校の実践分析 　第3節　社会科授業論と学び合い 第3章　学び合いの授業づくり 　第1節　知識と指導内容の構造化について 　第2節　大単元・中単元の構造化について 　第3節　単位時間の構造化について 　第4節　研究計画 第4章　フィールドワークⅠの報告 　第1節　フィールドワークⅠの目的と概要 　第2節　フィールドワークⅠの内容と分析 　第3節　フィールドワークⅠの成果と課題 1 生徒のアンケートから 2 学習の振り返りの記述や学び合いの感想記述からの考察 3 パフォーマンス課題の評価結果による分析 4 授業研究会における成果と課題 5 学校フィールドワークⅠの手だてにおける成果と課題 6 学校課題フィールドワークⅡに向けての課題 第5章　フィールドワークⅡの報告 　第1節　フィールドワークⅡの目的と概要 　第2節　フィールドワークⅡの内容と分析 　第3節　フィールドワークⅡの成果と課題 1 研究授業の成果と課題 2 パフォーマンス課題の評価結果による分析 3 小テストの内容と評価結果による分析 4 学習シートの分析 5 特定生徒からみた学び合いの分析 6 生徒アンケートからわかる成果と課題 第6章　実践研究のまとめ 　第1節　研究の手だてからみた分析 　第2節　2年間の学びと、修了後の取組の構想 引用・参考文献 謝辞　巻末資料

（C 教諭と D 教諭の目次を参考に筆者作成）

働的に往還を繰り返して社会科授業理論として一般化していく。

　②学修成果報告書は、あくまで実践の報告書である。先行理論と先行実践にあたり、自分の授業開発に活用できる理論を分析し、実践により理論の確かさを検証する。理論の再提案までは行わない。理論と実践の往還の一往復に留まり、融合や統合までは見通せていない。将来の課題としている。

　③修士課程では実践が課せられず往還の発想はない。専門職学位課程の報告書では、理論と実践の融合を目指し、キャリアに応じた往還を繰り返すことにより、教育実践学としての理論と実践の統合を目指している。

　以上のように、学修成果報告書では先行理論・実践の分析とフィールドワークでの実践による検証を踏まえ、理論と実践の融合や統合を目指す教科実践学の仮の姿が見られる。このような往還は、教職大学院でしか成立しないのであれば課題は大きい。ここでは、教職大学院カリキュラムの往還の成果は、実践研究の方法論としての評価に留めたい。

⑵　社会系の全国学会を活用した理論と実践の往還

　社会系教科担当教師は、社会科教育学の理論と実践の往還を通して、教育実践学に近づく融合や統合を目指す。民主主義社会の創造のために、グローバル化している国際社会の中で、人間として生き抜いていく資質・能力を身に付けさせるとともに、国家・社会の形成者として社会的集団を運営・改善していく主権者を育てる使命を社会系教科は果たさなければならない。未来の研究・実践の課題は、往還を通した主権者（社会形成者）の育成である。

　そこで、社会科教育研究・実践の未来を展望する際に、社会科教育学確立に貢献した大御所の意見を取り上げてみる。ここでは平田嘉三と梶哲夫の第22回日本社会科教育学会シンポジウム提案を紹介する[4]。平田は社会科教育学の課題は「われわれの研究がつねに現場の先生方に役に立ち、援助するものでなくてはならないし、また、現場から学ぶ中で学問的な体系を創造しなければならない。」と指摘している。平田は研究者と実践者を分けたうえで相互の役割の融合を提案している。また、梶は社会科教育学の課題として「学

校教育関係者だけでなく研究成果を国民の前に提示し広く批判を受けること、そのためには小中高の現場と研究機関が密接な共同研究（実践研究など）をしなければならない。」と指摘している。梶も平田と同様に学校現場と研究機関を分けて捉えているが、学問の成果を国民に広く開示することの必要性を述べている。平田も梶も「理論と実践の往還・統合」の言葉は使用していない。しかし、約半世紀前にこの課題を社会科教育学の課題として指摘し、実践研究を重視した共同研究の肝要性を指摘している。今、改めて 1973 年当時の学問的な体系の創造の課題意識を社会科教育学実践として捉え直したい。

　筆者が所属している日本社会科教育学会、全国社会科教育学会、日本公民教育学会も近年、学会員が増加している。教職大学院の新設、学習指導要領の改訂、学校教育課題の解決、地域研究会の衰退などから、意欲的に学会で理論を学ぶとともに、実践研究の知見を広げようとする意欲的な会員が増加している。ここでは、近年の社会系教科教育学会と日本公民教育学会における理論と実践の往還に関する取組について、紹介しておきたい。

　社会系教科教育学会は、平成 31 (2019) 年 2 月に記念の 30 回大会を開催し、シンポジウムのテーマとして「社会系教科教育における教員の資質・能力を問い直す――理論と実践のブレイクスルー――」を設定している。下記の要旨は、筆者がコーディネーターを担当した課題研究 II「教職大学院教育のブレイクスルー」として示したものである[5]。

　社会系教科教育研究は、大学院修士課程が全国に設置されたことが一つのきっかけとなり発展してきた。しかしながら、修士課程での現職派遣等が研究室での理論研究に偏り、必ずしも今日の学校教育が抱える学力問題に関連した授業改善に結び付いていないとの批判の中で、平成 20 年 (2008 年) 4 月から新構想の三大学を含めて全国の国公私立 20 大学に教職大学院が創設された。そして理論と実践の往還を課題に、実習科目に重きを置く研究・指導体制が確立されてきた。教職大学院のカリキュラムは従来の修士課程の 30 単位から、約 1.5 倍の 45 単位以上を履修する。5 領域の共通科目（概ね 18 単位）、専門科目、10 単位の実習科目の三層構造から構成され、共通科目と専門科目の学びの理論を実習科目の中で実践し、検証することで実践知を理論知の再構成に繋げている。そのため、実務経験が豊富な実務家教員の指導により、研究者視点に偏ることなく実践面からの指導が強化されてきている。平成 29 年 (2017 年) 8 月に出された有識者会議の「報告書」によれば、教職大学院の課題対応について、次のように述べられている。
・原則、教員養成に関わる専攻は修士課程から教職大学院に移行（重点化）
・「理論と実践の往還」の手法を活用した、新たな教育課題や最新の教育改革動向への対応
・各教科等において新学習指導要領の 3 つの柱に基づいた資質・能力を児童・生徒に教授できる教員の養成

終章　社会科教育研究・実践の未来　241

　翌日に開催された課題研究Ⅱでは、前日のシンポジストとして提案した吉村功太郎が下記のような課題点を示した。その後3人の提案者がそれぞれ教職大学院の学びや指導的立場として、どのように理論と実践の往還を図ってきたか、そしてそれらを融合・統合していくための課題を提起した。

・教職大学院の考え方は、「理論と実践の往還（架け橋・融合）」であり、理論をもとに実践を構築・分析し、実践をもとに理論を（再）構築する教育研究的な営みである。
・目指す教員像は、自らの教育実践を反省的に分析・評価し、実践の成果と課題を理論的に再構築して意味づけ、改善していくことができる教員。
・授業力の基盤として、子ども研究（子どもの実態把握）と教材研究（授業の目標・内容・方法）を重視し、①授業構成力（授業プランをつくる力＝授業計画）、②授業展開力（授業を行う力＝授業実践）、③授業分析力（授業をふりかえる力＝授業評価）の授業の3つの側面で理論と実践の往還を図ることを目指す。

　発表者として登壇した3人の実践者の要点は次のような内容であった。
　恒吉泰行（西宮市立用海小学校）は、学部時代、初任期から教職経験5年目までの実践、2年間の長期研修（教職大学院）、長期研修後の実践を省察して次のような理論と実践の往還の課題を3点示している。①理論と実践の融合、往還を体現できる実務家教員が研究者教員と協働して院生に関わり、モデルとしての役割を果たす。②院生を迎え入れる大学院の教員が今まで以上に協働する。一人の院生に対して複数の大学教員が指導にあたり、2年間の研究を一層充実させる。③実習での出来事を省察することを通して、よりよい方向（改善、改革）への変化を求めていく。そのためには、院生が肯定的な思考にもとづいて、他者と協働して研究を行う姿勢が重要となる。
　次に大谷啓子（鳴門教育大学附属中学校）は、教職大学院で学んだ社会科教育実践理論を公立学校で実践した後に、附属中学校に異動した。平成30（2018）年11月に全国中学校社会科教育研究大会地理的分野の実践を担当した。徳島県社会科研究会の理論を活用して「『中国地方・四国地方』──他地域との結びつきに注目して──」の授業実践を公開した。大谷は、単元を貫く問いとして「交通網の整備を通してみた中国・四国地方はどのような地域だろう。」（全8時間）の単元構造図を作成し、当日は「四国新幹線の開通によって中国・四国地方の産業は発展するのか、資料をもとに根拠をあげて説明さ

せる。」をねらいとして実践を行っている。ポイントは、単元を貫く問いと構造図の作成のための理論とその活用実践である。

恒吉と大谷の報告は、教職大学院での学びと自己の研修への取組により実践に活用できる理論を往還的に取得していった成果を発表したものである。

愛知教育大学教職大学院でストレートマスターを指導している大島清和は、自身の力量形成の理論習得過程と実践への応用を省察した後、教職大学院における院生指導としての課題①実践者の考えと学級の実態とのギャップ、②連携校の教育目標と手立てとのギャップ、指導者の得意分野と実践教科との整合性を挙げ、教職大学院の役割を下記の2点で示した。

・実践の理論化＝実践を理論的、体系的に整理していく力を育成する。

・理論の応用化＝先行理論を学校現場に合わせ修正していく力を育成する。

大島の報告は、社会科教師としての往還による成長とそれを活用した指導を通して学校現場に合わせた理論の応用化を図る肝要性の指摘であった。

課題研究における3人の報告から理論と実践の往還は、各自の教員としてのライフステージの中で意欲的かつ意識的に社会科教育理論を学びつつ、理論から実践を構想し、実践による検証を経て再び理論を再構築し、次の実践に活用するという融合や統合による実践力形成のサイクルが見えてくる。そこで、研究者や学会、研究会、文献などから学ぶ理論を自己の実践力向上に結び付けるために、高久が導入したタクトの概念を活用した往還が重要となる。研究者も実践から学び、理論を止揚する往還が求められると考えたい。

次に日本公民教育学会 (科研プロジェクト) の取組を紹介したい。

日本公民教育学会では、平成26年度から3年間、学会活動の活性化の一環としてプロジェクト研究「現代社会の課題を考察する見方や考え方を身に付けさせる公民教育カリキュラムの再構築」(基盤研究 (B)) に取り組んできた。この間、研究代表者の唐木清志の綿密な研究計画の下、12の現代社会に関する課題を設定し、研究者と実践者がチームを組み、「見方や考え方」の育成研究に取り組んできた。次頁**表終 -3** は取り組んできた12の課題と見方や考え方に関係する概念等である。

詳細は研究成果報告書[6]にまとめられている。12の課題について研究者と

終章　社会科教育研究・実践の未来　243

表終 -3　科研で取り組んだ現代社会の課題と見方や考え方

現代社会の課題	見方や考え方
①若者の貧困と社会的排除	平等、幸福
②超少子高齢化と社会保障	平等
③東日本大震災からの復興支援	公正、効率、多様性、社会参画
④地方の衰退と町づくり	公正
⑤財政危機と金融政策	持続可能性、世代間格差、効率性、自由と規制、公正・中立・簡素
⑥限りある資源とエネルギー政策	マクロ的な捉え方、ミクロ的な捉え方(効率性中心)、メタ的な捉え方(批判的思考中心)
⑦グローバリゼーション下の産業と貿易	効率と公正
⑧地域紛争と民族的・宗教的多様性	ナショナリズム、多様性、生命
⑨持続可能な開発と地球温暖化	持続可能性
⑩科学技術の発展と生命倫理	生命、幸福、正義
⑪情報社会とメディアリテラシー	協働、多様性、社会参画
⑫グローバリズム・ナショナリズムとアイデンティティ	排除と包摂、流動と停滞、公と私、承認と非承認、寛容と偏狭

(報告書を参考に筆者作成)

実践者が自主的なグループを組み、研究会と授業実践・検討会を 3 年間積み上げ、それぞれの課題の理論的な研究と開発単元による公開実践授業の検証を行い、その成果と課題を報告している。研究者と実践者の役割分担はあるものの、複数の研究者が参加しチーム力を高めるとともに小中高の異なる校種の実践者が参加してカリキュラムレベルの研究を行った特色もある。第 2 期では、「新科目『公共』を核とした公民教育を小中高等学校で効果的に推進するための調査研究」(基盤研究 (B)) (研究代表者　谷田部玲生、平成 29 年度～ 31 年度) に取り組んでいる。グループ編成は「公共」の内容 A ～ C で示された項目により、「調査研究」、「公共の扉」(3 チーム)、「社会に参画する主体」(4 チーム)、「持続可能な社会づくり」に分かれて実践的な開発研究を進めている。2 期 6 年の学会をあげての理論と実践の往還は、未来のモデルとなるのではないかと評価している。

　しかしながら、多くの社会系教科担当教員は教職大学院での研修や学会参加が難しい。そこで、教員のライフステージの中でどのように理論を身に付け、実践で理論を往還していくか、その課題も検討しなければならない。

244 第Ⅳ部 理論と実践の融合・往還を意図した社会科授業実践

3　社会系教科担当教員のライフステージにおける理論と実践の往還

　社会系教科教育担当の教師の力量形成として、理論と実践の融合や統合を考える際には、教員のライフステージにより課題が異なる。

⑴　教員養成段階（学部）での基礎・基本の理論と教育実習

　教員養成系大学で学ぶ学生は、教員免許取得のための単位数を習得していく中で教育学、教育心理学、教科教育学の基礎的理論を学ぶ。理論の応用として教育実習の事前指導（事中・事後を含む）で学んだ基礎理論を実習の実践に活用し、理論と実践の往還の大切さを実感することになる。教員免許法の改善の動向、都道府県ごとに行われている教員採用試験の見直し、私立大学の教職課程の見直し等により、学部段階での理論と実践を結び付ける学びの質が求められる。なお、教育活動の主体である児童・生徒をどのように理解するか。子どもの見取りも授業実践の基礎的な技能となる。経験知を積んできたベテラン教員からも学び、実践理論を補完することも課題となる。

⑵　教職大学院を活用したストレートマスターの学び（往還）

　本学の教職大学院教員養成特別コースは、学部の学校教育実践コースと接続させ6年間で教育実践力育成を目指す一貫型大学院として構想されてきた。後期の大学院授業に参加している21人（欠席2名）に、教職大学院において学んだ理論で一番、実践に役に立ったこと、役立ちそうな理論は何か尋ねた。学級経営の理論が3人、生徒指導に関する理論が7人、授業実践に関する理論が9人であった。授業実践では、発問、学習活動、子どもとの応答、ユニバーサルデザイン、ARCSモデル、逆向き授業設計、思考力スキル、学び合い、学習評価などに関する理論が挙げられた。そして、理論と実践の往還に関しては、授業で学んだ理論を実習で活用し、活用できた部分を実践理論として再構築し、関連理論を学び直し、自分の中で何度も往還することにより、教職大学院での学び（往還の意義）が少しずつ見えてきたとの発言が数

終章　社会科教育研究・実践の未来　245

多くあった。本コースの利点は為すことによって学ぶ実習の充実である。

⑶　理論と実践の中核となるミドルリーダー養成としての課題

　教員の年齢構成上、中間管理職の層（30 歳代後半から 40 歳代）が不足している。ミドルリーダーは、教科指導や研究授業を企画・運営する基礎理論の習得が求められる。そのための研修や地域での自主研修に参加することが困難になっている。学校内で中堅教員が少なく、限られた中間層での役割と仕事の増大が拡大しているためである。ここ数年、大量退職者を見込んで都市部では若手教員を大量に採用してきたが、20 歳代の若手教員を指導する立場のミドルリーダー教員の不足は深刻であり、理論知や実践知の継承が滞り、教科指導における地域のリーダー的存在も減少している。社会科教育研究・実践においても同じような深刻な状況にある。理論と実践の中核となるミドルリーダー養成は、社会科教育実践の未来を左右する問題となっている。

⑷　育成指標活用による理論と実践の往還

　最後に、都道府県では教員育成指標[7]が作成され、採用段階、研修時の教育実践力の目安となる到達度が示され、研修計画も育成指標に適合するような講座に再構成されるようになってきた。そこで、課題となるのがこのような育成指標で目指される教員の教育実践力がゴールとなるのであれば、理論と実践の往還のゴールも指標に近づけるための方法的手段となる。社会科教員が同じ様に往還を繰り返しながら、レベルアップを図る画一的なゴール設定は、全体的な成果としてのレベルは一定程度向上する。しかし、一人ひとりの社会系教科担当教師の教育実践力を向上させる融合や統合のサイクルが見えにくくなる。また、育成指標の基となる理論はどこにあるのか。そして、大島が先に指摘した学校教育では学習指導要領が理論として社会科教育実践が行われている現状から、社会系教科教育理論をどのように学習指導要領の理論と関連付けて、整合性を図っていくかも未来の緊要な課題になる。

246　第Ⅳ部　理論と実践の融合・往還を意図した社会科授業実践

4　社会科教育研究・実践の未来──理論と実践の往還

⑴　主体的・対話的で深い学びを実現するために

　主体的・対話的で深い学びについて、新学習指導要領の総則（「第3　教育課程の実施と学習評価」）では、次のように授業改善について指摘している。

> 　各教科において身に付けた知識及び技能を活用したり、思考力、判断力、表現力等や学びに向かう力、人間性等を発揮させたりして、学習の対象となる物事を捉え思考することにより、各教科等の特質に応じた物事を捉える視点や考え方（以下「見方・考え方」という。）が鍛えられていくことに留意し、生徒が各教科等の特質に応じた見方・考え方を働かせながら、知識を相互に関連付けてより深く理解したり、情報を精査して考えを形成したり、問題を見出して解決策を考えたり、思いや考えを基に創造したりすることに向かう過程を重視した学習の充実を図ること。（下線は筆者）

　求められている授業改善は何か。新学習指導要領で示された3つの柱（学力）を身に付けさせる「主体的・対話的で深い学び」が授業改善として全教科に求められている。序章で述べたように社会科教育研究においては長年の実践による検証を積み重ね授業理論は確立している。社会系教科においてもアクティブラーニングを重視した「主体的・対話的で深い学び」は、これまでにも紹介した授業理論（序章参照）を活用して実践されてきた。また社会系教科の基本的特性としても学習者の主体性と協働的な学び合いを重視し、多面的・多角的な見方や考え方を育成する目標を深い学びとして探求してきた。

　総則の指摘で注目されるのは、下線の「各教科の特質に応じた」「過程を重視した学習」である。社会科教育の特質は、社会認識形成と社会形成力の育成であることは再々確認してきた。現代の課題に関連させれば、民主主義社会の理念を実現するためにその本質を問い、問題解決に向けて主権者としての社会認識力を身に付け、グローバル化に対応した課題解決能力を身に付ける教科の特質がある。この特質が実現できるように深い学びの授業改善を目標にしてきた。深い学びを創る前提は「主体的・対話的」であり、学びの学習過程が重要となる。求められている資質・能力は、一時間一時間の授業実践の積み上げで形成されていくと考えられるが、単元レベルや年間計画の授

業構想が資質・能力形成には重要となる。では、深い学びを実現するための「主体的・対話的な学び」とは、何か、改めて整理してみたい。

　主体性については、学習の主体は児童・生徒であり、学習においてどのように主体を尊重し学習過程に参加させるか、授業論としても従来から社会科教育では議論されてきた。すでに授業理論として、主体的学習が 1970 年代に主張されている。人間の基本的欲求である主体性は、ヘーゲルの「主体性の哲学」に遡ることになるし、戦前の西田哲学や戦後の主体性論争が参考となる。主体的な学びについて田村学（2018）は、学習者としての子どもが自らの学びをコントロールでき、自分事の課題を自分の力で解決し、その過程と成果を自覚することと言う[8]。その際に、導入時に「課題設定」と「見通し」、終末における「振り返り」に意識を向けさせる重要性を指摘している。

　対話的な協同学習の理論研究にも蓄積がある。佐藤学の「学びの共同体」や西川純の「学び合い」など対話的な学びと類似する実践研究があり、近年、多田孝志が「対話」をキーワードとした授業改善を提案している[9]。対話の概念も様々な考え方があり、筆者は児童・生徒が学びを共にしている教室空間でどれだけ他者意識を持っているか、発言の自由が保障されているかなど教室の人間関係が成立していることが要諦と考えている。

　深い学びについては、条件が「主体的・対話的」であること、学びの結果として社会認識形成の深化と社会形成力の態度が見られること、そして何よりも学びを継続する学習意欲と社会参画により、よりよい民主主義社会の形成者としての学びの姿が見えることを最終ゴールとしたい。

(2)　社会系教科担当教師の理論と実践の往還

　最後に、理論と実践の往還に関して、未来志向で振り返りをしておきたい。

　第 1 は、理論と実践の「融合」なのか「統合」なのか、または「統一」なのかを課題として往還を論理的に問わなければならない。「統合」や「統一」を目指す理論研究や実践研究は、時代の流行や運動になりかねない。現時点では、社会系教科担当教員のキャリア発達課題として理論と実践の関係を捉え、どのようにキャリアの中で双方向に「融合」させるか、課題としたい。

第2は、理論と実践の「統合」に関する課題を役割分担や教授方法から見直すことに加えて、実践者と研究者の両者の課題と捉え直し、自立した社会系教科担当教員としてそれぞれが互恵的なキャリア発達を図る必要がある。

第3は、個々の教師の職能発達のために各学校の授業研究のレベルを上げることである。そのためには地域の研究的リーダーや大学の研究者を活用して、理論と実践を双方向で往還する授業研究を積極的に計画・実践することが求められる。働き方改革などで厳しい環境にあるが、地域の自主的な研究会の復活にかけたい。

第4は、免許更新講習や節目の研修体系を活用して、個々が理論面での学びを深め、実践に応用するための研修体制の整備である。特に、大学と教育委員会と都道府県の総合教育センターとの連携が肝要となる。また、既存の修士課程の改組により教職大学院化を図っていく中で、既存の大学院の学問研究の利点と教職大学院の実習の質の高さを往還で「融合」する課題がある。

第5は、教員免許制度の改革と中央集権型の教育行政における理論と実践の「統合」に関する課題である。学習指導要領（文部科学省）が社会科教育学の理論となり、全国の伝達講習等により定着を図っている。地方分権が叫ばれて久しい。教育委員会制度の改革も議論されてきた。文部科学省による10年毎の学習指導要領の改訂では、研究者と実践者が参加して実践理論の基となる学習指導要領を作成している。この一連のサイクルにおける理論と実践の往還の在り方に関して、そろそろ総括されても良いだろう。また、研究者の理論と学習指導要領の理論をどのように往還させるかも重要な課題となる。

最後に、主体的・対話的で深い学びにより未来の形成者を育てる社会科教育理論と実践が作り出されることを切に期待している。社会科教育研究及び実践の積み上げは実に70年を越している。過去を振り返り現代の課題から、未来を展望する理論と実践の基礎は十分にある。社会科教育研究・実践の「本舞台は、常に未来にある」(尾崎咢堂)と考え、次代の研究者と実践者による協働的・互恵的な往還研究により社会科教育が発展することを期待している。

注・引用文献

1　日本教育学会第76回大会課題研究Ⅰ「教師教育の改革動向をどう受け止めるか」報告3、『教育学研究』春季85巻（第1号）、2017年、pp.54-58。

2　兵庫教育大学大学院連合学校教育学研究科『教育実践学の構築』東京書籍、2006年、pp.342-344。

3　教育実践学会『教育実践学』大学教育出版、2017年、pp.3-10参照。

4　平田嘉三「現代における社会科教育の課題」梶哲夫「現代における社会科教育の課題」、日本社会科教育学会『社会科教育研究』No.34、1973年、pp.1-7、pp.12-17。

5　社会系教科教育学会第30回研究発表大会「発表要旨集録」、2019年、p.8、pp.88-90。

6　平成26-28年度科学研究費補助金（基盤研究B）研究成果報告書「現代社会の課題を考察する見方や考え方を身に付ける公民教育カリキュラムの再構築」（研究代表者唐木清志）、2017年。

7　横浜市「教員のキャリアステージにおける人材育成指標」、2010年参照。

8　田村学『深い学び』東洋館、2018年、pp.18-19。

9　多田孝志『グローバル時代の対話型授業の研究』東信堂、2017年。

（鳴門教育大学大学院　西村 公孝）

あとがき

　明治、大正、昭和、平成と続いた元号は、「令和」に改元された。平成期の30年は、平和憲法の下、戦争による犠牲者を一人も出さなかった平和な時代であった。しかし、大企業中心の戦後最大の好景気の長期化とは反対に国民生活は、ゆとりがない。また、超少子高齢化により、労働力不足などで国力は低下し続けている。他にも国の内外で課題が山積している。

　本書は、「社会科教育の未来」のタイトルを付けた。過去があり現在があり未来がある。民主主義は昭和期に誕生し定着しつつ、平成期でゆきづまりや足踏みをしている。令和期は国民主権主義の主権者である国民や市民が民主主義を発展させる時代にしたい。また三世代が平和で発展するような世の中でありたい。戦後、85年が経過し、戦争の悲劇を伝える平和教育も社会科では稀少価値になっている。また、阪神淡路大震災と東日本大震災、東京電力福島原子力発電所崩壊は、震災・防災教育として注目されている。社会科をとりまく教育課題では、キャリア教育、ESD、道徳教育、グローバル教育など広領域で社会科が扱う内容、教材も広がりつつある。

　社会系教科担当教師は、理論をどこで学んでいるのであろうか。教材開発はどこで行っているのであろうか。5.0社会の前は情報社会であり、ネット社会である。理論も教材も明日すぐに役立つようにネット社会では簡単に手に入れることができる。ここに落とし穴がある。社会的現象は、自然界ほど複雑ではないにしろ、現場に出て観察・調査の上、情報を収集してくることが肝要となる。すなわち、頭で学ぶより先に手足を動かして素材を集め教材化を工夫する隣地研究が重要となる。筆者は附属高校時代に生活科担当として愛知教育大学に着任された有田和正先生に教材研究のネタ探しの話を聞く機会に恵まれた（単身赴任中の有田先生を六供の宿舎にお迎えに行き大学までの約1時間、車を運転しながらお話を聞くことができた）。

　また、実践的な理論は学会で身銭を切って得ることができた。筆者は15の全国、地方学会に所属することによって様々な研究者の理論と実践者の実

践知を吸収することができた。日本教育学会、日本社会科教育学会、全国社会科教育学会、日本公民教育学会、日本グローバル教育学会、日本国際理解教育学会、生活科・総合的学習教育学会、日本カリキュラム学会、日本政治学会など毎年数多くの学会に参加し、情報の収集並びに発表をしてきた。もちろん、会長を務めさせていただいた日本公民教育学会と鳴門社会科教育学会、新構想大学として縁の深い社会系教科教育学会、出身大学の愛知教育大学社会科教育学会、東京学芸大学社会科教育学会でも多くの理論と実践知を学ぶことができた。

本書は、18歳選挙権時代、18歳成人時代を意識して社会科教育の未来を理論と実践の往還から語ろうとした。民主主義社会の創造のために社会科教育の未来について、本書を手がかりに研究者や実践者が熟考していただければ幸いである。

最後に、筆者が徳島新聞に寄稿した原稿「政治への関心を高めて　自分の考えを発信しよう」を掲載させていただくことにする。

いよいよ「18歳選挙権」を活用した参議院議員選挙が夏に行われる年になりました。昨年は戦後70年目の節目にあたり、戦後を振り返る機会となりました。日本国憲法の下での平和国家への歩み、経済復興から高度経済成長を経て経済大国への歩み…。また、70年ぶりに選挙年齢を18歳以上に引き下げ国民主権の憲法理念を若者に広げました。

既に世界の176の国と地域（国連の調査では90%）が若者の政治参加への道を18歳からにしています。英国では全国の11～18歳から選ばれた「若者議員」によって若者議会（英国議会下院会場活用）が開かれています。また、民主主義を世界に広めた米国では、子どもの政治的社会化研究に基づいて実践が行われ、若者が活発に社会的論争問題を議論したり、模擬選挙を経験したりして政治的リテラシーを高めています。

21世紀に入り日本をとりまく内外の課題は山積しています。グローバル化した経済活動は、市場の拡大に貢献した一方で、金融危機や地

球環境問題の悪化、国家間の経済格差、難民問題と国際テロ問題（IS問題）など、地球市民に不安を与えています。国内に目を移せば、少子高齢化の人口減少時代に入り、労働人口の減少と地域経済の疲弊が目立つようになり、「地方創生」は緊要な課題になっています。また、高齢化に伴う社会保障制度の行き詰まりは、担い手の労働問題とともに財政問題を深刻化させています。この財政問題の解決は、政治家や行政に携わる人々の問題だけでなく、主権者である国民全体の問題であり、特に未来社会を支える若者の政治意識と投票行動の課題となります。

いつまでも政治を「見守る」主権者を演じていては、財政問題は改善されません。政治を「動かす」主権者が多く登場しなければ、日本の未来は拓けません。社会保障制度を支える若者の声を政治に生かさなければなりません。今こそ、「18歳選挙権」の実現をプラスと捉え、身近な教育問題、福祉問題、労働問題に主体的に関わる主権者を育てなければなりません。投票行動を通して、日本・徳島を拓く若者たちの出番にしなければなりません。

教育基本法（2006年に改正）では、第2条（教育の目標）に「…公共の精神に基づき、主体的に社会形成に参画し、その発展に寄与する態度を養うこと」と、公共空間への若者の政治参画の重要性をうたっています。同14条では「政治的教養の尊重」もうたっています。若い皆さんには政治や経済、社会問題への関心を持っていただき、自分の考えを発信して欲しいと思います。戦後の文部省教科書『民主主義（上・下）』では民主主義の学び方として、知識よりもまず自分でやってみることの大切さを力説しています。それは「協同の力」と「討論と実践」により人間の平等と幸福を追求し、民主主義理念を実現することです。

学校教育における主権者教育の重要性はもちろんのこと、家庭教育や社会教育での公民教育を通して、公共空間の担い手として、主体的に社会参画を試みる主権者に育って欲しいと思います。

（徳島新聞「知ろう、考えよう、日本の未来。18歳からの1票」2015年、p.31）

索引

ア行

ARCS モデル ························169, 244
アクティブ・ラーニング ················246
アメリカ新教育運動 ·······················3
ESD ／ ESD 授業 ··························96
意思決定型授業論 ························11
意思決定過程 ····························225
上田薫 ·····································7
AI（人工知能）···························212
SDGs ····································98
NIESD ································100, 101
オーストリア ·························66, 67
大森照夫 ·································10
教えて考えさせる授業 ···················199

カ行

外国人労働者問題 ······················210
解釈批判学習 ····························58
改正公職選挙法 ··························29
学習指導案 ··························147, 148
学修成果報告書 ·························237
学習方法原理 ····························225
梶哲夫 ································6, 239
学校 ·································107, 108
科目「現代社会」·····················44, 45
カリキュラム・メイキング ·············76, 77
カリキュラム設計理論 ···················199
規範反省学習 ····························59
逆向き授業設計 ·························244
逆向き設計論 ····························199
客観主義 ·································56
客観主義開発研究 ························57
客観主義実証研究 ····················57, 60
教育科学研究会 ··························7
教育基本法 ·······························43
教育基本法の制定 ························46

教育実践学 ·····························235
極東軍事裁判 ···························162
金融政策 ·······························216
グローバリズム ··························18
形成される社会認識 ··················85, 86
形成的評価 ··························88, 89
ケイパビリティー・アプローチ·······75, 76
研究仮説 ·······························190
研究者と実践者の往還 ···················13
言説の脱構築学習 ························60
原発政策 ·······························226
合意形成学習 ····························58
公共施設建設 ····························34
公共性 ··································43
構成主義 ·································56
構成主義開発研究 ·················57, 59, 60
構成主義実証研究 ·················57, 61, 62
構築される社会問題 ······················59
公民的資質の育成 ························16
公民としての資質・能力···················43
合理的意思決定学習 ······················58
国際化・グローバル化 ···················106
コミュニティバス ·······················152
コンピテンシー ······················66, 67

サ行

サービス・ラーニング ···················12
座席表の活用 ···························151
GSPB ····································66
死刑制度の賛否 ·························203
思考力スキル ···························244
時事問題 ·······························208
持続可能な社会づくり ····················53
実践の理論化 ···························242
実務家教員 ·······························5
市民的勇気 ·······························70
市民的レリバンス ························68
社会科カリキュラム ······················42
社会科教育研究 ···················8, 14, 26
社会科授業研究 ··························56

社会系教科教育学会⋯⋯⋯⋯⋯⋯⋯249
社会形成力⋯⋯⋯⋯⋯⋯⋯⋯⋯⋯⋯⋯31
社会参加 (社会参画)⋯⋯⋯⋯⋯⋯⋯12
社会参画⋯⋯⋯⋯⋯⋯⋯⋯⋯⋯⋯⋯31
社会的価値観形成⋯⋯⋯⋯⋯⋯⋯⋯225
社会的判断力⋯⋯⋯⋯⋯⋯⋯⋯⋯⋯189
社会認識学研究⋯⋯⋯⋯⋯⋯⋯⋯⋯8
社会認識過程⋯⋯⋯⋯⋯⋯⋯⋯⋯179
社会認識教科⋯⋯⋯⋯⋯⋯⋯⋯⋯42
社会認識体制⋯⋯⋯⋯⋯⋯⋯⋯⋯180
社会認識力⋯⋯⋯⋯⋯⋯⋯⋯⋯⋯189
社会認識論⋯⋯⋯⋯⋯⋯⋯⋯⋯⋯179
社会民主主義⋯⋯⋯⋯⋯⋯⋯⋯⋯19
自由回答記述⋯⋯⋯⋯⋯⋯⋯⋯⋯218
集合知⋯⋯⋯⋯⋯⋯⋯⋯⋯⋯⋯⋯173
修士論文構成⋯⋯⋯⋯⋯⋯⋯⋯⋯237
18 歳成人⋯⋯⋯⋯⋯⋯⋯⋯⋯⋯⋯16
18 歳選挙権⋯⋯⋯⋯⋯⋯⋯⋯16, 29
18 歳選挙権時代⋯⋯⋯⋯⋯⋯⋯⋯39
授業研究／レッスン・スタディ⋯⋯⋯117
授業類型⋯⋯⋯⋯⋯⋯⋯⋯⋯⋯⋯191
熟議民主主義⋯⋯⋯⋯⋯⋯⋯⋯⋯26
主権者教育⋯⋯⋯⋯⋯29, 30, 40, 66
主権者教育の定義⋯⋯⋯⋯⋯⋯⋯30
主体的・対話的で深い学び⋯⋯⋯⋯246
出生前診断⋯⋯⋯⋯⋯⋯⋯⋯⋯⋯212
商業誌「社会科教育」⋯⋯⋯⋯⋯⋯9
状況論にもとづく社会的論争問題学習⋯60
消防署見学⋯⋯⋯⋯⋯⋯⋯⋯⋯⋯175
女性議会⋯⋯⋯⋯⋯⋯⋯⋯⋯⋯⋯39
J. デューイ⋯⋯⋯⋯⋯⋯⋯⋯⋯⋯3
資料の選択・活用方法⋯⋯⋯⋯⋯179
シルバー民主主義⋯⋯⋯⋯⋯⋯24, 25
新科目「公共」⋯⋯⋯⋯⋯⋯42, 50, 51
新構想三大学⋯⋯⋯⋯⋯⋯⋯⋯⋯4
新自由主義⋯⋯⋯⋯⋯⋯⋯⋯⋯⋯21
真珠湾攻撃⋯⋯⋯⋯⋯⋯⋯⋯⋯⋯163
人民の人民による人民のための政治⋯⋯18
政策選択学習⋯⋯⋯⋯⋯⋯⋯⋯⋯38
政策批判学習⋯⋯⋯⋯⋯⋯⋯⋯⋯38

世界授業研究学会／WALS⋯⋯⋯⋯123
世代間格差⋯⋯⋯⋯⋯⋯⋯⋯⋯⋯25
説明型授業論⋯⋯⋯⋯⋯⋯⋯⋯⋯11
全国社会科教育学会⋯⋯⋯⋯3, 6, 249
戦争と人々のくらし⋯⋯⋯⋯⋯⋯161
専門職学位課程 (教職大学院)⋯⋯⋯234
総括的評価⋯⋯⋯⋯⋯⋯⋯⋯⋯⋯92
総合的学習の時間⋯⋯⋯⋯⋯⋯⋯34
Society5.0⋯⋯⋯⋯⋯⋯⋯⋯⋯⋯233

夕行

大東亜戦争 (太平洋戦争)⋯⋯⋯⋯162
大量生産・大量消費⋯⋯⋯⋯⋯⋯182
多次元的公民性⋯⋯⋯⋯⋯⋯⋯⋯150
探究 I⋯⋯⋯⋯⋯⋯⋯⋯⋯⋯140, 141
探究 II⋯⋯⋯⋯⋯⋯⋯⋯⋯140, 146
単元構造図⋯⋯⋯⋯⋯⋯⋯⋯⋯195
地域⋯⋯⋯⋯⋯⋯⋯⋯⋯⋯107, 108
知識の構造図⋯⋯⋯⋯⋯⋯⋯⋯170
地図帳⋯⋯⋯⋯⋯⋯⋯⋯⋯⋯⋯173
地方自治学習⋯⋯⋯⋯⋯⋯⋯⋯33
ディベート学習⋯⋯⋯⋯⋯⋯⋯⋯26
テキストマイニング⋯⋯⋯⋯⋯⋯223
出前授業⋯⋯⋯⋯⋯⋯⋯⋯⋯⋯37
トゥールミン図式⋯⋯⋯⋯⋯⋯⋯227
討議民主主義⋯⋯⋯⋯⋯⋯⋯⋯26
当事者意識⋯⋯⋯⋯⋯⋯⋯⋯⋯208
当事者性⋯⋯⋯⋯⋯⋯⋯⋯⋯97, 98

ナ行

内容科目⋯⋯⋯⋯⋯⋯⋯⋯⋯⋯44
鳴門社会科教育学会⋯⋯⋯⋯ii , 4, 8
南京大虐殺⋯⋯⋯⋯⋯⋯⋯⋯⋯162
日本公民教育学会⋯⋯⋯⋯⋯⋯249
日本社会科教育学会⋯⋯⋯⋯3, 5, 249
日本生活教育連盟⋯⋯⋯⋯⋯⋯⋯7

八行

発信型授業論⋯⋯⋯⋯⋯⋯⋯⋯151
パフォーマンス課題⋯⋯⋯⋯⋯⋯199

索 引　255

板書 ……………………………139, 140
PDCA ……………………………117
PDCA 理論 ………………128, 129, 130
開かれた科学的社会認識…………57, 58
開かれた価値観形成学習……………59, 60
開かれた公共性形成学習……………59
平田嘉三 ……………………………6, 239
フィールドワーク …………………14
ふるさと学習 ………………………32
フレキシブル・シティズンシップ107, 108
方法科目 ……………………………44
ポピュリズム ………………………20
ポピュリズムの思想 ………………24
ポピュリズムの台頭………………22

マ行

マニフェスト ………………………36
マネジメントサイクル ……………117, 118
見方や考え方………………………242
水問題………………………………101
ミドルリーダー ……………………245
民主主義育成教科 …………………3
民主主義社会………………………17
民主主義の語源……………………17
民主主義の本質……………………17
迷惑施設建設………………………34
模擬県議会 …………………………35
模擬投票 ……………………………36
物語り………………………100, 101
森分孝治……………………………10
問題解決学習 ………………………7, 150
問題解決型授業論 …………………11
問題発見解決型学習………………216

ヤ行

ヤング民主主義 ……………………24
有識者会議報告書 …………………12
ユニバーサルデザイン ……………244

ラ行

螺旋 PDCA…………………………129, 130
理解型授業論………………………10
理論と実践の往還 ………13, 217, 239, 233
理論の応用化………………………242
理論の実践化………………………56
理論批判学習………………………58
Lesson Study………………………122

ワ行

ワーキンググループ………………47
若者議会……………………………39

256

○執筆担当者一覧

第Ⅰ部
西村公孝（にしむら きみたか）　鳴門教育大学大学院教授
　　　　はじめに　序章　第1章　第2章　第3章　終章　おわりに担当　編著者

第Ⅱ部
梅津正美（うめづ まさみ）　鳴門教育大学大学院教授
　　　　発刊に寄せて　第4章担当　編著者
草原和博（くさはら かずひろ）　広島大学大学院教授　元鳴門教育大学大学院准教授
　　　　博士（教育学）［広島大学］　第5章担当
伊藤直之（いとう なおゆき）　鳴門教育大学大学院准教授　第6章担当　編著者
井上奈穂（いのうえ なほ）　鳴門教育大学大学院准教授　第7章担当　編著者

第Ⅲ部
伊藤裕康（いとう ひろやす）　香川大学教授
　　　　修士（学校教育学）［兵庫教育大学］　愛知県生まれ　第8章担当
鴛原進（おしはら すすむ）　愛媛大学教授　愛媛大学附属特別支援学校長
　　　　修士（教育学）［広島大学］　島根県生まれ　第9章担当
久野弘幸（くの ひろゆき）　名古屋大学大学院准教授　元鳴門教育大学助手
　　　　博士（教育学）［名古屋大学］　愛知県生まれ　第10章担当
峯明秀（みね あきひで）　大阪教育大学大学院教授　鳴門教育大学修士課程修了
　　　　博士（教育学）［広島大学］　香川県生まれ　第11章担当
米田豊（こめだ ゆたか）　兵庫教育大学大学院教授
　　　　博士（学校教育学）［兵庫教育大学］　奈良県生まれ　第12章担当

第Ⅳ部
尾崎智佳（おざき ともか）　愛知県岡崎市立宮崎小学校教頭
　　　　修士（学校教育）［鳴門教育大学］　愛知県生まれ　第13章1担当
秋田泰宏（あきた やすひろ）　徳島県徳島市八万南小学校教諭
　　　　教職修士（鳴門教育大学）　徳島県生まれ　第13章2担当
横山利恵（よこやま としえ）　徳島県小松島市和田島小学校教諭
　　　　教職修士（鳴門教育大学）　徳島県生まれ　第13章3担当
鹿瀬みさ（しかせ みさ）　千葉大学附属中学校教諭
　　　　修士（学校教育）［鳴門教育大学］　兵庫県生まれ　第14章1担当

大谷啓子 （おおたに けいこ）　鳴門教育大学附属中学校教諭
　　　　　　教職修士（鳴門教育大学）　徳島県生まれ　第14章2担当
石原浩一 （いしはら こういち）　愛知県春日井市立春日井東中学校教諭
　　　　　　現鳴門教育大学教職大学院生　愛知県生まれ　第14章3担当
品川勝俊 （しながわ まさとし）　兵庫県立尼崎高等学校教諭
　　　　　　博士（学校教育）［兵庫教育大学］　兵庫県生まれ　第15章1担当
保立雅紀 （ほたて まさのり）　東京工業大学附属科学技術高等学校教諭
　　　　　　修士（法学）［早稲田大学］　千葉県生まれ　第15章2担当
疋田晴敬 （ひきた はるよし）　愛知県立津島東高等学校教諭
　　　　　　博士（学校教育学）［兵庫教育大学］　愛知県生まれ　第15章3担当

共編者紹介

○西村公孝(にしむら　きみたか)

鳴門教育大学大学院学校教育研究科教授　博士(学校教育学)[兵庫教育大学]。愛知県生まれ。東京学芸大学大学院教育学研究科修士課程修了。愛知県立高等学校教諭、愛知教育大学附属高等学校教諭、鳴門教育大学大学院学校教育研究科助教授を経て、現職。主な研究領域は、社会科教育(公民教育)、小中高一貫カリキュラム編成論など。著書は、『地球社会時代に生きる力を育てる』(単著、黎明書房、2004年)、『社会参画と社会科教育の創造』(共著、学文社、2010年)、『社会形成力育成カリキュラムの研究——社会科・公民科における小中高一貫の政治学習——』(単著、東信堂、2014年)、など。

○梅津正美(うめづ　まさみ)

鳴門教育大学大学院学校教育研究科教授　博士(教育学)[広島大学]。島根県生まれ。広島大学大学院教育学研究科教科教育学専攻博士課程前期修了。島根県立高等学校教諭、広島大学附属福山中・高等学校教諭、鳴門教育大学大学院学校教育研究科助教授を経て、現職。主な研究領域は、社会科授業構成論、米国の歴史カリキュラム編成論など。著書は、『歴史教育内容改革研究——社会史教授の論理と展開——』(単著、風間書房、2006年)、『教育実践学としての社会科授業研究の探求』(共編著、風間書房、2015年)、など。

○伊藤直之(いとう　なおゆき)

鳴門教育大学大学院学校教育研究科准教授　博士(教育学)[広島大学]。山口県生まれ。広島大学大学院教育学研究科文化教育開発専攻博士課程後期修了。岐阜工業高等専門学校講師、准教授を経て、現職。主な研究領域は、地理教育課程編成論、英国の地理教科書内容構成論など。主要論文は、「イギリスにおける地理カリキュラム論争：スタンディッシュとランバートの教育論に着目して」(単著、全国社会科教育学会『社会科研究』76号、2012年)、など。

○井上奈穂(いのうえ　なほ)

鳴門教育大学大学院学校教育研究科准教授　博士(教育学)[広島大学]。鹿児島県生まれ。鹿児島大学大学院教育学研究科修士課程教科教育専攻修了。広島大学大学院教育学研究科博士課程後期文化教育開発専攻修了。八商学園秀岳館高等学校講師、鳴門教育大学大学院学校教育研究科講師を経て、現職。主な研究領域は、社会科学習評価論、社会科授業論(公民)など。著書は、『社会系教科における評価のためのツール作成の論理——授業者のための評価法作成方略——』(単著、風間書房、2015年)、など。

社会科教育の未来——理論と実践の往還——　　　　　　＊定価はカバーに表示してあります。

2019年11月15日　初版第1刷発行　　　　　　　　　　〔検印省略〕

	西村公孝　梅津正美		
共編者	伊藤直之　井上奈穂	発行者　下田勝司　印刷・製本　中央精版印刷

東京都文京区向丘 1-20-6　郵便振替 00110-6-37828
〒 113-0023　TEL 03-3818-5521 (代)　　FAX 03-3818-5514　　発行所　株式会社 東信堂
Published by TOSHINDO PUBLISHING CO.,LTD.
1-20-6, Mukougaoka, Bunkyo-ku, Tokyo, 113-0023, Japan
E-Mail: tk203444@fsinet.or.jp　http://www.toshindo-pub.com

ISBN978-4-7989-1582-1　C3037　　©2019 K. Nishimura, M. Umezu, N. Ito, N. Inoue

東信堂

いま、教育と教育学を問い直す ―教育哲学は何を究明し、何を展望するか　森田尚人・松浦良充 編著　三三〇〇円

教育的関係の解釈学　坂越正樹 監修　三二〇〇円

大学教育の臨床的研究 ―臨床的人間形成論第I部　田中毎実　二八〇〇円

臨床的人間形成論の構築 ―臨床的人間形成論第2部　田中毎実　二八〇〇円

人格形成概念の誕生 ―近代アメリカの教育概念史　田中智志　三六〇〇円

社会性概念の構築 ―アメリカ進歩主義教育の概念史　田中智志　三八〇〇円

空間と時間の教育史 ―アメリカの学校建築と授業時間割からみる　宮本健市郎　三九〇〇円

アメリカ進歩主義教授理論の形成過程 ―教育における個性尊重は何を意味してきたか　宮本健市郎　七〇〇〇円

ネオリベラル期教育の思想と構造 ―書き換えられた教育の原理　福田誠治　六二〇〇円

教育のあり方を問い直す ―学校教育と社会教育　田中智志 編著　二〇〇〇円

学びを支える活動へ ―存在論の深みから　田中智志 編著　二〇〇〇円

グローバルな学びへ ―協同と刷新の教育　森本洋介・松本大 編著　二九〇〇円

社会科教育の未来 ―理論と実践の往還　西村拓生・伊藤直之・井ノ口淳三・梅津正美 編著　二四〇〇円

2040年 大学よ甦れ ―カギは日程調整能力と創造的連携にある　田原博人・佐藤博明 著　二四〇〇円

応答する〈生〉のために ―〈力の教育〉から〈生きる教び〉へ　高橋勝　一八〇〇円

流動する生の自己生成 ―生・経験・意味生成　高橋勝　二四〇〇円

子どもが生きられる空間 ―生・経験・意味生成　高橋勝　二四〇〇円

教育人間学の視界　高橋勝　三五〇〇円

アメリカ間違いがまかり通っている時代 ―20世紀アメリカ教育史　D・ラヴィッチ著 末藤美津子訳　五六〇〇円

学校改革抗争の100年 ―20世紀アメリカ教育史　D・ラヴィッチ著 末藤美津子訳　六四〇〇円

教育による社会的正義の実現 ―公立学校の企業型改革への批判と解決法　D・ラヴィッチ著 末藤美津子・佐藤隆訳　四六〇〇円

アメリカ公立学校の社会史 ―コモンスクールからNCLB法まで　W・J・リース著 末藤・宮本・佐藤訳 浅沼茂監訳　一〇〇〇円

越境ブックレットシリーズ

⓪ 教育の理念を象る ―教育の知識論序説　小川佳万・田中智志　一二〇〇円

① 知識論 ―情報クラウド時代の"知る"という営み　山田肖子　一〇〇〇円

② 知識・女性・災害　天童睦子　続刊

〒113-0023　東京都文京区向丘1-20-6
TEL 03-3818-5521　FAX03-3818-5514　振替 00110-6-37828
Email tk203444@fsinet.or.jp　URL:http://www.toshindo-pub.com/
※定価:表示価格(本体)＋税